REINHARD HOFFMANN

Das Ermessen der Verwaltungsbehörden in Frankreich

Schriften zum Öffentlichen Recht

Band 47

Das Ermessen der Verwaltungsbehörden in Frankreich

Von

Dr. Reinhard Hoffmann

DUNCKER & HUMBLOT / BERLIN

Gedruckt 1967 bei Buchdruckerei Bruno Luck, Berlin 65
Printed in Germany

Inhaltsverzeichnis

Vorbemerkung

Den größeren Zusamenhang, in dem die hier vorgelegte Arbeit über die französische Ermessenslehre ihre Rechtfertigung zu finden hofft, bildet die Begegnung der einzelnen nationalen Rechtsordnungen, insbesondere des französischen und des deutschen Rechts, die durch die europäischen Verträge und das europäische Gemeinschaftsrecht vermittelt wird. Gerade die Probleme des Ermessens der Exekutive und seiner gerichtlichen Überprüfung hat der Europäische Gerichtshof bereits mehrfach erörtert und dabei in erheblichem Umfang die Ermessenslehre des französischen Verwaltungsrechts herangezogen. Soll die darin begonnene Verbindung des deutschen und des französischen Verwaltungsrechts vertieft und für die Rechtsentwicklung fruchtbar gemacht werden, bedarf es (unter anderem) in Deutschland einer intimen Kenntnis des französischen Rechts. Als eine Grundlage dafür versucht diese Arbeit, die französische Ermessenslehre darzustellen.

Das praktische Ausmaß des freien Ermessens der Verwaltungsbehörden war nicht immer gleich in Frankreich. In der ersten Hälfte des 19. Jahrhunderts wurde eine gerichtliche Kontrolle der Verwaltungstätigkeit nur sehr zögernd begonnen und infolge dieses Mangels einer Kontrolle in sehr vielen Bereichen eine Bindungsfreiheit des Verwaltungshandelns im Sinne von „Ermessen" angenommen, die praktisch noch den Regelfall bildete. Seit der Mitte des vorigen Jahrhunderts wurde jedoch in einem allmählichen Prozeß die gerichtliche Überprüfung auf die gesamte Verwaltungstätigkeit erstreckt, bis hin zu einer Kontrolle auch der Ermessensausübung. Diese Entwicklung ließ den Gesichtspunkt der Vorherrschaft des Gesetzes in den Vordergrund treten. Andererseits führten die sozialen und politischen Umwälzungen seit dem Ersten Weltkrieg zu einer erheblichen Verstärkung der Machtbefugnisse der Exekutive und damit auch ihres Ermessens: „Die Ermessensbefugnis hat von der politischen Entwicklung profitiert. Lange vor 1958 hatten die verschiedenen Ermächtigungsgesetze (lois de délégation) den Ermessensbereich erheblich ausgeweitet, indem die Vorherrschaft des Gesetzes zurückgedrängt wurde. Viel bedeutendere Fortschritte hat das Ermessen mit einem Schlag infolge der politischen und Verwaltungsordnung der Fünften Republik gemacht. Nach dem System der Artikel 34 und 37 (der Verfassung vom 4. 10. 1958), in dem die Kompetenzen des Gesetzgebers eng umgrenzt sind, hat das Ermessen zur Grundlage die

Ermächtigung aus der Verfassung an die Exekutive, die Verwaltung zu leiten. Das Ermessen wird der allgemeine Grundsatz des staatlichen Handelns, während die Vorstellung von der Ausführung der Gesetze nur noch eine zweitrangige Rolle spielt[1]." Immerhin bleibt die Ausübung dieses so sehr ausgedehnten Ermessens auch weiterhin der intensiven Kontrolle durch die Verwaltungsgerichte unterworfen.

Die französische Ermessenslehre hat keine allgemeine positivrechtliche Grundlage, sondern ist in erster Linie anhand der Rechtsprechung des Conseil d'Etat entwickelt worden und drückt daher noch die Uneinheitlichkeit und Ungleichmäßigkeit jener Entwicklung aus. Es wird in dieser Arbeit versucht, lediglich die französische Ermessenslehre nach dem Stand in Rechtsprechung und Schrifttum darzustellen, d. h. aber auch sie in systematischer Aufbereitung zu erklären. Das hier entwickelte System ist in seiner Anlage (nicht hinsichtlich des materiellen Inhalts im einzelnen!) wesentlich bestimmt von den Kategorien und der Fragestellung der deutschen Ermessensdiskussion, wodurch vielleicht in manchen Einzelfragen auch neue Aspekte für die französische Ermessenslehre sichtbar gemacht werden können.

---

[1] So *Petot* S. 388.

A. Ermessen als allgemeines Problem aller drei Staatsfunktionen

Michoud, der 1913 als erster das Problem des Ermessens im französischen Recht ausführlich in einer Monographie behandelte, betrachtete schon das Ermessen — nämlich eine (wie auch immer geartete) Entscheidungsfreiheit — als ein allen drei Staatsfunktionen gemeinsames Phänomen: ebenso wie die Verwaltungsbehörden können der Gesetzgeber oder der Richter eine Ermessensbefugnis (pouvoir discrétionnaire) haben[1]. Denn alle Staatsorgane haben als „autorités constituées" eine bestimmte Aufgabe zu erfüllen und sind daher an ihren aufgegebenen Zweck gebunden, d. h. an entsprechende Rechtssätze, an das Recht gebunden. Im Rahmen dieser Rechtsbindung besteht bei allen Staatsfunktionen eine jeweils verschieden große Entscheidungsfreiheit. Insofern ist Ermessen nicht eine auf die Verwaltung beschränkte Ausnahmeerscheinung[2].

Jedoch beschränkte sich die französische Diskussion weitgehend auf das Ermessen der Exekutive — verstanden als Gegengewicht zum „principe de légalité" des französischen Verwaltungsrechts[3]. Diese auch im Rahmen unserer Darstellung vollzogene Verengung der Problemerörterung ist insofern sachgerecht, als zumindest hinsichtlich der gerichtlichen Kontrolle das Verwaltungsermessen wesentlich von einem gesetzgeberischen oder richterlichen Ermessen unterschieden ist.

1. Gesetzgeberisches und Verwaltungsermessen

Die Frage nach den Kriterien zur Unterscheidung zwischen dem Verwaltungsermessen einerseits und dem Ermessen des Richters oder des Gesetzgebers andererseits ist allerdings nicht immer übereinstimmend beantwortet worden (soweit die Frage überhaupt aufgeworfen wurde). So unterscheiden sich gesetzgeberisches und Verwaltungsermessen nach der Ansicht von *Welter*[4] nicht qualitativ, sondern nur quantitativ, wobei er allerdings ausdrücklich von der Differenz hinsichtlich der gericht-

---

[1] *Michoud* S. 10.

[2] Vgl. *Giraud* S. 194, 197 f.; auch *Stassinopoulos* S. 139.

[3] So *de Laubadère* S. 212; s. u. S. 17 f., 27 ff., 79 f.

[4] S. 35 Anm.

lichen Kontrolle absieht. Demgegenüber sehen andere[5] die Unterscheidung darin begründet, daß einerseits das Ermessen des Gesetzgebers nicht von einer übergeordneten Autorität abgeleitet werde, sondern sich aus der Natur der Sache ergebe: das Gesetz entspringe einer autonomen Befugnis; diese müsse sich zwar im Rahmen der Verfassung halten, aber materieller Inhalt und Grenzen der Gesetzgebung seien nicht von der Verfassung definiert, so daß Gesetzgebung nicht ein im Vorwege festgelegter Vollzug der Verfassung sei. Andererseits sei das Ermessen nicht charakteristisches Wesensmerkmal der Verwaltung, die aufgrund von besonderen und begrenzten Ermächtigungen tätig werde, und brauche für die Verwaltung nicht unbedingt zu bestehen.

Nun ist der Gesetzgeber gewiß im allgemeinen sehr viel freier in der Würdigung der sozialen Verhältnisse und bei der Gestaltung der Gesetze, während die Verwaltung grundsätzlich stets im Hinblick auf das Gesetz handeln muß. Jedoch ist selbst diese Unterscheidung infolge der neuen französischen Verfassung vom 4. 10. 1958, die die Kompetenz zur Rechtsetzung materiell zwischen Legislative (Parlament) und Regierung aufteilt (Art. 34, 37), wenigstens fragwürdig geworden. Außerdem ist auch die Legislative nur eine „autorité constituée", für deren Handeln rechtliche Grenzen von der Verfassung gesetzt werden, die (zumindest theoretisch) rechtlich kontrolliert werden könnten[6]. Von daher würde das Ermessen — verstanden als Freiheit der Entscheidung, die nicht von den jeweils übergeordneten Rechtssätzen vorherbestimmt ist — im Fall der Gesetzgebung höchstens einen größeren Spielraum bedeuten als bei der Verwaltung, es bestünde also lediglich ein quantitativer Unterschied.

Aber die von der Verfassung gezogenen Grenzen der Gesetzgebung entbehren (größtenteils) der Sanktion, weil ihre Einhaltung in Frankreich nicht gerichtlich überprüft wird. Die gewöhnlichen (Zivil-, Straf- oder Verwaltungs-) Gerichte lehnen eine Prüfung der (materiellen) Verfassungsmäßigkeit von Gesetzen ab, und eine Verfassungsgerichtsbarkeit besteht nicht, trotz der in Art. 61 der Verfassung von 1958 vorgesehenen Möglichkeit einer Kontrolle von Gesetzen durch den Conseil Constitutionnel, die höchstens präventiv, vor der Verkündung, erfolgen kann und nur eine Vorstufe einer eigenständigen Verfassungsgerichtsbarkeit darstellt[7]. Insoweit die gerichtliche Kontrolle der rechtlichen Bindung für die Gesetzgebung fehlt, unterliegt diese keiner (rechtlichen) Verantwortung. Die Bindung kann nicht realisiert, Bindung und ansonsten bestehende Entscheidungsfreiheit können nicht rechtsverbindlich und rechtswirksam abgegrenzt werden: Das Problem der Grenzen des Ermessens entsteht (als praktisches Problem) erst mit der gerichtlichen

---

[5] Vgl. *Carré de Malberg III* S. 61, 60 Anm. 2; *Giraud* S. 198.

[6] Vgl. *Stassinopoulos* S. 139 f.

Kontrolle überhaupt[8] und besteht daher für die Gesetzgebung nicht. Darin liegt der Wesensunterschied zwischen gesetzgeberischem und Verwaltungsermessen, wie er im französischen Recht zumindest stillschweigend vorausgesetzt wird.

2. Richterliches und Verwaltungsermessen

Die Versuche, Verwaltungsermessen und richterliches Ermessen abzugrenzen, müssen vor dem Hintergrund der erst allmählichen Entwicklung zu einer vollkommenen Nachprüfung von Verwaltungsentscheidungen durch den Conseil d'Etat gesehen werden. Als die verwaltungsgerichtliche Kontrolle gerade hinsichtlich der tatsächlichen Voraussetzungen einer Verwaltungsentscheidung noch stark eingeschränkt war, wurde die Ansicht vertreten[9], daß das Ermessen — das als die freie Beurteilung der „opportunité" (Zweckmäßigkeit), im Gegensatz zur „légalité", definiert und weitgehend mit der Auslegung bzw. Anwendung unbestimmter Rechtsbegriffe verknüpft wurde[10] — in gleicher Weise sowohl von den Verwaltungsbehörden als auch vom Conseil d'Etat ausgeübt werde (bzw. ausgeübt werden könne) und für beide Organe die gleiche Rechtsnatur habe. Lediglich in formeller Hinsicht (Behördenaufbau, persönliche Stellung der Richter) sei diese im übrigen wesensgleiche „Ermessensausübung" unterschieden. Daher müsse zwischen der Verwaltung und der Rechtsprechung die Ermessenskompetenz aufgeteilt werden, wobei der Richter aufgrund seiner übergeordneten Stellung nach seinem Belieben über diese Aufteilung entscheide[11].

Von einer solchen „Kompetenzverteilung" zwischen aktiver Verwaltung und Verwaltungsgericht konnte und kann jedoch nur insoweit gesprochen werden, als in der historischen Entwicklung der Conseil d'Etat dadurch, daß er rechtsschöpferisch mittels Konkretisierung von Rechtsvorschriften und Grundsätzen das französische Verwaltungsrecht erst herausbildete, den ursprünglich gesetzesfreien Raum des Verwaltungshandelns und damit den Bereich freier Zweckmäßigkeitserwägungen und freier Ermessenswahl für die Verwaltung immer mehr einschränkte — und auch in Zukunft noch einschränken kann[12]. Diese rechtsschöpferische Tätigkeit der Verwaltungsgerichte, vorwiegend des Conseil d'Etat, beschneidet allerdings die quantitative Ausdehnung von Ermessensbefugnissen im materiellen Verwaltungsrecht, kann selbst jedoch nicht als

---

[7] Vgl. *Braibant II* S. 71.
[8] Vgl. *di Qual* S. 21, 426 f.; *Venezia* S. 7; *Fournier-Braibant* Nr. 576.
[9] Vgl. *Le Fur* Bd. II S. 15; *Goldenberg* S. 39, 45.
[10] s. dazu unten S. 103 ff., 109 ff.
[11] Vgl. auch *Eisenmann II* S. 454.
[12] s. u. S. 44 ff., 90 ff., 144 ff.

wesensgleiche Ausübung des Verwaltungsermessens angesehen werden[13]. Ermessensbetätigung durch die Verwaltung ist Ausüben der von der Rechtsordnung freigestellten Wahl im Einzelfall aufgrund einer Vollmacht zum Handeln nach freier Wahl. Davon grundverschieden ist es, wenn bei der gerichtlichen Kontrolle einer Verwaltungshandlung, die bis dahin in jeder Beziehung als Entscheidung nach freier Wahl der Verwaltung betrachtet wurde, das Gericht infolge ergänzender Rechtsauslegung die Maßnahmen wenigstens in einigen Punkten, also auch hinsichtlich (eines Teils) der angenommenen und konkret betätigten Wahlfreiheit überprüft und insoweit im Einzelfall (eventuell) seine Entscheidung an die Stelle der von der Verwaltungsbehörde getroffenen Wahl setzt: Nicht aufgrund einer Ermächtigung zum Handeln nach freier Wahl, sondern wegen seiner Bindung an die Rechtsordnung entscheidet und kontrolliert der Richter, indem er allerdings zugleich die Rechtsordnung mit dieser Einzelfallentscheidung durch einen neuen Rechtssatz ergänzt hat, der generell und damit auch bereits für den zu entscheidenden Fall eine Wahlfreiheit der Verwaltung ganz oder teilweise ausschließt.

Aus diesen Gründen sind allgemein, nicht nur im Fall richterlicher Rechtsfortbildung, Verwaltungsermessen und gerichtliche Ermessenskontrolle nicht wesensgleiche Sachverhalte der Ausübung ein und desselben Ermessens, auch wenn das Verwaltungsgericht unbestimmte Rechtsbegriffe auslegt und Fragen der „opportunité" erörtert. Zwar ist die logische Arbeit bei der Gesetzesauslegung und bei der Subsumtion für Verwaltung und Gericht die gleiche, aber gerade im Fall einer Ermessensbefugnis erreicht die Rechtsanwendung durch die aktive Verwaltung eine andere Dimension als diejenige durch den Richter, entsprechend den unterschiedlichen Funktionen beider Staatsorgane: Die Rechtsprechung soll — in der Regel — nur das Gesetz auslegen und durch Subsumtion unter das Gesetz im Urteil erklären, was rechtens ist. In strenger Bindung an das Gesetz soll der Richter nur den Gesetzeswillen ausdrücken. Auch ein gewisser Spielraum bei der Feststellung und Beurteilung des Sachverhalts in Anwendung unbestimmter Rechtsbegriffe hält sich im Rahmen der strengen Bindung an das Gesetz[14] und darf nicht mit einer freien Ermessenswahl nach Gesichtspunkten der Zweckmäßigkeit verwechselt werden[15]. Die Verwaltungsbehörde dagegen hat als Aufgabe das aktive Eingreifen in die sozialen Verhältnisse, sie ist dabei wohl auch an das Gesetz gebunden, das ihr aber durch die Ermessensbefugnis (notwendigerweise) einen weiten Bereich freier Wahl offen hält. Daher drückt die Verwaltung — bei Ermessen — (auch) ihren

---

[13] Vgl. *Venezia* S. 161; anders *Giraud* S. 205 für die Lückenausfüllung.
[14] s. u. S. 112 ff.
[15] Vgl. *Giraud* S. 203; *Jèze IV* S. 11; auch *Vedel I* S. 52 ff.

eigenen Willen aus, nachdem sie frei die Interessen gegeneinander abgewogen hat[16]. Das geht so weit, daß nach einer Ansicht die Verwaltung sich aus Gründen eines überwiegenden öffentlichen Interesses sogar über das Gesetz hinwegsetzen dürfe[17].

Nur ausnahmsweise ermächtigt das Gesetz den Richter zur Ausübung einer freien Wahl (als Ermessen), aber dann übt der Richter materiell keine Rechtsprechung mehr aus, sondern handelt als Verwaltung[18]. Im übrigen fehlt dann auch die (für die Ermessensgrenzen bedeutsame) besondere, heteronome — gerichtliche — Kontrolle, weil die richterliche Ermessensentscheidung höchstens im Instanzenzug einer gleichartigen Überprüfung unterliegt.

3. Theorie vom Stufenbau der Rechtsordnung

Grundsätzlich anders betrachtet die Theorie *Kelsens* und *Merkls*[19] vom Stufenbau der Rechtsordnung, die für das französische Recht in erster Linie von *Bonnard*[20] übernommen wurde, die Aufteilung des Ermessens unter den drei Staatsfunktionen. Nach dieser Ansicht sind alle Normen von jeweils höheren Normen abgeleitet und gehen letztlich auf eine (hypothetische) Grundnorm zurück. In diesem System ist jede Norm die Konkretisierung einer übergeordneten Norm, die untergeordneten Normen werden dabei immer konkreter. Diese Konkretisierung relativ abstrakter Normen bedeutet einen ständigen Prozeß der Rechtserzeugung auf allen Stufen, der vom Allgemeinen zum Besonderen, von der Freiheit zur Bindung fortschreitet. Eine solche Konkretisierung hat zugleich zwei Aspekte, die zwei verschiedenen Funktionen entsprechen: sie enthält sowohl das Erzeugen einer neuen, nämlich der konkreteren untergeordneten Norm als auch die Anwendung einer übergeordneten Norm. Daher hat jedes untergeordnete Organ bei der Anwendung, d. h. Konkretisierung übergeordneter Normen einen gewissen freien Spielraum, also ein Ermessen, um das Element der von ihm vorzunehmenden Konkretisierung zu bestimmen. Das Ermessen ergibt sich demzufolge notwendig aus dem Wesen des Rechtserzeugungsprozesses als Konkretisierung re-

---

[16] Vgl. *Michoud* S. 13 f.; *Giraud* S. 203; *Marty* S. 270; *Stassinopoulos* S. 142 f.

[17] Vgl. J. *Barthélemy I* S. 310; s. u. S. 21 f.

[18] Vgl. *Stassinopoulos* S. 143; *Marty* (S. 270) und *Giraud* (S. 204) nennen als Beispiel u. a. die Strafzumessung durch den Strafrichter — die konkret ausgesprochene Strafe muß jedoch als die in diesem Fall gerechte, dem Gesetz entsprechende Strafe die einzige richtige Lösung sein, so daß kein Ermessen besteht, vgl. *Laun I* S. 60.

[19] Vgl. *Kelsen I* S. 248 ff.; *II* (1. Aufl.) S. 62 ff., 73 ff., 82 f., sowie (2. Aufl.) S. 228 ff., 239 ff.; *Merkl* S. 140 ff., 171 ff.

[20] *II* passim, insbesondere S. 684 ff.

lativ abstrakter Normen und besteht — rechtstheoretisch — wesensgleich für alle drei Staatsfunktionen. Nach dieser Ansicht ist auch die Gesetzgebung Konkretisierung der übergeordneten Verfassung. Es kann höchstens ein quantitativer Unterschied zwischen Gesetzgebung einerseits, Verwaltung und Rechtsprechung andererseits bestehen entsprechend der höheren bzw. geringeren Abstraktheit der übergeordneten Normen. Denn bei Verwaltung und Rechtsprechung überwiegt die Funktion der (gebundenen) Anwendung; selbst im Falle freier richterlicher Rechtsschöpfung erfolgt diese Rechtserzeugung nur als Teil und zum Zweck der Anwendung übergeordneter Normen. Insoweit werden Verwaltungsermessen und richterliches Ermessen vollkommen gleich behandelt[21].

Diese Theorie ist aber in der französischen Rechtswissenschaft, auch im Verwaltungsrecht überwiegend abgelehnt worden; das gilt insbesondere für die Erklärung des Ermessensproblems. Denn gerade das Ermessen ist nicht nur eine Beziehung von Normen untereinander, sondern betrifft in erster Linie die Beziehung zwischen den Normen und den Rechtssubjekten; für das Ermessen ist der Aspekt der Unterordnung der Rechtssubjekte unter die Normen wesentlich[22]. Zudem müßte von der Annahme her, daß Normenanwendung als Erzeugung einer neuen (untergeordneten) Norm immer gleichzeitig Ermessensausübung sei, der Richter mittels der Kontrolle über die Normanwendung zugleich den gesamten Ermessensbereich überprüfen[23]. Wenn die Norm ihren Adressaten bindend verpflichtet, ohne ihn weiter zu freier Entscheidung zu befugen, führt die Rechtsanwendung, des Richters oder der Verwaltung, nicht durch Konkretisierung jener übergeordneten Norm zur Erzeugung einer neuen; die angewandte Norm wird lediglich im individuellen Fall reproduziert, ohne daß das bestehende Normensystem ergänzt würde. Das Charakteristische der Ausübung einer Ermessensbefugnis dagegen liegt nicht darin, daß (möglicherweise) die ermächtigende Norm durch Erzeugung einer spezielleren Norm konkretisiert wird, sondern darin, daß im Rahmen der ermächtigenden Norm eine freie Wahl ausgeübt wird, selbst wenn die zur Wahl stehenden Möglichkeiten in sich bereits vollkommen determiniert sind[24].

---

[21] Vgl. *Bonnard II* S. 693 ff.; *Chatelain* S. 271 f.; *Dubisson* S. 217, 223 ff.

[22] Vgl. A. *Hauriou* S. 235.

[23] Vgl. *di Qual* S. 111.

[24] Vgl. *Carré de Malberg III* S. 99; *Venezia* S. 155, 165; *di Qual* S. 112.

B. Definition des Verwaltungsermessens

1. Handlungsfreiheit gegenüber Gesetzgebung und Rechtsprechung

Das Ermessen der Verwaltung, das allein im Folgenden zu erörtern ist, wird im allgemeinen als Freiheit zum Handeln charakterisiert. Die klassische und weithin akzeptierte Definition ist die alte von *Michoud*[1]: „Eine Ermessensbefugnis ist immer dann gegeben, wenn eine Behörde frei handelt, ohne daß ihr das künftige Verhalten im Vorwege durch einen Rechtssatz vorgeschrieben wird[2].“ Ähnlich nennt *Rivero*[3] das Ermessen die Befugnis der Verwaltung, „im Rahmen ihrer Zuständigkeit, bei Vorliegen eines bestimmten Tatbestandes, über eine Maßnahme frei zu entscheiden, unter Berücksichtigung des öffentlichen Interesses“. Umgekehrt definiert *Kornprobst* die gebundene Befugnis (compétence liée) als „Pflicht zu einem Tun in einer festgelegten Weise bzw. zu einem Unterlassen“, die besteht, wenn ein Rechtssatz sowohl das „ob“ des Einschreitens als auch den Inhalt der Maßnahmen vorschreibt, ohne einen Entscheidungsspielraum zu gewähren[4]. Den in den vorgenannten Definitionen hervorgehobenen (freien) Entscheidungsspielraum beschreibt M. *Hauriou*[5] spezieller als die Befugnis, die Zweckmäßigkeit einer Verwaltungshandlung frei zu beurteilen (faculté d'apprécier l'opportunité); dabei klingt allerdings die inzwischen überwundene Theorie an, den Bereich des Ermessens (in der Verwaltungshandlung) auf die — als Gegensatz zur „légalité“ begriffene — „opportunité“ zu beschränken[6].

Diese das Ermessen kennzeichnende Handlungsfreiheit wurde zunächst nur auf das Verhältnis der Verwaltung gegenüber der Gesetzgebung bezogen. So nannte *Bonnard*[7] das Ermessen „eine Befugnis freier Würdigung, die das Gesetz dem Beamten läßt“. Unter dem Einfluß des all-

---

[1] S. 10.

[2] Ebenso *Giraud* S. 194; *Goldenberg* S. 29; *de Laubadère* S. 214; *di Qual* S. 3.

[3] *I* S. 326.

[4] S. 936, 941. Wenn allerdings *Kornprobst* (I S. 958) noch einen eigenständigen Bereich zwischen Ermessen und gebundener Befugnis annimmt, so deswegen, weil er „compétence liée“ und „pouvoir discrétionnaire“ nur auf den materiellen Inhalt der Verwaltungsmaßnahme (objet) bezieht, nicht aber auf die anderen Elemente des „acte“; dazu s. u. S. 137 ff.

[5] *II* (10. Aufl.) S. 352; ebenso *Réglade* S. 417; *Vedel I* S. 100.

[6] s. u. S. 103 ff.; vgl. auch *Rivero IV* S. 140.

[7] *I* S. 363; ebenso *Wei Teng-lin* S. 23.

mählichen Bewußtwerdens von der Rolle richterlicher Rechtsschöpfung wurde bei der Definition des Ermessens auch die Beziehung zwischen Verwaltung und Rechtsprechung einbezogen und das Ermessen als Freiheit auch gegenüber der Rechtsprechung beschrieben: „Die Verwaltung besitzt immer dann eine Ermessensbefugnis, wenn das künftige Verhalten nicht durch einen Rechtssatz aus Gesetz oder Rechtsprechung festgelegt ist. Das Ermessen ist daher die Unbestimmtheit in der rechtlichen Normierung (réglementation juridique)[8]", zu der auch das vom Gericht — eventuell erst für den Einzelfall — geschaffene Richterrecht gehört[9].

2. Autonome Initiative der Verwaltung

Im Gegensatz zu den vorgenannten Definitionen, die das Verwaltungsermessen in seinen Beziehungen zu den beiden anderen Staatsfunktionen negativ ausgrenzen, wird das Ermessen von M. *Hauriou* unter einem mehr institutionellen Aspekt als die autonome Initiative der Verwaltung dargestellt: Ermessen ist „die rechtliche Autonomie der Verwaltung, verstanden als Befugnis, selbst zu entscheiden, ob sie von ihren Kompetenzen und Rechten Gebrauch machen wolle, um diese oder jene Verwaltungsmaßnahme zu ergreifen"[10]. Im gleichen Sinne, wenn auch zugleich negativ abgrenzend, sieht A. *Hauriou*[11] die Ermessensbefugnis „als denjenigen Teil der rechtlichen Initiative und Unabhängigkeit der Verwaltung, der nicht durch das Gesetz und die (sonstigen) Rechtssätze begrenzt worden ist"[12].

3. Verfassungsrechtliche Betrachtung

Dieser institutionelle Aspekt führt die Diskussion (auch) auf die Ebene des Verfassungsrechts, indem hier eine bestimmte — verfassungsrechtliche — Position der Verwaltung gegenüber den anderen Staatsfunktionen zugrundegelegt wird. Eine verfassungsrechtliche Würdigung ist aber auch für jene weithin akzeptierte Definition, nach der das Ermessen Ergebnis der Unbestimmtheit in der rechtlichen Regelung sei, von Bedeutung, insbesondere wegen des Zusammenhangs von Ermessen und gerichtlicher Kontrolle und damit wegen des Problems richterlicher Rechtsschöpfung, die in einer langen Entwicklung, die bis zur umfassenden

---

[8] So *Dubisson* S. 55; vgl. *Welter* S. 30; *Vedel I* S. 100; *Eisenmann II* S. 429; *di Qual* S. 120 f.

[9] Vgl. *di Qual* S. 120, 349.

[10] *II* (10. Aufl.) S. 346 f.

[11] S. 237.

[12] Vgl. auch *Wei Teng-lin* S. 26.

gerichtlichen Kontrolle der Verwaltung führte, erst die Differenzierung zwischen gebundener und ermessensfreier Verwaltungstätigkeit hervorbrachte. Denn wenn die Rechtsprechung bei der Nachprüfung des Verwaltungshandelns auch die Ausübung des Ermessens kontrolliert und letzteres in bestimmte Schranken weist, so ist die entscheidende Frage, ob das Fehlen von Ermessen, d. h. das Bestehen einer Bindung erst das richterliche Eingreifen rechtfertigt oder ob das richterliche Eingreifen das Verwaltungsermessen aufhebt (aufheben kann), also ob der Richter nach eigener — wenn auch pflichtgemäßer — Entscheidung das Verwaltungsermessen einschränken kann[13]. Darauf kann aus der Feststellung, daß eine Beziehung zwischen dem Ermessen und der Unbestimmtheit der rechtlichen Regelung besteht, keine Antwort gefunden werden, weil die Entscheidung darüber, ob die Normen bestimmt oder unbestimmt sind, wiederum von der Rechtsprechung ausgesprochen werden muß. Somit ist die tatsächlich bestehende Beziehung zur Unbestimmtheit der rechtlichen Regelung nur eine abgeleitete, sekundäre Erscheinung und kann lediglich ein Anzeichen für die Existenz eines Ermessens sein — „wenn eine Ermessensbefugnis vorliegt, ist die rechtliche Normierung unbestimmt" —, für jene aber keine (bindende) Erklärung geben[14]. Warum ein Ermessen besteht bzw. auf welche Art und Weise eine Ermessensbefugnis zustande kommt, die auch gegenüber und trotz der Überprüfung durch die Rechtsprechung der Verwaltung eine eigene Entscheidungsfreiheit gewährt, ist allein durch eine verfassungsrechtliche Betrachtung des Zusammenhangs der drei Staatsfunktionen untereinander, im Hinblick auf das staatliche Handeln gegenüber dem Bürger, und insbesondere durch eine Abgrenzung der Rolle richterlicher Rechtsschöpfung nach Verfassungsrecht zu ermitteln.

---

[13] Vgl. *Venezia* S. 9 f., 99 f.

[14] Vgl. *Venezia* S. 14 f.

C. Verfassungsrechtliche Grundlagen

Ermessen als Freiheit gegenüber dem Gesetz stellt die verfassungsrechtliche Frage nach der Zuordnung von Legislative und Exekutive im Staatsaufbau sowie insbesondere nach der Existenz und dem Geltungsbereich des Prinzips der Gesetzmäßigkeit der Verwaltung (principe de légalité).

I. Ermessen und Gesetzmäßigkeit der Verwaltung

1. Abgrenzung von Verwaltung und Gesetzgebung (materiell oder formell?)

Ob Verwaltung und Gesetzgebung nach materiellen oder nach formellen Kriterien zu unterscheiden sind, war auch in der französischen Lehre umstritten. *Duguit*[1] wollte materiell abgrenzen: Danach erzeugt die Gesetzgebung die allgemeinen objektiven Normen, die das jeweils vorhandene Normensystem der betreffenden Rechtsordnung ändern, ohne direkt auf die Rechtsstellung der einzelnen einzuwirken; Funktion der Verwaltung andererseits ist es, jene allgemeinen Normen auf die subjektiv-individuelle Ebene anzuwenden. Die (überwiegende) Gegenmeinung jedoch erkannte nur eine formelle Abgrenzung nach den getrennten Organen an: *Carré de Malberg*[2] stellte den Unterschied in der hierarchischen Stellung von Gesetzgebung und Verwaltung im Staatsaufbau heraus, in dem die Normen des Gesetzgebers das übergeordnete Statut (statut supérieur) bilden, das die andere staatliche Tätigkeit bestimmt und damit auch die Verwaltung, die die Gesetze ausführen muß[3]. Diese formell-organische Abgrenzung konnte, mit gewissen Modifizierungen, bis 1958 beibehalten werden[4].

Jedoch braucht hier die Diskussion um die Abgrenzung dieser beiden Staatsfunktionen nach ihrem jeweiligen Bereich nicht weiter verfolgt zu werden. Denn erstens hat nunmehr die Verfassung vom 4. 10. 1958 die Bereiche von Exekutive und Legislative ausdrücklich materiell abge-

---

[1] *I* (2. Aufl.) Bd. 1 S. 221 ff., Bd. 2 S. 137 ff., 230.

[2] *I* S. 327 f., 337 f., 370.

[3] Vgl. auch *Vedel III* S. 26; *Chatelain* S. 159; dazu *Lesage* S. 3 ff.

[4] Vgl. *Waline* V S. 700 ff.

grenzt. Zweitens kommt es bei der Erörterung des Verwaltungsermessens als einer Freiheit gegenüber dem Gesetz nicht darauf an, was im einzelnen zur Verwaltung gehört und was zur Gesetzgebung, sondern darauf, in welchem Verhältnis die Bereiche der Verwaltung und Gesetzgebung einander zugeordnet sind.

2. Zuordnung von Verwaltung und Gesetzgebung

a) Verwaltung als autonome Institution

Dieses Verhältnis zwischen den beiden Staatsfunktionen wird von zwei grundsätzlich verschiedenen Ausgangspunkten her betrachtet. Die eine Auffassung geht zurück auf die ursprüngliche Vorstellung von der Exekutive als autonomer „puissance publique", als Verkörperung der Staatsgewalt. Dieses Verständnis ist für Frankreichs Verwaltung seit der Zeit des Konsulats (von 1799) maßgebend gewesen und muß in Zusammenhang mit dem Umstand gesehen werden, daß das französische (materielle) Verwaltungsrecht in erster Linie nicht vom Gesetzgeber, sondern — von der zweiten Hälfte des vorigen Jahrhunderts an — durch die Rechtsprechung des Conseil d'Etat allmählich geschaffen wurde[5]. Diese Vorstellung drückte J. *Barthélemy*[6] folgendermaßen aus: „Der Auftrag der Regierung geht in Wirklichkeit weit über eine einfache Ausführung der Gesetze hinaus, wie umfassend auch die Normen, die diese Ausführung leiten, sein mögen. Er besteht in der Führung und Verwaltung der öffentlichen Angelegenheiten." Die Exekutive ist also nicht auf die Anwendung der Gesetze beschränkt; sie ist autonom, und ihr kommen (deswegen), als Vorrechte der öffentlichen Gewalt, Selbstbestimmung und Eigeninitiative zu[7]. Diese Unabhängigkeit setzt voraus, daß der Willen der Verwaltung grundsätzlich frei ist: Ermessensfreiheit ist daher die Regel für die Verwaltung. Die gebundene Verwaltung, deren Willen also eingeschränkt worden ist, bildet nur die mögliche Ausnahme. Solche Grenzen werden der Verwaltung von außen her auferlegt durch die Gesetze, denen die Verwaltung hierarchisch unterworfen ist[8]. Jedoch innerhalb dieser von den Gesetzen gezogenen Schranken bewegt sich die Verwaltung vollkommen autonom. Selbst im Falle gesetzlicher Bindung verfügt sie noch über einen Spielraum, um eventuell den Ge-

---

[5] Vgl. *Nicolas* S. 366; *Rodo* S. 572 f.

[6] *I* S. 299.

[7] So J. *Barthélemy I* S. 302; M. *Hauriou II* (10. Aufl.) S. 346 f.; *Welter* S. 2 ff.; *Nicolas* S. 366: „maîtresse de ses initiatives".

[8] Vgl. J. *Barthélemy I* S. 301 f.; *Duguit I* (2. Aufl.) Bd. 1 S. 92; M. *Hauriou II* (10. Aufl.) S. 352; auch *Bonnard I* S. 365; *Nicolas* S. 366; dazu *Rodo* S. 572 f.

setzesbefehl einschlafen zu lassen, wenn dessen (sofortige) Ausführung gegen das öffentliche Interesse verstoßen würde — wenngleich insoweit auch nach dieser Ansicht nicht eine echte Berechtigung der Exekutive, sondern mehr eine tatsächliche „Chance“ bei der Gesetzesanwendung vorliegt[9].

Bei M. *Hauriou* liegt dieser Auffassung seine Theorie von der Institution[10] zugrunde. Die Verwaltung, als „institution administrative“, betreibt das Unternehmen der öffentlichen Ordnung, unterworfen unter die Idee des öffentlichen Interesses. Als solche Institution ist sie in gewissem Maße autonom, weil sie durch die schöpferische Tätigkeit ihrer Organe (der „acteurs juridiques“) lebt, die durch Rechtsnormen lediglich beschränkt werden kann. Jedoch unabhängig von gesetzlichen Schranken wird ihre Autonomie aus ihrem institutionellen Wesen heraus begrenzt durch die die Verwaltung beherrschende Idee, d. h. ihre Funktion — das ist: „la bonne administration“ — beschränkt von innen her die Freiheit der Verwaltung[11].

Von demselben Ausgangspunkt entwickelt A. *Hauriou*[12] seine Auffassung von den öffentlichen Verwaltungen als Rechtssubjekten, auf deren Grundlage er das Verwaltungsermessen unter dem allgemeineren Aspekt der Bindung der Rechtssubjekte an das Gesetz betrachtet: Da die Rechtssubjekte grundsätzlich frei und autonom sind und ihr Handeln stets von ihnen, von ihrer Initiative ausgehen muß, wird ihre Tätigkeit, also auch das Handeln der Verwaltung, durch die Gesetze lediglich von außen begrenzt, ohne daß jene das Wesen der Verwaltungstätigkeit bestimmen könnten. In ähnlichem Sinne begründet *Venezia* eine positive Konzeption des Ermessens mit Hilfe der Vorstellung von der Verwaltung als einem Betrieb (entreprise), für den charakteristisch ist, daß „an der Spitze einer organisierten Menschengruppe eine Leitung besteht, die für das Verfolgen eines Zweckes verantwortlich ist und über ein Bündel von Vorrechten verfügt, die ihm erlauben sollen, die Tätigkeit der Gruppen-

[9] Vgl. J. *Barthélemy I* S. 305 f., 310; M. *Hauriou II* (10. Aufl.) S. 352, und *III* S. 443, 447; *Montané de la Roque* S. 81; dazu *CE* vom 28. 6. 1918 Heyriès (Rec. S. 651) mit Anm. M. *Hauriou X* S. 49 f.; s. u. S. 80 f., 138 f.

[10] „Eine Institution ist eine Idee vom Werk oder vom Unternehmen, die in einem sozialen Milieu Verwirklichung und Rechtsbestand findet. Damit diese Idee in die konkrete Tatsachenwelt umgesetzt wird, bildet sich eine Macht aus, von der sie mit Organen ausgestattet wird.“ So M. *Hauriou IV* S. 10, deutsch S. 34; s. auch *Venezia* S. 133.

[11] Vgl. M. *Hauriou II* (10. Aufl.) S. 13 ff., 83 f., (11. Aufl.) Bd. 1 S. 12 f., sowie *IV* S. 44, deutsch S. 65; A. *Hauriou* S. 235 ff.; *Welter* S. 4 ff.; *Duguit I* (2. Aufl.) Bd. 2 S. 301 ff.

[12] S. 235 ff.

mitglieder auf dieses Ziel hin zu lenken"[13]. Das Wesen der Verwaltung als Betrieb leitet er aus Art 47 Abs. 1 der Verfassung vom 27. 10. 1946[14] ab, der der Exekutive den Auftrag erteile, für das Gemeinwohl zu sorgen. In diesem Rahmen entspricht das Ermessen dem unaufhebbaren Teil der Selbstbestimmung, die für jeden „Betrieb" notwendig sei, damit er seine eigenen Zwecke verfolgen könne: Das Ermessen sei die Gebots- und Verbotsbefugnis der leitenden Instanz des „Betriebs" Verwaltung[15].

Im Hinblick auf die erwähnten Verfassungsnormen ist noch darauf hinzuweisen, daß M. *Hauriou* zunächst zwischen Regierung und Verwaltung unterschied: Ihm zufolge muß jedenfalls die Regierung einen autonomen Willen haben, der nicht völlig dem Gesetz unterworfen sei, weil anderenfalls das Gesetz die Regierung übernehmen müsse, was unmöglich sei[16]. Dementsprechend seien Stellung und Befugnis der Regierung nicht vom Gesetzgeber abhängig, sondern ein für alle Mal durch die Verfassung übertragen worden. Für die (reine) Verwaltung sei zwar ein anderes denkbar, jedoch soll diese in der Verfassung ausgesprochene Übertragung der ausführenden Gewalt auf die autonome Exekutive für diese insgesamt, als Institution, gelten, also auch für die Verwaltung[17].

b) Verwaltung aufgrund besonderer gesetzlicher Ermächtigung

Grundsätzlich nimmt die zweite Ansicht ihren Ausgangspunkt in der Feststellung, daß die Funktionen der Gesetzgebung und der Verwaltung im wesentlichen hierarchisch unterschieden sind: Die Gesetzgebung erläßt das „übergeordnete Statut, unter dessen Herrschaft die gesamte andere staatliche Tätigkeit ausgeübt wird"[18]. Deswegen besitzt, nach dieser Ansicht, die Verwaltung keine umfassende Gewalt und ist in keinem Bereich vollkommen ihr eigener Herr, sondern stets eine untergeordnete Instanz in ausführender Funktion mit dem begrenzten Auftrag, die im Vorwege erlassenen Vorschriften des Gesetzgebers in die Tat umzusetzen. Auch diese Auffassung wird begründet mit den erwähnten

---

[13] *Venezia* S. 112.

[14] „Le président du Conseil des ministres assure l'exécution des lois." s. auch Art. 3 (2. Halbsatz des 2. Satzes) Verfassungsgesetz vom 25. 2. 1875 sowie Art. 21 Abs. 1 Satz 3 Verfassung vom 4. 10. 1958.

[15] Vgl. *Venezia* S. 112 f., 132.

[16] „Die Regierungsangelegenheiten sind stets neu, weil das Leben ständig Neues hervorbringt, und stets dringend, weil sie immer das Staatswohl betreffen; sie können daher nicht auf Erledigung warten, bis man Zeit zur Beratung der Gesetze gefunden hat." So M. *Hauriou III* S. 384 f., 442 f.

[17] Vgl. auch *CE* vom 8. 8. 1919 Labonne, Rec. S. 737: „Es steht dem Staatsoberhaupt zu, außerhalb jeder gesetzgeberischen Delegation und aufgrund seiner eigenen Befugnisse jene Polizeimaßnahmen zu bestimmen ..."

[18] So *Carré de Malberg I* S. 337.

Verfassungsnormen[19], weil die darin der Verwaltung übertragene Aufgabe der Gesetzesausführung nur eine abgeleitete, im wesentlichen untergeordnete Befugnis bedeute und eine wirklich eigenständige Gewalt ausschließe[20]. Danach muß sich jede Befugnis und jede „Initiative" der Verwaltung auf einen Akt der Gesetzgebung zurückführen lassen, da jene sich gerade durch ihre Initiativgewalt auszeichne. Deshalb erfordere jede Verwaltungstätigkeit ein vorangehendes Sprechen des Gesetzgebers, indem er der Verwaltung ausdrückliche und besondere, begrenzte Befugnisse einräume, die dann von der Verwaltung ausgeführt werden könnten. Eine gesetzliche Ermächtigung sei daher wichtigster Bestandteil jeder Verwaltungsbefugnis[21]. Eine Ermächtigungsnorm kann allerdings zu freier Entscheidung befugen, also eine Ermessensbefugnis übertragen. Jedoch wird derart ein Ermessen jeweils ausdrücklich vom Gesetzgeber eingeräumt, der berücksichtigt, daß den Einzelfall besser die Verwaltungsbehörde zweckgemäß entscheiden kann. Daher läßt auch die Auffassung von der gesetzlich ermächtigten Verwaltung in großem Umfang ein Ermessen zu, das aber nicht als (autonomes) Privileg der Verwaltung, sondern als ein (funktionale) Pflicht verstanden wird[22].

Mit dem gleichen Ergebnis bestimmen *Chatelain* und *Dubisson* nach der Theorie vom Stufenbau der Rechtsordnung das Verhältnis von Gesetzgebung und Verwaltung. Nach dieser Theorie[23] ist Ermessen die Befugnis, bei der Anwendung einer höheren Norm diese durch Hinzufügen neuer Elemente zu konkretisieren. Aus dem Prinzip der „Gewaltentrennung" in Gesetzgebung und Verwaltung wird abgeleitet, daß zwar die Verwaltung im wesentlichen die Funktion habe, die Gesetze auszuführen, daß aber gerade infolge der Trennung beider „Gewalten" die Verwaltung zur (notwendigen) Konkretisierung der (übergeordneten) Gesetzesnormen befugt sei. Dementsprechend bedarf die Verwaltung stets der Ermächtigung durch das Gesetz, das das Verwaltungshandeln nicht nur als äußerliche Grenze beschränkt, sondern als wesentliche Richtlinie bestimmt. Selbst wenn der Gesetzgeber der Verwaltung zugestehe, die ihr am zweckmäßigsten erscheinende Maßnahme zu treffen, ohne jene weiter zu bestimmen, so bleibe diese Ermessensbefugnis doch in ihrem Inhalt und Umfang durch das Gesetz bestimmt[24].

---

[19] s. o. S. 23 Anm. 14; Art. 3, 2. Halbsatz des 2. Satzes, Verfassungsgesetz vom 25. 2. 1875: Le Président de la République „surveille et assure l'exécution" des lois.

[20] Vgl. *Carré de Malberg I* S. 337 f., 345 f., 360, 485, und *II* S. 30; *Giraud* S. 199.

[21] Allerdings kann in Wirklichkeit die Ermächtigung auch in einer Norm des Richterrechts enthalten sein, s. u. S. 44 ff.

[22] Vgl. *Carré de Malberg I* S. 358, 476, 502 f., *II* S. 31, und *III* S. 61, 109, 113; *Giraud* S. 199 f.

[23] s. o. S. 15 f.

[24] Vgl. *Chatelain* S. 9, 41, 271 ff., 291; *Dubisson* S. 49, 55, 225.

c) *Verwaltung insgesamt eigenständig, im einzelnen gesetzesunterworfen*

Zwischen diesen im Grundsätzlichen divergierenden Ansichten versuchen einige Autoren zu vermitteln, indem sie die wesentlichen Forderungen beider Meinungen — einerseits allgemeine, ständige Handlungsfähigkeit der Verwaltung ungeachtet der gesetzlichen Grundlagen, andererseits Unterstellung der Verwaltung unter das Gesetz — nebeneinander anerkennen. Dazu gelangen sie durch eine differenzierende Auslegung der von beiden Seiten gleichermaßen herangezogenen Verfassungsnormen (Art. 3, 2. Halbsatz des 2. Satzes, Verfassungsgesetz vom 25. 2. 1875; Art. 47 Abs. 1 Verfassung vom 27. 10. 1946; heute Art. 21 Abs. 1 Satz 3 Verfassung vom 4. 10. 1958)[25] und des darin enthaltenen Auftrags an die Verwaltung zur „exécution des lois". Als ein Vorläufer sah schon *Michoud* zwar den Grund des Ermessens in einer Delegation des Gesetzgebers an die Verwaltung, die wegen der größeren Nähe der Verwaltung zum konkreten Geschehen erfolge; zugleich aber bezeichnete er das Ermessen als „den Regelfall, weil die Verwaltungsbehörde beauftragt ist zu handeln und Prinzip des Handelns die Freiheit ist"[26]. Ähnlich leitet *Rivero*[27] einerseits das Ermessen aus dem institutionellen Charakter der Verwaltung als „Betrieb" ab, in dem eigene Organisationsgewalt und freie Entscheidung gegenüber den Dritten (der Öffentlichkeit) notwendig sei, andererseits unterstellt er dieses Ermessen dem Gesetz, weil das Gesetz das Ermessen einräume und dessen Zwecke bestimme. Und *Lodovici*[28] hält eine gewisse Handlungsfreiheit für die „notwendige Ergänzung einer jeden gesetzlichen Vorschrift", insbesondere bedürfe die Verwaltung der Initiative, um bei Schweigen des Gesetzes einspringen zu können; dennoch hänge die Existenz einer Ermessensbefugnis letztlich vom Gesetz ab[29].

Tiefer eindringend stellte bereits *Alibert* fest, daß das „Eingreifen der Exekutive zwecks Anwendung des Gesetzes in Wirklichkeit zwei Arten von Maßnahmen mit sich bringt: die Maßnahmen der Ergänzung (complément) und Anwendung (application) sowie die eigentlichen Maßnahmen der Ausführung (exécution)"[30]; dabei meinte er mit den ergänzenden, anwendenden Maßnahmen vor allem den Erlaß der (gewöhnlichen) Verordnungen, durch die die gesetzlichen Grundsätze bis ins einzelne entfaltet werden. *Vedel*, der in seiner Thèse das Ermessen als nicht auflösbaren Restbestand gegenüber der Vorherrschaft des Gesetzes be-

---

[25] s. o. S. 23.
[26] S. 28 f., 18 f.
[27] *I* S. 255 f., insb. Anm. 26, S. 325, sowie *II* S. 287 f.
[28] S. 108, 161.
[29] Ebenso *Waline III* S. 25, 27.
[30] S. 197.

schrieb[31], unterscheidet in einer späteren Untersuchung über die Beziehungen zwischen dem Verfassungsrecht und den Grundfragen des Verwaltungsrechts zwei Aspekte, unter denen der Auftrag an die Verwaltung: „assurer l'exécution des lois" gesehen werden müsse: Nur bei einer ins einzelne aufgliedernden Betrachtung (analytique) meint „exécution des lois" die strikte Ausführung eines jeden Gesetzes. Bei einer zusammenfassenden Betrachtungsweise (synthétique) dagegen wird damit auch der Auftrag zur Aufrechterhaltung der gesetzlich festgelegten Rechtsordnung insgesamt und ihrer notwendigen Bedingungen bezeichnet. Aus dieser Doppelbedeutung erhellt, daß die Verwaltungsbefugnisse sowohl eigenständig als auch abgeleiteter, sekundärer Natur sind, weil sie sowohl auf einem allgemeinen unmittelbaren Verfassungsauftrag beruhen als auch im einzelnen dem Gesetz unterworfen sind[32]. Diese beiden Seiten des Auftrags der Verwaltung zur „exécution des lois" sollen durch die Leitidee des öffentlichen Interesses, die der Verwaltung als „pouvoir constitué" innewohne, verbunden werden[33].

d) Verfassung von 1958

Diese vermittelnde Auffassung über das Verhältnis zwischen der Gesetzgebung und der ihr unterworfenen, doch auch wieder eigenständigen Verwaltung gilt besonders für die neue Verfassung vom 4. 10. 1958, die die Beziehungen zwischen beiden Staatsfunktionen entgegen den traditionellen Vorstellungen ordnet und nicht mehr nach formell-organischen Kriterien, sondern materiell abgrenzt. In Art. 34, 37 wird der Bereich des Gesetzes materiell bestimmt und damit der Begriff des Gesetzes durch den geregelten Gegenstand, also materiell definiert. Dadurch bildet nunmehr die Verwaltungszuständigkeit, und insbesondere die Verordnungsbefugnis des Ministerpräsidenten nach Art. 37, den Regelfall, während der Gesetzgeber auf die in Art. 34 genannten Materien beschränkt ist[34]. Jedoch muß im Bereich der Exekutive die gewöhnliche Befugnis nach Art. 21 der Verfassung, zur Ausführung der Gesetze Verordnungen zu erlassen — hier wird die Exekutive aufgrund einer abgeleiteten Befugnis (pouvoir non-initial) tätig —, von der neuen Verordnungsbefugnis aus Art. 37[35] unterschieden werden, die eine primäre Zu-

---

[31] *I* S. 314.

[32] Vgl. *Vedel III* S. 36 ff.; für die Zeit nach 1958: *di Qual* S. 431, 436; *Nizard* S. 276, 262; *Petot* S. 387, 390, 392 und ff.

[33] Vgl. *Vedel I* S. 314.

[34] Vgl. *Waline V* S. 709, 716; *Timsit I* S. 147.

[35] Diese ist wiederum zu trennen von dem in Art. 16 der Verfassung vom 4. 10. 1958 enthaltenen Notstandsrecht, einer Verfassungsermächtigung an den Staatspräsidenten, auch entgegen der Verfassungsordnung zu handeln — jene Befugnis geht in ihrem Wesen über einen „pouvoir constitué" hinaus; vgl. *Nizard* S. 26, 256.

ständigkeit (pouvoir initial) darstellt. Diese letztere Kompetenz der Exekutive ist autonom, weil sie weder auf einer gesetzlichen Grundlage beruht noch dem Gesetz unterworfen ist, also von der doppelten Verpflichtung „secundum et infra legem" befreit ist[36]. Aber auch insoweit unterliegt die Exekutive noch rechtlichen Bindungen, nämlich dem Verfassungsrecht und den allgemeinen Rechtsgrundsätzen[37] — das ist erheblich im Hinblick auf den Inhalt des „principe de légalité". Abgesehen von dieser nur dem Ministerpräsidenten zustehenden autonomen Befugnis aus Art. 37 ist im übrigen, auch hinsichtlich der gewöhnlichen Verordnungsbefugnis nach Art. 21, die Verwaltungstätigkeit wie bisher dem Gesetz untergeordnet[38].

3. „Principe de légalité"

Die Unterordnung der Verwaltung unter das Gesetz bezeichnet allgemein das „principe de légalité". Dieser „Grundsatz der Gesetzmäßigkeit der Verwaltung" hat nach *Eisenmann*[39] zwei verschiedene Bedeutungen: die Minimalforderung, die ein Verhältnis der „compatibilité" zwischen Gesetz und Verwaltungshandeln vorschreibt, sowie die Maximalforderung nach einem Verhältnis der „conformité".

a) Gesetzesvorrang als Minimum

Das Minimum der „compatibilité" bedeutet nur die Unterstellung des Verwaltungshandelns unter das Gesetz und drückt den Vorrang des Gesetzes aus: In diesem Sinn erfordert die Gesetzmäßigkeit, daß die Verwaltungshandlungen nicht dem Gesetz widersprechen (non-contrariété); die Verwaltung darf nicht Gesetze mißachten oder direkt gegen sie verstoßen. Dabei ist vorrangig auch das Verfassungsgesetz. Alle nicht verbotenen Maßnahmen aber wären — unter diesem Gesichtspunkt — gesetzmäßig, d. h. mit dem Gesetz vereinbar (compatible). Als Vereinbarkeit mit dem Gesetz meint Gesetzmäßigkeit daher nur eine negativausschließende Beziehung zwischen der gesetzlichen Regelung insgesamt und einer konkreten Verwaltungshandlung, die lediglich mit keiner gesetzlichen Norm kollidieren darf.

---

[36] Vgl. *Chapus I* S. 119, 126; *Timsit I* S. 54, 64, 148; *Tiedemann* S. 371. Es sei erwähnt, daß nach *Chapus* (I S. 125 f.) die autonome Verordnung jedoch nicht den gleichen Rang wie das Gesetz haben soll, weil das Fehlen einer Über- bzw. Unterordnung nicht gleichen Rang bedeute, vielmehr überhaupt keine Beziehung zwischen autonomer Verordnung und Gesetz bestehe.

[37] Vgl. *Chapus I* S. 119, 122 f., 126; *Timsit I* S. 64; *Braibant II* S. 70.

[38] Vgl. *Waline V* S. 709 f.; *Nizard* S. 256.

[39] *III* S. 30.

Der Vorrang des Gesetzes ist allgemein anerkannt und gilt grundsätzlich für alles Verwaltungshandeln[40]. Ausnahmen bilden die Fälle, in denen die Rechtsprechung wegen besonderer Umstände[41] einen Gesetzesverstoß der Verwaltung sanktioniert und damit durch Schaffung neuen Richterrechts die gesetzliche Regel einschränkt[42]. Außerdem gilt ein Gesetzesvorrang nicht im Bereich der autonomen Verordnungsbefugnis des Ministerpräsidenten nach Art. 37 Verfassung 1958, da es überhaupt an einer (Rang-)Beziehung zwischen jener und dem (einfachen) Gesetz mangelt[43].

b) „Conformité" als Maximum

Maximal fordert das „principe de légalité" ein Verhältnis der strikten Übereinstimmung (conformité). Diese Bedeutung geht nach *Eisenmann* über den Vorbehalt des Gesetzes — in dem Sinn des deutschen öffentlichen Rechts — hinaus, nach dem jeder hoheitliche Eingriff in Rechte der Bürger einer gesetzlichen Ermächtigung bedarf. „Conformité" bedeutet nämlich nach *Eisenmann*, daß nur solche Verwaltungsmaßnahmen gesetzmäßig sind, die mit der einschlägigen gesetzlichen Regelung völlig übereinstimmen, d. h. daß das Gesetz die Entscheidung der Verwaltung in all ihren Elementen vorschreibt und es sich lediglich um einen einfachen Vollzug der Norm handelt, nämlich die konkrete Verwirklichung eines abstrakt-allgemeinen Typus, dem nur eine einzige, bestimmte Entscheidung entspricht[44]. Derart verstanden als „conformité" erfordert die Gesetzmäßigkeit eine positiv-bedingende Beziehung zwischen einer einzelnen abstrakten Norm und der konkreten Verwaltungsmaßnahme, die sich vollkommen decken müssen[45].

Gesetzmäßigkeit als „conformité" bindet die Verwaltung stärker als der bloße Vorrang des Gesetzes (compatibilité). Damit eine Verwaltungs-

---

[40] Vgl. M. *Hauriou VIII* S. 25; *Duguit I* (2. Aufl.) Bd. 1 S. 92; *Carré de Malberg I* S. 336, 485; *Eisenmann II* S. 326, 335 f., und *III* S. 30 f., 38 f.; *Vedel II* S. 300; *Dubisson* S. 49 ff.; *Timsit I* S. 53 f.

[41] s. u. S. 73 ff.

[42] Vgl. *Eisenmann III* S. 38 f.; *Nizard* S. 262.

[43] Vgl. *Chapus I* S. 125. Dies ist zu unterscheiden von der Ausnahme, daß die Regierung gegenüber einem Gesetzentwurf, der nicht in Art. 34 genannte Materien betrifft, von ihrem Einspruchrecht aus Art. 41 keinen Gebrauch macht: Nach Art. 37 Abs. 2 Satz 2 tritt das beschlossene Gesetz in Kraft, kann jedoch nach vorgängiger Feststellung seines (materiellen) Verordnungscharakters durch den Conseil Constitutionnel durch eine Verordnung des Ministerpräsidenten geändert werden. In diesem Fall der materiellen Kompetenzüberschreitung des Gesetzgebers ist der Gesetzesvorrang (als formelles Prinzip) aufgehoben. Vgl. dazu *Waline IV* (9. Aufl.) S. 130.

[44] Allerdings wird „conforme" z. T. auch ungenauer als Bezeichnung für den Gesetzesvorrang gebraucht, vgl. z. B. *Vedel II* S. 189 und *de Laubadère* S. 193.

[45] Vgl. *Eisenmann III* S. 31; *Dubisson* S. 47 ff.

entscheidung „gesetzeskonform" ist, muß eine entsprechende Gesetzesnorm vorher bestehen, während allein vom Gesetzesvorrang her eine Maßnahme auch ohne vorangehendes Tätigwerden des Gesetzgebers mit der Rechtsordnung vereinbar sein kann (solange nicht eine Norm ausdrücklich anordnet, daß die Verwaltung nur solche Entscheidungen treffen darf, die das Gesetz vorsieht — das Nichtbeachten einer geforderten „conformité" ist gleichzeitig ein Verstoß gegen das Gesetz). Ein Handeln der Verwaltung bei Fehlen eines einschlägigen Gesetzes tastet also den Gesetzesvorrang nicht an, schließt jedoch eine „Deckung" mit der gesetzlichen Norm im Sinne der „conformité" aus[46]. Während für den Bereich, in dem strikte Konformität gefordert wird, die Verwaltung gebunden ist, entspricht der Bereich, in dem nur der Gesetzesvorrang gilt und damit lediglich das negativ-abgrenzende Verhältnis zwischen Gesetzesordnung und Verwaltungshandlung zu bestehen braucht, dem Gebiet des Ermessens, das ebenfalls durch eine nur negative Beziehung zwischen Entscheidung und Normensystem definiert wird[47]. Es kommt daher darauf an, in welchem Ausmaß das „principe de légalité" neben dem Vorrang des Gesetzes auch die strikte Konformität mit dem Gesetz für die einzelnen Verwaltungsmaßnahmen fordert.

Eisenmann[48] unterscheidet, ob Konformität mit dem Gesetz in formeller Hinsicht für das Verfahren beim Erlaß der Entscheidung oder in materieller Hinsicht für den Inhalt der Maßnahme (fond) gefordert wird.

(1) Geltung des Vorbehalts des Gesetzes

Strikte Übereinstimmung von formellem Verfahren und Gesetz verlangt vor allem eine gesetzliche Ermächtigung für das Verwaltungshandeln. Damit wird die Frage nach der Geltung des Vorbehalts des Gesetzes gestellt, die im französischen Schrifttum nicht eindeutig beantwortet wird. *Michoud*[49] spricht von einem Vorbehalt des Gesetzes, aber ohne dessen Inhalt und Umfang näher zu beschreiben. *Carré de Malberg* nimmt eine strikte Geltung des Gesetzesvorbehalts für die gesamte Verwaltung an, weil alles Verwaltungshandeln von dem Gesetz als „statut supérieur" der sonstigen Staatstätigkeit abhänge. Jeder Handlung der Verwaltung müsse ein Gesetz vorangehen, das eine besondere Ermächtigung ausspreche, so daß sämtliche Verwaltungsmaßnahmen auf eine Gesetzesnorm zurückgeführt werden könnten[50]. Auch *Duguit*[51] for-

[46] So *Eisenmann III* S. 31 f.
[47] Vgl. *di Qual* S. 140 ff.
[48] *III* S. 33.
[49] S. 28.
[50] Vgl. *Carré de Malberg I* S. 337, 360, 476; *II* S. 31; *III* S. 61, 109.
[51] *I* (2. Aufl.) Bd. 3 S. 681 f.

dert als Prinzip, das für den Schutz der individuellen Rechte wesentlich sei und keine Ausnahme dulde, daß jede Entscheidung der Verwaltung nur aufgrund vorher ergangener Gesetze ergehen dürfe[52]. *Eisenmann*[53] hält es für einen Grundsatz des französischen Rechts, daß jedes Handeln der Verwaltung auf einer gesetzlichen Kompetenzzuweisung beruhen muß; daher könne die Verwaltung nur in Übereinstimmung mit einer gesetzlichen Regelung handeln. Allerdings schränkt er diesen Grundsatz in zweierlei Hinsicht ein: Erstens sei manchmal die „gesetzliche" Ermächtigung in Wirklichkeit eine richterliche Ermächtigung, die durch die Rechtsprechung zuerkannt würde — von einem anderen Gesichtspunkt her kann man diesen Sachverhalt auch so verstehen, daß eben nicht ein Gesetz die Rechtsgrundlage für das Verwaltungshandeln bildet, vielmehr eine eigenständige, (relativ) gesetzesunabhängige Befugnis der Verwaltung besteht, wie sie dann eben von der Rechtsprechung anerkannt wird. Andererseits brauche (nach *Eisenmann*[54]) nicht immer für jede bestimmte Einzelentscheidung (acte déterminé) eine gesetzliche Ermächtigung vorzuliegen; eine Ermächtigung, die global für einen gesamten Betätigungsbereich (activité globale) ausgesprochen werde, genüge bei den „activités matérielles" und auf dem Gebiet der „services publics" — (mit) auf diese Gebiete bezieht sich im übrigen auch die ersterwähnte Einschränkung.

Damit berührt *Eisenmann* eine Problematik, die der deutschen Diskussion um die Geltung des (allgemeinen) Gesetzesvorbehalts für die Leistungsverwaltung nahesteht. Unter „activités matérielles"[55] versteht er nämlich (u. a.) die Tätigkeit der Verwaltung zur Leistung von Diensten oder Gütern an das Publikum, wie den Betrieb eines Verkehrsnetzes, die Herstellung und Verteilung von elektrischem Strom, die Führung einer Unterrichtsanstalt[56]. In ähnlicher Unterscheidung hat *Alibert*[57] den Vorbehalt des Gesetzes zwar für die „Eingriffsverwaltung" anerkannt, weil nur das Gesetz den Bürgern Pflichten auferlegen und ihre Rechtspositionen berühren dürfe; soweit jedoch das Verwaltungshandeln keine

[52] Ebenso *de Laubadère* S. 193; *di Qual* S. 410 ff.

[53] *II* S. 335 f., sowie *III* S. 35 ff.

[54] *III* S. 34, 37 f.

[55] „Activités matérielles" im Gegensatz zu den „actes juridiques", weil und soweit die „actes matériels" keine rechtliche Regelung, keine Regelung von Rechtsbeziehungen zu den Bürgern treffen; dazu gehören einerseits die rein praktischen Handlungen der Verwaltung zur tatsächlichen Ausführung einer rechtlichen (Einzelfall-)Regelung (acte juridique), andererseits alle Tätigkeiten im Bereich der Leistungsverwaltung, die nicht bereits bestehende Rechtspositionen Dritter betreffen; vgl. dazu *Waline IV* (9. Aufl.) S. 434.

[56] „Activités tendant à la fourniture de services ou de biens au public (exploitation d'un réseau de transports; production et distribution d'électricité; gestion d'un établissement d'enseignement, etc.)." *Eisenmann III* S. 34.

[57] S. 195 ff.

Rechte Dritter berühre, gelte der Gesetzesvorbehalt nicht, nämlich weitgehend auf dem Gebiet der „services publics“[58].

Der Begriff des „service public“ ist allerdings nicht identisch mit dem deutschen Begriff „Leistungsverwaltung“. Ohne daß hier auf die Diskussion um die genaue Definition und Abgrenzung dieses Begriffs[59] eingegangen zu werden braucht, ist davon auszugehen, daß dieser Ausdruck den gesamten Bereich der öffentlichen Verwaltung umfaßt: „ ‚service public‘ ist die im allgemeinen Interesse erfolgende Tätigkeit der öffentlichen Verwaltung“[60]. So zählen zu den „services publics“ die Kommunikationsmittel aller Art, Polizei und Verteidigungswesen, Bildungswesen, Fürsorge und Gesundheit[61]. Sie können nicht durch einen Bezug auf Leistungen definiert werden, weil sie weder sämtliche Leistungen der öffentlichen Hand erfassen noch ausschließlich Leistungen betreffen[62]. Vielmehr werden sie bestimmt durch ihren Gegensatz zur fiskalischen Verwaltungstätigkeit auf privatrechtlicher Grundlage: sie unterstehen grundsätzlich dem öffentlichen Recht und sind mit den Vorrechten der öffentlichen Gewalt ausgestattet, zumindest insoweit es für ihren (öffentlichen) Zweck erforderlich ist[63].

Grundsätzlich ist für die Errichtung, Einrichtung, Rechtsstellung und Tätigkeit der „services publics“ die Verwaltung zuständig, d. h. sie bedarf insoweit keines Gesetzes, der Verwaltung steht ein Ermessen zu — soweit nicht höherrangige Grundsätze entgegenstehen, insbesondere nicht Rechte Dritter betroffen sind[64]. Deswegen bedarf eben die Errichtung doch in der Regel einer gesetzlichen Ermächtigung, aus den zwei verschiedenen Gründen, weil (soweit) Eingriffe in Rechte und Freiheiten der Bürger erfolgen und weil der öffentliche Haushalt in Anspruch genommen wird. Je nach der Tragweite der Eingriffe bzw. der Rechte ist daher abzustufen, wann und wieweit ein Gesetz die Errichtung eines „service public“ vorsehen muß; das Haushaltsgesetz allein genügt jedenfalls nicht als Grundlage für Eingriffe in Rechte Dritter. Zu diesen geschützten Rechtspositionen gehört auch die allgemeine Wirtschaftsfreiheit (liberté du commerce et de l'industrie), die dem Staat Eingriffe in den wirtschaftlichen Wettbewerb — insbesondere weitgehend eine eigene erwerbswirtschaftliche Betätigung der öffentlichen Hand, wenn

---

[58] Vgl. auch *Timsit I* S. 53 f., 57 ff.

[59] Vgl. *de Laubadère* S. 518; *Waline IV* (9. Aufl.) S. 679.

[60] Vgl. *Charlier II* Nr. 22 f.; *de Laubadère* S. 40, 518.

[61] Vgl. *Waline IV* (9. Aufl.) S. 685 f.; *de Laubadère* S. 40.

[62] Vgl. *de Laubadère* S. 520; *Waline IV* (9. Aufl.) S. 664; aber auch *di Qual* S. 251.

[63] Vgl. *de Laubadère* S. 40, 558; *Waline IV* (9. Aufl.) S. 677 ff.

[64] Vgl. *Charlier II* Nr. 28 f.; *di Qual* S. 329; *CE* vom 27. 1. 1961 Vannier, Rec. S. 60.

diese in Konkurrenz zur Privatwirtschaft tritt, sowie staatliche Subventionen — verbietet, soweit nicht ein entsprechendes Gesetz besteht, so daß wenigstens ein Teil der „Leistungsverwaltung“ dem Gesetzesvorbehalt unterstellt ist[65]. Umgekehrt müßte das Haushaltsgesetz genügen, wenn eben nicht in irgendwelche Rechtspositionen eingegriffen wird, so daß also für den übrigen Teil der „Leistungsverwaltung“ der strenge Gesetzesvorbehalt nicht gilt (wie es *Eisenmann* darstellt)[66]. Die Verfassung von 1958 hat diese Zuständigkeit der Legislative, also den Geltungsbereich des allgemeinen Gesetzesvorbehalts, noch weiter eingeschränkt infolge der materiellen Aufteilung der Kompetenzen von Legislative und Exekutive, da ein Gesetz nur noch hinsichtlich der grundlegenden Garantien (garanties fondamentales) für die Ausübung der Freiheitsrechte erforderlich (und zulässig) ist (Art. 34 Abs. 2, 1. Abschnitt). Immerhin bedürfen auch weiterhin staatliche Ausgaben stets der Bewilligung durch das Haushaltsgesetz[67]. Im übrigen ist für die Einrichtung und die Tätigkeit der „services publics“ — nicht nur der „Leistungsverwaltung“ — die Verwaltung zuständig, ohne Vorbehalt des Gesetzes, und ist gesetzlich gebunden nur, wenn insoweit Rechte Dritter schon vorher gesetzlich begründet worden waren[68].

(2) „Conformité“ auch für den materiellen Inhalt der Verwaltungsmaßnahme?

Wird der Geltungsbereich einer vom „principe de légalité“ geforderten strikten Übereinstimmung mit dem Gesetz im Hinblick auf den Inhalt der Verwaltungsmaßnahme untersucht, so lehnt *Eisenmann*[69] eine solche Konformität für die öffentlichrechtlichen Verträge sowie für die „actes matériels“ ab[70], also für einen großen Teil der „Leistungsverwaltung“, für den ja auch das Gesetz überhaupt nur eine globale Ermächtigung zu geben braucht. Die Frage nach einer Bindung der Verwaltung

---

[65] Vgl. *Charlier II* Nr. 31; *CE* vom 13. 11. 1953 Chambre syndicale des industries et du commerce des armes, Dalloz 1954 S. 553 mit Anm. Reuter (Bereitstellung von Krediten im Haushaltsgesetz rechtfertigt ohne besonderes Gesetz nicht Munitionsproduktion durch den Staat wegen der Konkurrenz zur Privatindustrie); *di Qual* S. 217; *Nizard* S. 72: kommunale Dienstleistungsbetriebe („socialisme municipal“) sind trotz allgemeiner Zulassung durch Dekret vom 28. 12. 1926 nach der Rechtsprechung einzig bei öffentlichem Interesse zulässig, *CE* vom 30. 5. 1930 Chambre syndicale du commerce en détail de Nevers, Rec. S. 583.

[66] s. o. S. 30 zu Anm. 56 und S. 31 zu Anm. 64.

[67] Vgl. *de Laubadère* S. 529 f.; *Waline IV* (9. Aufl.) S. 688.

[68] Vgl. *Charlier II* Nr. 35, 37; *de Laubadère* S. 531; *Timsit I* S. 58; allgemein *Odent I* S. 14; s. u. S. 33.

[69] *III* S. 34.

[70] Ebenso *Timsit I* S. 59 ff.

(im Sinne der „conformité“) hinsichtlich des Inhalts ihrer Entscheidungen ist (insoweit) die Frage nach der Bindung bei der Tätigket der „services publics“. Die konkrete Tätigkeit der „services publics“ (organisation et fonctionnement) bestimmt — nach einem Gesetz vom 17. 8. 1948 sowie aufgrund der Art. 34, 37 der Verfassung vom 4. 10. 1958 — die Exekutive in eigener Zuständigkeit, soweit nicht durch Gesetz bereits individuelle Rechte Dritter gegenüber einem „service public“ begründet worden sind. Abgesehen von diesen (Ausnahme-)Fällen sind daher auch ohne gesetzliche Grundlage im Einzelfall die Benutzer der „services publics“ deren einseitigen Anordnungen unterworfen, entweder aufgrund einer Satzungsgewalt (situation statutaire) oder im Falle privatrechtlicher Beziehungen der Benutzer zu einem „service public“ aufgrund einer unterstellten Bezugnahme des Vertrags auf die (auch zukünftigen) Verwaltungsanweisungen[71].

Weiterhin ist beim Erlaß von Verordnungen durch die Exekutive eine strikte Übereinstimmung im Inhalt mit dem Gesetz ausgeschlossen. Für den Inhalt von Verordnungen schreiben die Gesetze nicht abstrakt ein Modell (im Sinn der „conformité“) vor, sondern geben als Rahmen nur Grundzüge der in einer Verordnung zu treffenden Regelung an, die durch Hinzufügen neuer Elemente erst konkretisiert und entfaltet werden sollen zu detaillierteren Regelungen[72]. Darin zeigt sich das Besondere der Verordnungen, die einerseits in der französischen Auffassung vom Verwaltungshandeln mit dem Verwaltungsakt (als Einzelfallregelung) zusammen einheitlich als „actes administratifs“ behandelt werden, andererseits unter dem Gesichtspunkt der Bindung der Verwaltung bereits selbst als Teil des „principe de légalité“, dem die Verwaltung — bei ihren Einzelakten — unterworfen ist, gelten: die Verordnung ist also materielles Gesetz in Form gesetzesunterworfenen Verwaltungshandelns.

Im übrigen aber soll das „principe de légalité“, verstanden als Forderung einer strikten Übereinstimmung des Inhalts der Verwaltungsmaßnahme mit dem Gesetz, nach *Eisenmann*[73] für alle anderen „actes unilatéraux“ gelten, also für die Verwaltungsakte im Sinn der deutschen Terminologie. Diese Ansicht würde bedeuten, daß der Inhalt eines jeden Verwaltungsakts vom Gesetz genau vorgeschrieben sei, daß also wegen der geforderten vollkommenen Deckung von Entscheidungsinhalt und

---

[71] Vgl. *de Laubadère* S. 531, 556 f., 565, 569; *Waline IV* (9. Aufl.) S. 776 ff.; *Charlier II* Nr. 35, 37, 49, 52; *Timsit I* S. 58; *di Qual* S. 329 ff.

[72] Vgl. *Eisenmann III* S. 34; *Alibert* S. 197; *Timsit I* S. 53 f.; allgemein zum Verhältnis Verordnung — Gesetz: *Auby-Drago* Bd. 3 S. 13 f.; *Waline V* S. 702 ff.; *di Qual* S. 262 ff.; *Ettori* S. 50; *CE* vom 10. 3. 1950 Guilloux, Rec. S. 150; *CE* vom 15. 7. 1959 Syndicat de de la boulangerie rationelle de la région parisienne, Rec. S. 448; *CE* vom 19. 10. 1962 Canal, Rec. S. 552; *CE* vom 13. 7. 1962 Kevers-Pascalis, Rec. S. 474.

[73] *III* S. 35.

Gesetz (als Modell) die Exekutivorgane nie den Inhalt ihrer Verwaltungsakte — z. B. in der Wahl der Mittel — nach Ermessen bestimmen könnten. *Eisenmann* selbst schränkt dahin ein, daß die Bindung hinsichtlich des Entscheidungsinhalts noch die Wahl zwischen (positivem) Tun und (negativem) Unterlassen offenlasse, im Sinne eines Handeln-Könnens[74]. Aber auch derart eingeschränkt ist die Ansicht *Eisenmanns* zu allgemein, weil sie den Ermessensbereich bei Verwaltungsakten auf die Frage nach dem „ob" des Einschreitens reduziert. Die damit aufgeworfene Problematik der Abgrenzung des Ermessensbereichs gerade für die materielle Seite der Verwaltungsmaßnahme (ihren Inhalt im weiteren Sinne) wird noch ausführlich zu erörtern sein[75].

4. Unbestimmtheit gesetzlicher Regelung als Grenze der Bindung

In diesem Zusammenhang, bei der Erörterung der Unterordnung der Verwaltung unter das Gesetz, kann nicht übersehen werden, daß für die Bindung der Verwaltung an das Gesetz ganz allgemein sich gewisse Grenzen aus einer unvermeidbaren Unbestimmtheit der gesetzlichen Vorschriften ergeben: wenn das Gesetz ungenau oder verschwommen ist, wenn das Gesetz schweigt oder eine einschlägige Vorschrift überhaupt fehlt, besteht immer eine gewisse Freiheit des Gesetzesanwenders[76]. Diese Unbestimmtheit der gesetzlichen Normierung hat ihren Grund hauptsächlich in der großen (größeren) Entfernung des Gesetzgebers von dem Einzelfall der Anwendung. Sie kann vom Gesetzgeber beabsichtigt sein, um den rechtsanwendenden Instanzen freie Hand zu lassen, und beruht dann auf einer bewußten „Delegation" des Gesetzgebers an den Rechtsanwender. Andererseits kann sie auch — zwangsläufig wegen der unüberschreitbaren Grenzen jeder Gesetzgebung — herrühren aus der Unmöglichkeit für den Gesetzgeber, alle bei der Anwendung einer Norm in Betracht kommenden Tatumstände zu berücksichtigen und zu erfassen[77].

Noch stärker wird die legislatorische Rechtsetzung generell durch die Art ihrer Ausübung beschränkt: Der Wille des Gesetzgebers, der als Norm gelten soll, muß in Worte geformt werden, die einzig maßgeblich sind für den Gesetzesbefehl. Diese Worte nennen allgemeine Begriffe und Kategorien, die zwar umfassende Anordnungen in elastischen For-

---

[74] *III* S. 33, 40: „quel pourra être ou quel devra être le fond des actes", „la faculté d'agir"; ebenso *Dubisson* S. 48.

[75] s. u. S. 128 ff.

[76] Vgl. *Le Fur* Bd. 1 S. 399; *Michoud* S. 28; *Duguit I* (2. Aufl.) Bd. 1 S. 92; auch *Wei Teng-lin* S. 149; *Dubisson* S. 31.

[77] Vgl. *Le Fur* Bd. 1 S. 399; *Michoud* S. 18, 29; Fr. *Gény* Bd. 1 S. 119, 212, Bd. 2 S. 182 f.; *Goldenberg* S. 30; *Wei Teng-lin* S. 26; *Venezia* S. 157 f.; *di Qual* S. 435.

meln treffen, aber notwendig abstrakt und von den individuellen Sachverhalten getrennt sind, so daß die konkreten Tatsachen jeweils erst in den Rahmen der Begriffe eingefügt werden müssen. Als abstrakte und objektive Norm kann das Gesetz nicht im Vorwege genau alle Modalitäten seiner späteren Anwendung festlegen. Die zu berücksichtigenden tatsächlichen Elemente sind zu vielfältig und zu sehr verschieden, als daß sie abstrakt für die Zukunft aufgezählt werden könnten. Die allgemeinen Gesetze enthalten daher noch nicht die vollkommene Regelung für alle Einzelfälle in der täglichen Anwendung und können nicht die jeweils billige Lösung des Einzelfalls voraussehen, sondern müssen jeweils den konkreten Gegebenheiten angepaßt werden. Der Gesetzesanwender muß und kann diese Vermittlung zwischen der abstrakten Norm, d. h. ihren Begriffen, und dem konkreten Sachverhalt vollziehen[78]. Daraus entsteht, auch ohne Absicht des Gesetzgebers, immer ein tatsächlicher, unauflösbarer Restbereich an Freiheit (für den Gesetzesanwender) gegenüber der Vorherrschaft des Gesetzes, der vom Gesetz nicht getroffen werden kann[79].

5. Begriff der „légalité"

In den vorstehenden Erörterungen wurde das „principe de légalité" auf die Beziehung zwischen dem Verwaltungshandeln und ausschließlich dem Gesetz im formellen Sinn angewandt. Aber durch den Gebrauch in der Praxis, insbesondere in Zusammenhang mit dem im „recours pour excès de pouvoir" geltend zu machenden Nichtigkeitsgrund einer „violation de la loi", ist der Begriff der „légalité" ausgedehnt worden. Nach überwiegender Ansicht meint „légalité" nämlich Übereinstimmung nicht nur mit dem Gesetz im formellen Sinn, sondern mit jedem Rechtssatz in umfassendem Sinn, mit der Rechtsordnung allgemein: „légalité" ist danach gleichbedeutend mit Rechtmäßigkeit[80]. In diesem Verständnis bilden den Inhalt der „légalité" alle Normen: Verfassung, Gesetze, internationale völkerrechtliche Verträge[81], allgemeine Rechtsgrundsätze, Gerichtsentscheidungen, Verordnungen und Gewohnheitsrecht[82].

---

[78] Vgl. Fr. *Gény* Bd. 1 S. 119, 212, Bd. 2 S. 182 f.; *Marty* S. 194 f.; *Scelle* S. 271; *Waline I* S. 204 f.; *Romieu* S. 1 ff.; *Eisenmann II* S. 451.

[79] Vgl. *Vedel I* S. 314; auch *Venezia* S. 132.

[80] Vgl. *Alibert* S. 285; *Bonnard I* S. 366; *Vedel II* S. 189; *Fournier-Braibant* Nr. 300.

[81] Diese haben nach Art. 46 Verfassung vom 27. 10. 1946 Gesetzeskraft, stehen nach Art. 55 Verfassung vom 4. 10. 1958 über dem Gesetz und wohl auch über den autonomen Verordnungen aus Art. 37; vgl. auch *de la Pradelle* S. 25 ff., 30.

[82] Vgl. *Auby-Drago* Bd. 3 S. 9 ff.; *de Laubadère* S. 193 ff.; *Waline IV* (8. Aufl.) S. 427 ff. — aber auch *IV* (9. Aufl.) S. 462 f.; *Vedel II* S. 191; *Fournier-Braibant* Nr. 301; *Kornprobst I* S. 945; *Timsit II* S. 217.

Demgegenüber unterscheiden *Eisenmann*[83] und *Dubisson*[84] streng zwischen der „légalité“, die nur die „Gesamtheit der vom Parlament in verfassungsgemäßem Gesetzgebungsverfahren erlassenen Gesetzestexte“, also die Gesetze im formellen Sinne meine, und dem umfassenderen Begriff der „réglementation juridique“, der gesamten Rechtsordnung. Daher handele es sich in den Fällen, in denen — z. B. bei Schweigen oder Unbestimmtheit des Gesetzes — der Obersatz bei der gerichtlichen Nachprüfung von einer Norm des Richterrechts gebildet wird, nicht um eine Kontrolle der „légalité“. Ursprünglich habe das „principe de légalité“ jedenfalls nur die Beziehung zwischen dem Verwaltungshandeln und den formellen Gesetzen (Verfassung und einfaches Gesetz) betroffen. Außerdem werde in der Lehre von den Rechtsquellen der Begriff „légalité“ in eben diesem engeren Sinne dem Gewohnheitsrecht und dem Richterrecht gegenübergestellt. Nach dieser Ansicht betrifft das „principe de légalité“ (nur) diejenigen Normen, die der gesamten Exekutive, der Verwaltung „comme un bloc“, übergeordnet sind. Dieser — vom Verfassungsrecht her bestimmten — unterschiedlichen Stellung der Verwaltung insgesamt gegenüber den verschiedenen einzelnen Rechtssätzen entspricht ein Unterschied in der konkreten Bedeutung der Normen für das Verwaltungshandeln. Die formellen Gesetze sind der gesamten Exekutive übergeordnet und gelten absolut für diese, die Verordnungen aber sind selbst „actes administratifs“ — die ersten sind Rechtssätze, die die Verwaltung insgesamt binden, die anderen binden (nur) bestimmte Teile der Verwaltung. Hingegen hat die ebenfalls absolute Geltung des Richterrechts gegenüber der gesamten Verwaltung[85] nach *Eisenmann* nicht den gleichen Grund wie diejenige der formellen Gesetze, sondern beruhe auf der von der Gesetzgebung wesensverschiedenen Funktion der Rechtsprechung, der Urheberin der Normen des Richterrechts, im Staatsaufbau. Deswegen soll das „principe de légalité“ nur die Beziehungen zwischen Verwaltung und Parlament betreffen.

Wenngleich diese von *Eisenmann* vertretene Unterscheidung in (verfassungs-)theoretischer Hinsicht manches für sich hat, so bleibt selbst unter jenem Gesichtspunkt noch die Einordnung der allgemeinen Rechtsgrundsätze sowie des Gewohnheitsrechts, mit ebenfalls absoluter Geltung gegenüber der Verwaltung insgesamt, offen. Außerdem hat die — nach dem (1957 publizierten) Artikel von *Eisenmann* erlassene — Verfassung vom 4. 10. 1958 auch den theoretischen Ausgangspunkt verändert, indem sie die Rechtsetzung zwischen (formellem) Gesetz und autonomer Ver-

---

[83] *III* S. 26 ff.

[84] S. 29 ff.

[85] Diese Frage betrifft nicht die Rechtskraft der einzelnen Gerichtsentscheidung, besonders im „recours pour excès de pouvoir“, die bei Klagabweisung inter partes, bei Aufhebung der Verwaltungsmaßnahme inter omnes wirkt.

ordnung des Ministerpräsidenten materiell aufteilte und von Verfassung wegen das Gesetz für die nicht in Art. 34 genannten Materien durch jene Verordnungen ersetzte, so daß das Gesetz insoweit überhaupt nicht mehr die Exekutive binden kann[86]. Vor allem aber ist der erweiterte Begriff der „légalité“, entsprechend der überwiegenden Meinung, brauchbarer für die praktischen Gesichtspunkte der gerichtlichen Kontrolle sowie der Abgrenzung des Ermessensbereiches, weil er die Bindung der Verwaltung im konkreten Fall bezeichnet: zur „légalité“ gehört dann jeder Rechtssatz, dessen Beachtung seitens der Verwaltung mittels der gerichtlichen Nachprüfung des Verwaltungshandelns durchgesetzt wird[87].

II. Verwaltung und Verwaltungsrechtsprechung

Die vorangehenden Ausführungen haben bereits mehrfach die Bedeutung für Existenz und Umfang einer Ermessensfreiheit der Verwaltung erkennen lassen, die der gerichtlichen Kontrolle des Verwaltungshandelns zukommt. Dabei muß das Gericht ebenso wie die Verwaltung selbst das Recht auf den konkreten Fall anwenden und damit auch über Bindung bzw. Ermessen entscheiden. Die insoweit entscheidende Frage geht dahin, ob bzw. wieweit diese richterliche Kontrolle einen — von außen kommenden — Eingriff in den (vom Gesetz zugestandenen) Ermessenbereich darstellt und als autonome Herrschaft über den Umfang des Ermessensbereiches verstanden werden muß, oder ob sie lediglich eine vom Gesetz vollzogene Abgrenzung zwischen dem Bereich der gesetzlichen Bindung und dem Ermessen nachzieht. Die Antwort darauf ist aus dem (verfassungsrechtlichen) Verhältnis von Verwaltung und Rechtsprechung, vorwiegend der Verwaltungsgerichtsbarkeit, sowie — hinsichtlich der Bindung des Richters an das Gesetz — auch aus dem Verhältnis von Rechtsprechung und Gesetzgebung zu suchen.

1. Die Verwaltungsgerichtsbarkeit

a) Geschichtliche Entwicklung

Die Organe der französischen Verwaltungsgerichtsbarkeit sind der Conseil d'Etat und die Tribunaux Administratifs, deren Rechtsstellung aus der historischen Entwicklung verstanden werden muß.

Die Nationalversammlung von 1789 anerkannte zwar die Notwendigkeit einer Rechtsprechung in Verwaltungssachen, aber vertraute diese

---

[86] Abgesehen von der oben (S. 28 Anm. 43) erwähnten Ausnahme.

[87] Vgl. *Vedel I* S. 93; *Waline IV* (8. Aufl.) S. 427; *Fournier-Braibant* Nr. 300 f.

— ausgehend von dem bereits unter dem Ancien Régime festzustellenden „principe de séparation de pouvoirs", demzufolge die ordentlichen Gerichte nicht in die Verwaltung eingreifen und diese nicht kontrollieren dürfen, — solchen Richtern an, die Teil der Verwaltung waren: Mit der Aufgabe der Verwaltungsrechtsprechung wurden Instanzen innerhalb der Verwaltung betraut, nämlich der Conseil d'Etat und die Conseils de Préfecture, die geleitet wurden vom Staatsoberhaupt bzw. von den Präfekten und zugleich zahlreiche echte Verwaltungsfunktionen wahrnahmen[1]. Zunächst hatten diese Gerichte nur enumerativ festgelegte Spezialzuständigkeiten, ohne daß es eine Generalklausel einer umfassenden Zuständigkeit in allen Verwaltungsrechtsstreitigkeiten gab[2]. Dabei war es ein System der „justice retenue", d. h. die genannten Organe waren formell lediglich beratend tätig und machten dem Präsidenten der Behörde, also dem Staatsoberhaupt oder dem Präfekten, lediglich einen Vorschlag für die Entscheidung, so daß die „rechtsprechende" Entscheidung formell eine Entscheidung der Exekutive selbst, in Form eines Dekrets, war[3]. Dieser Umstand, nämlich die Ableitung der Autorität ihrer rechtsprechenden Entscheidungen von der Verwaltung selbst, erleichterte die ständige Entfaltung und Erweiterung der Klagemöglichkeiten im „recours pour excès de pouvoir" zu einem besseren Schutz der Bürger[4]. Andererseits folgte in der Praxis das Staatsoberhaupt ausnahmslos den „Vorschlägen" des Conseil d'Etat, so daß dieser (und ebenso die Conseils de Préfecture) bereits unter dem System der „justice retenue" als echtes Gericht angesehen wurde[5].

Dieses System bestand, abgesehen von einem kurzen Zwischenspiel während der 2. Republik von 1849—1852, bis zum Gesetz vom 24. 5. 1872, das dem Conseil d'Etat die eigenverantwortliche Entscheidung über die Verwaltungsrechtsstreitigkeiten übertrug (System der „justice déléguée")[6]. Damit wurde auch formell der Conseil d'Etat (insoweit) zum rechtsprechenden Organ und später, seit 1900, weiterhin zum generell zuständigen Verwaltungsgericht[7], während für die Conseils de Préfecture lediglich die Spezialzuständigkeiten erweitert wurden[8]. Die letzteren

---

[1] Vgl. *Aucoc I* Bd. 1 S. 58 f., 98; *Auby-Drago* Bd. 1 S. 94 f., 154 ff., 188.

[2] Vgl. *Auby-Drago* Bd. 2 S. 48.

[3] Vgl. *Auby-Drago* Bd. 1 S. 94, 156.

[4] Vgl. *Aucoc I* Bd. 1 S. 512.

[5] Vgl. *Auby-Drago* Bd. 1 S. 156, 188.

[6] Art. 9 des Gesetzes vom 24. 5. 1872: „Le Conseil d'Etat statue souverainement sur les recours en matière contentieuse administrative, et sur les demandes d'annulation pour excès de pouvoir formées contre les actes des diverses autorités administratives."

[7] Vgl. *Auby-Drago* Bd. 2 S. 52 f.; *CE* vom 20. 12. 1912 Société La Fusion des Gaz, Rec. S. 1234 ff.; *CE* vom 23. 1. 1925 Cie. du chemin de fer du Nord, Rec. S. 87; formal so dann Art. 32 der Verordnung vom 31. 7. 1945.

[8] Vgl. *Auby-Drago* Bd. 1 S. 95, 156, 159 f., 162, Bd. 2 S. 53.

wurden nach einer allmählichen Entwicklung durch eine Verordnung vom 30. 9. 1953 als Tribunaux Administratifs eingerichtet und nunmehr als die generell zuständigen Verwaltungsgerichte erster Instanz bestimmt („juges de droit commun en matière administrative"), während der Conseil d'Etat vorwiegend Berufungsinstanz — mittels „appel" und „cassation" — geworden ist mit der Aufgabe, die Rechtseinheit zu wahren, und nur noch eine beschränkte Spezialzuständigkeit erster und zugleich letzter Instanz bewahrt hat[9].

b) Bestandteil der Exekutive — aber echte Rechtsprechung

Aufgrund dieser historischen Entwicklung werden die Verwaltungsgerichte traditionsgemäß auch heute noch als Organe der Exekutive angesehen: „Die Verwaltungsgerichte üben ihre Funktion aus in der Eigenschaft als Verwaltungsbehörden, und sie sind tatsächlich Behörden dieser Art[10]." Das überkommene „principe de séparation de pouvoirs", nach dem die Kontrolle von Verwaltungshandlungen nur einer Verwaltungsbehörde zukomme, zeigt darin noch eine letzte Wirkung, daß die Verwaltungsgerichte trotz ihres autonomen Status als Verwaltungsbehörden behandelt werden[11]. Daraus wird weiter eine strikte Bindung der Zuständigkeit der Verwaltungsgerichte an den Bereich der Ausübung von Verwaltungsbefugnissen[12] abgeleitet. Diese Zurechnung der Verwaltungsgerichte zur Exekutive erfordert andererseits eine strenge Trennung zwischen den beiden Teilen des „ordre exécutif", zwischen der aktiven Verwaltung und der Verwaltungsrechtsprechung, damit die Autonomie der Verwaltungsgerichte gewahrt ist.

Eine solche Unterscheidung besteht, teils rechtlich, teils praktisch, infolge einer sehr subtilen Trennung zwischen der verwaltenden und der rechtsprechenden Tätigkeit jener Organe, zumindest für die in concreto handelnden Personen, als auch hinsichtlich des formellen Verfahrens. Denn der Conseil d'Etat hat nicht nur die Aufgabe der — selbständigen — Rechtsprechung, sondern wirkt auch weiterhin beratend in der aktiven Verwaltung mit. Zwar ist diese beratende Tätigkeit anderen Abteilungen des Conseil d'Etat, die von der rechtsprechenden Abteilung (Section du contentieux) getrennt sind, übertragen, aber der einzelne Conseiller ist auch als „Richter", d. h. als Mitglied der Section du contentieux, meist (zugleich) mit einer beratenden Tätigkeit im Bereich der aktiven Verwaltung befaßt (gewesen)[13]. Jedoch darf vor allem nicht

---

[9] Vgl. *Auby-Drago* Bd. 1 S. 193 f., Bd. 2 S. 53, 56 ff., 93 f., 98.
[10] So *Carré de Malberg I* S. 773; *Auby-Drago* Bd. 1 S. 96.
[11] Vgl. *Carré de Malberg I* S. 775; *Auby-Drago* Bd. 1 S. 95 f.
[12] Vgl. *Vedel III* S. 33.
[13] Vgl. *Auby-Drago* Bd. 1 S. 143 f., 162; *Rivero IV* S. 134.

einmal theoretisch der Justizminister, obwohl er der Präsident des Conseil d'Etat ist, bei der Section du contentieux mitwirken[14]. Weiterhin ist nach der internen Praxis des Conseil d'Etat generell jedes Mitglied, das in einer bestimmten Sache bereits auf Seiten der aktiven Verwaltung mitgewirkt hat, von den Beratungen der rechtsprechenden Abteilung ausgeschlossen. Wenn allerdings Verwaltungsentscheidungen angefochten werden, bei denen die Plenarversammlung des Conseil d'Etat mitgewirkt hatte, dann muß die Section du contentieux — „erneut" — darüber als Gericht befinden, obwohl (alle) ihre Mitglieder bereits als Teil der aktiven Verwaltung mitgewirkt hatten — ein anderer Weg ist bei der gegebenen Konstruktion und Organisation des Conseil d'Etat nicht denkbar; zudem hebt *Letourneur* hervor, daß die nachfolgende gerichtliche Kontrolle gegenüber der vorangegangenen, meist kurzfristig abgegebenen gutachterlichen Stellungnahme den Vorteil einer gründlicheren Erörterung en détail biete[15].

Hinsichtlich der persönlichen Unabhängigkeit ist wenigstens rechtlich die Unabsetzbarkeit der Verwaltungsrichter, sowohl der Mitglieder des Conseil d'Etat wie der der Tribunaux Administratifs, nicht garantiert, weil sie nämlich Angehörige einer Verwaltungsbehörde sind, als Konsequenz der Eingliederung der Verwaltungsgerichte in die Exekutive. Dies rechtfertigt *Aucoc*[16] mit dem Argument: um eine unparteiische, unabhängige Rechtsprechung zum Schutz der Bürger zu gewährleisten, bedarf es nicht unbedingt einer Unabsetzbarkeit der Richter, vielmehr kann dieser Zweck auch durch andere Mittel erreicht werden, insbesondere dadurch, daß als Richter nicht dieselbe Behörde, die zunächst gehandelt hat, fungiert. Andererseits wird es als sehr wichtig und vorteilhaft angesehen, daß die Verwaltungsrichter einen integralen Teil der Verwaltung selbst bilden. Außerdem aber sind die Mitglieder des Conseil d'Etat jedenfalls de facto ausnahmslos unabsetzbar, weil diese Unabhängigkeit des Conseil d'Etat aufgrund der Tradition und seiner moralischen Autorität gesichert ist, so sehr, daß die Unabsetzbarkeit seiner Conseillers bereits als Gewohnheitsrecht betrachtet werden kann[17]. Nur für die Mitglieder der Tribunaux Administratifs fehlt es bislang noch an einer entsprechenden Tradition, die derart ihre Unabsetzbarkeit sichern würde, wenngleich auch für sie ein eigenes Statut mit besonderen Garantien besteht[18].

---

[14] Vgl. *Auby-Drago* Bd. 1 S. 184.

[15] Vgl. *Letourneur III* S. 351 f.; ebenso schon *Laferrière* Bd. 1 S. 313; vgl. *Auby-Drago* Bd. 1 S. 178.

[16] *I* Bd. 1 S. 460 f.

[17] Vgl. *Letourneur III* S. 342 f.; *Auby-Drago* Bd. 1 S. 168 f.; H. *Berthélemy* S. 886 Anm.

[18] Vgl. *Auby-Drago* Bd. 1 S. 205 ff.

Schließlich beschränkt sich die Tätigkeit der Verwaltungsrechtsprechung auf ein überprüfendes gerichtliches Verfahren, ohne dabei die Grenze zur aktiven Verwaltung zu überschreiten, entsprechend der richterlichen Funktion[19]. „Der Trennung von Verwaltungsrechtsprechung und ordentlichen Gerichten entspricht eine Trennung zwischen der Verwaltungsrechtsprechung und der aktiven Verwaltung[20]." Daher können die französischen Verwaltungsgerichte insgesamt — unter dem anderen Blickwinkel einer Gewaltenteilung im deutschen Verständnis — auch der Rechtsprechung als „dritter Gewalt" zugerechnet werden. Dabei gibt es nach der in Frankreich vorherrschenden Auffassung kein prinzipielles Kriterium der Funktion „Rechtsprechung"; vielmehr entscheidet der Conseil d'Etat von Fall zu Fall, indem er auf die Zusammensetzung des Organs, dessen Unabhängigkeit von der Verwaltungshierarchie, das kontradiktorische Verfahren sowie die Befugnis zur abschließenden, vollstreckbaren Entscheidung abstellt[21]. Dementsprechend ist wegen der strikten Scheidung zwischen aktiver Verwaltung und Verwaltungsgerichtsbarkeit die letztere echte Rechtsprechung, wenn sie auch von Behörden der „Verwaltung" selbst ausgeübt wird: sie ist das „Rechtsprechungsorgan der Exekutivgewalt"[22]. Demzufolge bewirkt das „principe de séparation de pouvoirs" seit 1872 nicht mehr so sehr den Schutz der Verwaltung vor den (ordentlichen) Gerichten, sondern lediglich eine Arbeitsteilung zwischen zwei Gerichtsbarkeiten, der ordentlichen und der Verwaltungsgerichtsbarkeit[23]. Die Rechtsprechung, verstanden als „dritte Gewalt", ist — nach den Worten eines englischen Beobachters — im französischen System in zwei Teile gespalten, die richterliche Befugnis ist aufgeteilt[24].

c) Bedeutung der Stellung des Conseil d'Etat innerhalb der Verwaltung

Der Umstand, daß der Conseil d'Etat von Anfang an reines Verwaltungsorgan gewesen ist und noch heute auch in seiner rechtsprechenden Funktion als Teil der Exekutive gilt, ist von erheblicher Bedeutung deswegen, weil das französische Verwaltungsrecht in ganz hervorragendem Maße

---

[19] Vgl. *Carré de Malberg I* S. 768, 782; *Waline IV* (9. Aufl.) S. 266 f.; *Auby-Drago* Bd. 1 S. 97.

[20] So *Waline IV* (9. Aufl.) S. 266.

[21] Vgl. *Guionin* S. 335; *Lesage* S. 71 f.; *CE* vom 7. 2. 1947 d'Aillières, Sirey 1947 III S. 64.

[22] So H. *Berthélemy* S. 885; vgl. *Auby-Drago* Bd. 1 S. 162; zu Unrecht etwas zweifelnd *Stern* S. 21 f., besonders Anm. 59.

[23] Vgl. *Auby-Drago* Bd. 1 S. 162.

[24] So *Hamson* S. 61, 63.

das Ergebnis der jahrzehntelangen Rechtsprechung des Conseil d'Etat ist[25]. Erst dessen Existenz — als eines besonderen Organs mit der Aufgabe der Rechtsprechung in Verwaltungsrechtsstreitigkeiten — hat ein vom allgemeinen (Privat-)Recht abgetrenntes besonderes Verwaltungsrecht entstehen lassen. Zwar wurden im Lauf der Zeit eine ungeheure Vielzahl von Einzelfällen der Verwaltungstätigkeit durch Gesetze oder Verordnungen geregelt, jedoch behandeln diese positiven Normen in erster Linie Organisation und Verfahren der Verwaltung, viel weniger die allgemeinen materiellen Grundsätze des Verwaltungshandelns. Diese Grundsätze des französischen allgemeinen Verwaltungsrechts, die seine Existenz als eigenständiges Rechtsgebiet begründeten, sind daher im wesentlichen von der Rechtsprechung des Conseil d'Etat, als Richterrecht, formuliert worden[26].

Der große Einfluß und das Ausmaß dieses Richterrechts wurden entscheidend bestimmt durch die geschichtlich begründete Stellung des Conseil d'Etat als Verwaltungsbehörde: Seine Zugehörigkeit zur Verwaltung gab ihm gegenüber dieser selben Verwaltung eine größere Autorität, weil ihm auch in seinem Richteramt die Autorität einer übergeordneten Verwaltungsbehörde zukam. Schließlich war es in der alten Zeit der „justice retenue" eine Entscheidung des Staatsoberhauptes, also der Spitze der Exekutive selbst, die „mittels" des Conseil d'Etat eine Maßnahme der aktiven Verwaltung annulierte. Gerade der Charakter der „justice retenue" als einer „verfassungsrechtlichen Fiktion einer vom Staatsoberhaupt ausgeübten Rechtsprechung"[27] ermöglichte die Entfaltung des „recours pour excés de pouvoir" zum besseren Schutz der Bürger. Andererseits war der Conseil d'Etat nicht nur ein hochstehendes Staatsorgan, sondern trotzdem — aufgrund seiner allmählich entwickelten Generalzuständigkeit — als erstinstanzliches Gericht unmittelbar mit den konkreten Umständen des Verwaltungshandelns befaßt, das derart sehr direkt von der Rechtsprechung des Conseil d'Etat beeinflußt wurde[28]. Daher erklärt es sich, daß der Conseil d'Etat bei seiner gerichtlichen Kontrolle ziemlich weit in die Tätigkeit der Verwaltung eingriff und sich auch weiterhin, in erster Linie rechtspolitisch, von der Intensität des Rechtsschutzbedürfnisses leiten läßt, um die Ausdehnung seiner Nachprüfung zu bestimmen[29]. Deswegen wird die Rechtsprechung des

---

[25] Vgl. *Vedel II* S. 43, 51 ff.; *Odent I* S. 15; *Auby-Drago* Bd. 1 S. 170; *Dupeyroux II* S. 367; *Wei Teng-lin* S. 186 ff.; *Steindorff I* S. 59 f.

[26] Vgl. *Auby-Drago* Bd. 1 S. 10; *Odent I* S. 14 f.; *Vedel II* S. 43, 51 ff.; *Rivero IV* S. 137, 139; *Duguit I* (3. Aufl.) Bd. 1 S. 107 f., 154.

[27] So *Aucoc I* Bd. 1 S. 512; vgl. *Laferrière* Bd. 1 S. 257; *Auby-Drago* Bd. 2 S. 419 ff.

[28] Vgl. *Auby-Drago* Bd. 2 S. 93.

[29] Vgl. allgemein *Letourneur III* S. 339 ff.; *Auby-Drago* Bd. 1 S. 96; *Wei Teng-lin* S. 186 ff.; schon *Laferrière* Bd. 1 S. 18, Bd. 2 S. 578; *Steindorff I* S. 59, 75.

Conseil d'Etat allgemein als das „grundlegende Zeugnis dafür, daß das französische öffentliche Recht im Dienst der Bürger gegen die Allmacht des Staats steht", anerkannt[30].

d) Die Haltung der Lehre

Der Ursprung des französischen Verwaltungsrechts aus dem Richterrecht hat weiterhin die Haltung der Verwaltungsrechtslehre gegenüber diesem im wesentlichen vom Conseil d'Etat geschaffenen Verwaltungsrecht bestimmt. Erst in der zweiten Hälfte des vorigen Jahrhunderts begann sich die Wissenschaft für die besondere Sparte „Verwaltungsrecht" zu interessieren, nachdem das rechtsschöpferische Werk des Conseil d'Etat bereits weit fortgeschritten war. Zudem wurde im 19. Jahrhundert und wird auch heute noch die wissenschaftliche Erörterung der Rechtsprechung in erheblichem Ausmaße von Mitgliedern des Conseil d'Etat selbst bestritten, wozu insbesondere die „conclusions" der „Regierungskommissare" beitragen[31]. Da die allgemeinen Grundsätze nicht in Gesetzestexten kodifiziert sind, stellt die wissenschaftliche Aufbereitung und Erörterung der Rechtsprechung die einzelne Entscheidung nicht so sehr in Beziehung zu einem (oft eben nicht vorhandenen) Gesetz, sondern in Beziehung wiederum zu anderen vorangegangenen Entscheidungen der Rechtsprechung. Daher sehen Wissenschaft und Lehre eine Materie vorwiegend unter dem Gesichtspunkt der Entwicklung der Verwaltungsrechtsprechung und „begnügen" sich weitgehend damit, deren Ergebnisse zu berichten sowie im einzelnen zu kritisieren und eine „notwendigerweise unvollkommene Ordnung in die Fälle zu bringen"[32]. Dazu trägt die lakonische Kürze der Begründung unter den Entscheidungen des Conseil d'Etat[33] bei, die noch aus der Zeit der „justice retenue" überkommen ist, als der Conseil d'Etat stellvertretend für das Staatsoberhaupt handelte, das seine Entscheidungen nicht — ausführlich — zu begründen brauchte (dagegen entfalten meist die Erörterungen der „Regierungkommissare" in extenso den theoretischen Aspekt). So besteht für den französischen Verwaltungsrechtler nach der (überspitzten) Formulierung von *Hamson*[34] das Verwaltungsrecht einzig aus der Praxis und Rechtsprechung des Conseil d'Etat.

Weil dieses Richterrecht sich ständig weiterentwickelte und wandelte, behandelte die eng an die Rechtsprechung anknüpfende wissenschaftliche Analyse meist nur Teilaspekte und konnte dann lediglich gewisse be-

---

[30] So *Auby-Drago* Bd. 1 S. 170.
[31] Vgl. *Rivero V* S. 29 f., passim.
[32] So *Steindorff I* S. 60.
[33] „la fameuse imperatoria brevitas des motifs des arrêts", *Rivero V* S. 30.
[34] S. 138.

grenzte Tendenzen aufzeigen, oft ohne zu einer allgemeinen, umfassenden Theorie in großen Systemen zu gelangen. Die Wissenschaft mußte sich ständig entsprechend der jeweiligen Fortentwicklung der Rechtsprechung selbst revidieren[35] — wie es gerade auch für das Problem des Ermessens häufig geschehen ist.

2. Bindung der Verwaltungsrechtsprechung an das Gesetz

Gerade im Hinblick auf das erwähnte Richterrecht ist doch als Ausgangspunkt zunächst der unbestrittene Grundsatz festzustellen, daß auch die gesamte Rechtsprechung dem Gesetz untergeordnet ist: ebenso wie die aktive Verwaltung ist die Verwaltungsrechtsprechung grundsätzlich gesetzesunterworfen[36]. Weiterhin folgt aus der Trennung von aktiver Verwaltung und Rechtsprechung, daß die französischen Verwaltungsgerichte sich auf eine Kontrolle der „légalité" der Verwaltungshandlungen beschränken müssen, also nicht deren Zweckmäßigkeit, sondern nur die „Gesetzmäßigkeit" überprüfen können.

3. Richterrecht

a) Seine Bedeutung

Allerdings läßt eine historische Betrachtung erkennen, daß der Umfang der gerichtlichen Nachprüfung ständig ausgedehnt wurde und damit auch der Bereich der „légalité", die jeden Rechtssatz umfaßt, der unter der Kontrolle der Verwaltungsgerichte von der Verwaltung beachtet werden muß[37]. Diese Entwicklung kann einerseits dahin verstanden werden, daß der Inhalt der „légalité" lediglich fortlaufend genauer bestimmt worden sei: indem die Rechtsprechung im einzelnen ausgesprochen habe, welche Elemente der Verwaltungshandlung durch Gesetz bindend vorherbestimmt seien, und dabei weitere einzelne Elemente der Verwaltungshandlung in den Bereich der Gesetzesbindung einbezogen habe[38]. Unter einem anderen Aspekt stellt sich jedoch derselbe Vorgang als richterliche Rechtsfortbildung dar, mittels derer das Gericht in Ergänzung des Gesetzes rechtsschöpferisch zusätzliche Normen als Bestandteile der „légalité" erst selbst schafft: Die Verwaltung ist also nicht nur dem Buchstaben des Gesetzes im engen Sinne unterworfen, sondern umfassender der gesamten „Rechtsordnung" (réglementation

---

[35] Vgl. *Bonnard I* S. 364; *Odent I* S. 15; *Wei Teng-lin* S. 9, 34; *di Qual* S. 56; *Steindorff I* S. 60.

[36] Vgl. *Duguit II* S. 451; *Odent I* S. 20; *Venezia* S. 101; *di Qual* S. 346 ff.

[37] s. o. S. 36 f.

juridique), die von der Rechtsprechung gegenüber den Verwaltungsbehörden durchgesetzt und sanktioniert wird[39]. Dazu gehören insbesondere die Grundsätze des materiellen Verwaltungsrechts wie überhaupt die allgemeinen Rechtsprinzipien.

Diese richterliche Rechtsschöpfung wird von einem Teil der Lehre damit erklärt, daß die Verwaltungsrechtsprechung sich nicht in einer Kontrolle der „légalité" erschöpfe, sondern darüber hinaus als Hüterin einer ordnungsgemäßen Verwaltung (la bonne administration) die Verwaltungshandlungen auch hinsichtlich der „moralité administrative" zu überprüfen habe. Die „moralité administrative" steht danach neben der „légalité", die (nur) den Buchstaben des Gesetzes meine, während die „moralité administrative" aus dem allgemeinen Sinn und Zweck der Gesetze abgeleitet wird und wie die „légalité" eine Norm für das Verhalten der Behörden bilden soll, die unter der Kontrolle der Verwaltungsgerichte auch an die „moralité administrative" gebunden seien[40].

b) *Konkretisierung der Gesetze schafft neue Tatbestandsvoraussetzungen*

Jedenfalls wird im französischen öffentlichen Recht, entsprechend der geschichtlichen Entwicklung, die Möglichkeit richterlicher Rechtsschöpfung allgemein als zulässig anerkannt[41]. Obwohl die Verwaltungsrechtsprechung in untergeordneter Stellung grundsätzlich an das Gesetz gebunden ist, ist sie in gewissen Grenzen befugt, selber Normen zu setzen. Diese Befugnis ist ihr jedoch nicht wegen ihrer selbst — autonom — eingeräumt worden, sondern besteht aufgrund der Befugnis und Verpflichtung der Rechtsprechung zur Auslegung und Anwendung der Gesetze[42].

Denn richterliche Rechtsschöpfung bedeutet stets eine Konkretisierung oder Ergänzung der gesetzlichen Regelung. Der Ansatz dafür ist zumeist im Gesetz selbst, im Zweck des Gesetzes angelegt. Jede Gesetzesvorschrift verfolgt einen bestimmten Zweck (but), der wesentlich die auf

---

[38] Vgl. *Lodovici* S. 95, 120, 163.

[39] Vgl. *Eisenmann II* S. 436, 440; *Donnedieu de Vabres* S. 46 Anm. 1; *Dubisson* S. 52 ff.; auch *Waline I* S. 212.

[40] Vgl. M. *Hauriou II* (10. Aufl.) S. 455 f.; *Wei Teng-lin* S. 40 f., 93, 100, 141, 149; *Welter* S. 51 f., 75; zu dieser Theorie s. u. S. 104 ff.

[41] Vgl. *Waline II* S. 617; *Vedel II* S. 53, 299; *Scelle* S. 271; *de Soto I* S. 346; *Chatelain* S. 282; *Wei Teng-lin* S. 93, 187; *Dupeyroux I* S. 58 ff.; *Jeanneau* S. 141, 245; *Venezia* S. 102; einschränkend *Roche* passim, bes. S. 534 ff., 538 f. — Dies gilt auch für *Duguit*, der allerdings nicht nur für das Richterrecht, sondern überhaupt für die positive Rechtsetzung die Möglichkeit echter Neuschöpfung von Recht bestreitet, weil ein Staatsorgan nur die bereits vorhandene Norm, die infolge des sittlichen Bewußtseins der Bürger gelte, feststellen könne; *I* (3. Aufl.) Bd. 1 S. 164, 170 f.

[42] Vgl. J. *Barthélemy II* S. 193; *Waline III* S. 29; *Dubisson* S. 226; *Dupeyroux II* S. 361.

einen konkreten Sachverhalt bezogene Bedeutung und Auslegung der Vorschrift bestimmt. Die richterliche Rechtsschöpfung beginnt, wenn der Zweck einer Norm bestimmt und entfaltet wird, d. h. für die Regelung des konkreten Falls fruchtbar gemacht wird. Das gilt besonders für die Gesetze, die insoweit überhaupt nur den Zweck der betreffenden Verwaltungsmaßnahmen — und auch diesen nur sehr abstrakt-unbestimmt — festlegen, wenn also der Gesetzestext der Verwaltung eine Befugnis zuspricht, ohne deren Ausübung an bestimmte Voraussetzungen in einem konkreten Sachverhalt zu knüpfen. Aus dem rechtspolitisch bestimmten Bestreben, auch in solchen Fällen „reiner" Ermächtigungen einen Mißbrauch zum Schaden der Freiheitsrechte der einzelnen zu verhindern und die allgemeinen Rechtsprinzipien wirksam werden zu lassen, wurde und wird der Conseil d'Etat rechtsschöpferisch tätig, indem er selber die Voraussetzungen, unter denen die Verwaltung handeln darf, präzisiert oder ganz neu festlegt, d. h. den Bereich der „légalité" um zusätzliche Bestandteile erweitert. Das Ergebnis solcher richterlicher Rechtsfortbildung ist, daß Inhalt und Grenzen der Verwaltungsbefugnisse durch speziellere Rechtssätze bestimmt werden. Dies gilt besonders für die unbestimmten Rechtsbegriffe wie z. B. „ordre public", deren Inhalt durch die Anwendung in der Rechtsprechung allmählich geklärt wird[43]. Auf diesem Wege werden einzelne Elemente des verwaltungsinternen Prozesses der Entscheidungsbildung, die bis dahin nur unter dem Gesichtspunkt der Zweckmäßigkeit beurteilt wurden, in den rechtlich gebundenen Bereich einbezogen; die „reine" „opportunité" wird insoweit (auch) eine Frage der „légalité".

Dieser rechtsschöpferische Vorgang kann sowohl qualitativ aus auch quantitativ verstanden werden, je nachdem, ob er als eine Ergänzung einer nur unvollständigen gesetzlichen Regelung in bestimmten Einzelpunkten oder als Setzen einer ganz neuen Regelung in einem bisher nicht normierten Bereich angesehen wird[44]. Denn sowohl auf induktivem als auch auf deduktivem Wege gelangt der Conseil d'Etat zur Rechtsfortbildung, indem er entweder von einer bestehenden Gesetzesnorm und deren Zweck ausgeht (sei es auch im Wege der Analogie), oder zunächst von allgemeinen Überlegungen her ansetzt[45].

In der neueren Rechtsprechung werden häufig die sogenannten allgemeinen Rechtsgrundsätze (principes généraux du droit) für die Entschei-

---

[43] Vgl. *Waline II* S. 622; *Chatelain* S. 279 f.; *de Soto I* S. 345 f., *Vedel II* S. 298 f.; *Scelle* S. 271; *Wei Teng-lin* S. 100; *Dupeyroux I* S. 51 ff.; *Dubisson* S. 31 ff., 52 ff.; *Jeanneau* S. 143, 157; B. *Gény* S. 289; *Auby-Drago* Bd. 3 S. 72, 77; *Kornprobst I* S. 947; *Nizard* S. 7 ff., 232; *Latournerie* S. 319 ff.

[44] Vgl. *Waline II* S. 622, 624; *Lodovici* S. 95, 120; *Vedel II* S. 298; *Dubisson* S. 31, 52; *Venezia* S. 161 ff.

[45] Vgl. *Vedel II* S. 210; *Odent I* S. 20; *Goldenberg* S. 240, 245.

dung herangezogen, insbesondere wenn vom Zweck einer Ermächtigung bzw. Maßnahme her neue zusätzliche Tatbestandsvoraussetzungen gefordert werden. Diese allgemeinen Rechtsgrundsätze sind das Ergebnis einer jahrzehntelangen Rechtsprechung des Conseil d'Etat, der sie zunächst noch in enger Anlehnung an ein Gesetz entwickelte, bevor er sie als allgemeine Grundsätze bezeichnete. Erst seit 1944 hat er sie ausdrücklich als solche anerkannt und angewandt, ohne sie mit besonderen Einzelnormen zu verbinden. Sie wurden geschaffen — und werden weiter entwickelt — durch richterliche Rechtsfortbildung: entweder auf dem Wege konstruktiver Auslegung, die einzelne Normen verallgemeinert und von deren Sinn und Zweck her eine Synthese bildet, oder durch Ableitung aus der „Natur der Sache" oder durch Formulierung von „selbstverständlichen" Grundsätzen, die entsprechend den politischen Grundanschauungen auf sozialem, ökonomischem und politischem Gebiet das Minimum allgemeiner Übereinstimmung innerhalb des Staats ausdrücken[46].

Als Beispiele richterlicher Rechtsschöpfung seien hier folgende Entscheidungen des Conseil d'Etat angeführt: Die Entscheidung *Aldeguer*[47] hob das Ergebnis eines „concours" (einer über die Anstellung entscheidenden Eingangsprüfung für den öffentlichen Dienst) auf, weil die Prüfungskommission wegen Mitwirkung des Vaters eines Bewerbers nicht ordnungsgemäß besetzt gewesen sei, obwohl das Gesetz keine entsprechende Zusammensetzung der Kommission vorschrieb. In dem Urteil *Maillou*[48] erklärte der Conseil d'Etat anläßlich einer Streichung aus der Mitgliederliste einer Handwerkskammer: „Nach den allgemeinen Rechtsgrundsätzen, die selbst bei Fehlen eines Gesetzestextes anzuwenden sind, kann eine disziplinarische Maßnahme rechtmäßig nicht getroffen werden, ohne daß der Betroffene in die Lage gesetzt worden ist, sich angemessen zu verteidigen." Und mit der Entscheidung *Ministre de l'Agriculture contre dame Lamotte*[49] ließ der Conseil d'Etat entgegen der ausdrücklichen gesetzlichen Bestimmung, daß der Rechtsweg an das untere Verwaltungsgericht (damals den Conseil de Préfecture) ausgeschlossen sei, den „recours pour excès de pouvoir" in seiner Instanz zu, weil dieser Rechtsweg „selbst ohne gesetzliche Regelung gegen jedes Verwaltungs-

---

[46] Vgl. *Letourneur I* S. 20 ff., 28 ff.; *Jeanneau* S. 123 f., 143, 157, 245; *Wei Teng-lin* S. 149; *Vedel II* S. 51, 210; *Dupeyroux I* S. 54 ff.; *Auby-Drago* Bd. 1 S. 11; *Roche* S. 536; *CE* vom 17. 12. 1948 Azoulay, Rec. S. 474; „principes généraux du droit" genannt z. B. in: *CE* vom 19. 4. 1949 Bourdeaux, Rec. S. 188; *CE* vom 23. 3. 1950 Société des ciments français, Rec. S. 175; *CE* vom 26. 6. 1959 Syndicat général des ingénieurs conseils, Rec. S. 394.

[47] Vom 10. 2. 1922, Rec. S. 127.

[48] Vom 22. 5. 1946, Rec. S. 146.

[49] Vom 17. 2. 1950, Rec. S. 111.

handeln eröffnet ist, um entsprechend den allgemeinen Rechtsgrundsätzen die Gesetzmäßigkeit der Verwaltung respektieren zu lassen[50]."

c) Geltungsgrund und Rang des Richterrechts

Das Richterrecht generell und insbesondere die allgemeinen Rechtsgrundsätze gelten als positive Rechtsnormen, die wie die Rechtsprechung überhaupt dem Verwaltungshandeln übergeordnet sind und die Verwaltung binden[51]. Dies ergibt sich aus der unbestrittenen Überordnung der Verwaltungsrechtsprechung über die aktive Verwaltung, die sich in der bindenden Wirkung der gerichtlichen Entscheidung ausdrückt.

Allerdings war die rechtliche Erklärung dieser Überordnung umstritten. Als die allmähliche Ausdehnung der gerichtlichen Kontrolle über das Verwaltungshandeln dahin gelangt war, daß der Conseil d'Etat auch die Tatsachen nachzuprüfen begann, wurde aus der Zugehörigkeit der Verwaltungsgerichtsbarkeit zum „ordre exécutif" abgeleitet, daß der Conseil d'Etat als übergeordnete Verwaltungsbehörde, als „supérieur hiérarchique" die aktive Verwaltung kontrolliere[52]. Aber diese Ansicht ist allgemein abgelehnt worden, weil das französische Recht streng zwischen der verwaltenden Funktion und der richterlichen Funktion unterscheidet und dementsprechend auch den verwaltungsinternen „recours hiérarchique" an die vorgesetzte Behörde von dem „recours juridictionnel" trennt. In dem letzteren hat der Richter keine Befugnis zu eigenständigem Handeln nach Art der aktiven Verwaltung, sondern kann lediglich Verwaltungshandlungen aufheben, ohne die Verwaltung unmittelbar zu einem bestimmten Handeln verpflichten zu können, selbst wenn er die Sache an die Verwaltung zurückverweist und dabei (gelegentlich) seine Meinung über das von der Verwaltung einzuschlagende Verhalten kundgibt[53]. Nach *Dubisson*, der von der Theorie vom Stufenbau der Rechtsordnung ausgeht[54], kommt dem richterlichen Ausspruch aufgrund seiner Stellung in der Hierarchie der Rechtsnormen, infolge

---

[50] Vgl. auch *CE* vom 17. 1. 1930 Ribeyrolles, Rec. S. 76; *CE* vom 5. 7. 1929 Ministre du Travail, RDP 1931 S. 319; *CE* vom 18. 12. 1936 Hurlaux, Rec. S. 1126; *CE* vom 21. 6. 1935 Barneyrat, Rec. S. 705; *CE* vom 19. 10. 1928 Mallon, Sirey 1939 III S. 23; *CE* vom 24. 7. 1942 Piron, Rec. S. 233; *CE* vom 29. 5. 1942 Chastenet de Géry, Rec. S. 177; *CE* vom 9. 7. 1943 Tabouret et Laroche, Rec. S. 182.

[51] Vgl. *Jeanneau* S. 170 f.; *CE* vom 16. 12. 1949 Simonet, Rec. S. 553, bezeichnet den allgemeinen Rechtsgrundsatz der Gleichbehandlung (in einer bestimmten Ausformung) ausdrücklich als „règle de droit"; *Tiedemann* S. 370.

[52] Vgl. *Chalvon-Demersay* S. 103 ff.

[53] Vgl. *Auby-Drago* Bd. 1 S. 141, Bd. 2 S. 422 f., Bd. 3 S. 98; *Lodovici* S. 106; *Wei Teng-lin* S. 68, 88; *Dubisson* S. 43; *di Qual* S. 520 f., 532 f. („renvoi pour ce que de droit"); *CE* vom 27. 1. 1936 Vergez, Rec. S. 116; *CE* vom 8. 11. 1963 *Barthélemy*, Rec. S. 548.

[54] S. 244 f.

der Entscheidung des Verfassungsgesetzgebers, ein höherer, überlegener Rang zu gegenüber der Verwaltungshandlung. Mit der Modifizierung, daß es sich nicht nur um eine Beziehung von Normen, sondern um das Verhältnis zweier Staatsfunktionen zueinander auf Verfassungsebene handelt, wird diese Begründung für die Unterordnung der Verwaltung unter die Verwaltungsrechtsprechung allgemein im französischen öffentlichen Recht zugrundegelegt: solche Unterordnung ist notwendig, damit die Bindung der Verwaltung an das Gesetz verwirklicht wird[55].

Die Auslegung der Gesetze und ihre Anwendung auf den Einzelfall durch das Verwaltungsgericht bindet die Verwaltung aufgrund des allgemeinen Rechtsgrundsatzes der „chose jugée", nach dem die Rechtsprechung den Einzelfall als letzte Instanz bindend entscheidet[56]. Das Prinzip der „chose jugée" verpflichtet die Verwaltung zur Beachtung und Vollstreckung der gerichtlichen Entscheidung; eine erneute Vornahme der aufgehobenen Maßnahme — ceteris paribus — würde einen „excès de pouvoir" darstellen[57].

Weiterhin entfaltet die Rechtsprechung noch über den Einzelfall hinaus eine Bindungskraft, auch gegenüber der Verwaltung, wegen der präjudiziellen Wirkung von Präzedenzfällen. Obwohl der — auch für die Verwaltungsgerichtsbarkeit herangezogene — Art. 5 Code Civil abstrakte Grundsatzentscheidungen verbietet, bewirkt doch eine Häufung gleichentschiedener Fälle mit einheitlicher und ausdrücklicher Begründung, daß die betreffende Norm konkretisiert und damit in ihrer Auslegung festgelegt wird. Da die Verwaltung an das Gesetz gebunden ist, dessen Inhalt auf solche Weise durch die richterliche Anwendung festgelegt wird, gilt die richterliche Auslegung der Gesetze und damit auch eine auf diesem Wege geschaffene neue Norm (des Richterrechts) als Gesetz gegenüber der Verwaltung. Der gerichtliche Ausspruch wird dadurch zu einem Bestandteil der gesetzlichen Bindung der Verwaltung[58].

Die Rechtsfortbildung durch den Richter wird sogar befohlen durch Art. 4 Code Civil, der dem Richter verbietet, wegen Schweigens oder

---

[55] Vgl. *M. Hauriou III* S. 385; *Chatelain* S. 279 f.

[56] Vgl. *Jèze VI* S. 505; *Waline III* S. 29; *Vedel II* S. 211; *Chatelain* S. 106, 108; *Jeanneau* S. 102; *Letourneur I* S. 20 f.; *Stassinopoulos* S. 142; *di Qual* S. 420; auch *Dupeyroux II* S. 363; *CE* vom 7. 2. 1934 Giudicelli, Rec. S. 179; *CE* vom 3. 6. 1938 Cartonnerie de St. Charles, Rec. S. 529; *CE* vom 30. 11. 1923 Couitéas, Rec. S. 789.

[57] Vgl. *Auby-Drago* Bd. 3 S. 35; *di Qual* S. 339, 351. Weil der Richter nur aufheben und nicht die Verwaltung bindend anweisen kann, hat allerdings jene letztlich doch ein „Ermessen" bei der Ausführung der Urteile („pouvoir discrétionnaire de fait") — als Wahl zwischen der Vollstreckung oder der Verpflichtung zu Schadensersatz; *di Qual* S. 525.

[58] Vgl. *Dupeyroux II* S. 358, 361; *Waline II* S. 616, 630; *Scelle* S. 271; *Goldenberg* S. 40 f., 245, 256 f.; B. *Gény* S. 288; *Venezia* S. 166; *Roche* S. 539 f.

Unklarheit des Gesetzes die Entscheidung zu verweigern. Um nach dieser Vorschrift auch die Verwaltung umfassend kontrollieren zu können, wird der Richter, der ohne ausreichende Gesetze zwischen Bürger und Behörde steht, zum Rechtsschöpfer, indem er vorgibt, keine Lücken im Gesetz zu finden[59].

Das Richterrecht und auch die von der Rechtsprechung entwickelten allgemeinen Rechtsgrundsätze stehen formell unter dem Gesetzesrecht, aber über dem von der Verwaltung gesetzten Recht, weil für den Rang der Norm der Rang der Normquelle, hier der Rechtsprechung, maßgebend ist: die Rechtsprechung steht unter dem Gesetz, bindet aber die Verwaltung[60]. Daher kann der Gesetzgeber eine Norm des Richterrechts aufheben oder verändern, ebenso aber auch die Rechtsprechung selber, etwa indem sie wegen besonderer Umstände Ausnahmen von einem allgemeinen Rechtsgrundsatz zuläßt[61]. Materiell jedoch stehen die allgemeinen Rechtsgrundsätze meist über dem Gesetz, weil sie sich mit Hilfe der Rechtsprechung wiederum auch gegenüber dem Gesetzgeber behaupten. Wenn ein Gesetz einen in der Rechtsprechung entwickelten allgemeinen Rechtsgrundsatz mißachtet oder ausdrücklich beiseiteschiebt, interpretiert die Rechtsprechung solch ein Gesetz sehr einschränkend[62] oder geht gar über den Gesetzeswortlaut hinweg. Derart setzt die Rechtsprechung, infolge ihrer faktischen Unabhängigkeit, die allgemeinen Rechtsgrundsätze auch gegenüber entgegenstehendem Gesetzesrecht durch[63].

Dieses — verfassungsrechtliche — Verhältnis von Rechtsprechung und aktiver Verwaltung im allgemeinen bildet die Grundlage für die späteren Ausführungen über den Zusammenhang zwischen dem freien Ermessen der Verwaltung und der Verwaltungsrechtsprechung, insbesondere über die Grenzen des Ermessens und den Einfluß der Rechtsprechung auf den Bereich der Ermessensfreiheit[64].

---

[59] Vgl. J. *Barthélemy II* S. 189; *Waline II* S. 616 f.

[60] Vgl. *Chapus I* S. 124, und *III* passim; *Dupeyroux I* S. 61 ff.; *Fournier-Braibant* Nr. 328; *Braibant II* S. 68 ff.; ablehnend: *Roche* S. 536 f. (valeur législative) — aber trotz begrifflicher Unterschiede im Ergebnis gleich.

[61] Vgl. *Waline II* S. 628 ff.; *Lesage* S. 91 ff.; *Nizard* S. 37 ff., 51.

[62] Man könnte an eine Art „verfassungskonformer" Interpretation denken; vgl. *Tiedemann* S. 372.

[63] Vgl. *Jeanneau* S. 143, 170 f.; *Letourneur I* S. 30 f.; *Auby-Drago* Bd. 2 S. 21 ff.; *Fournier* S. 1013.

[64] s. u. S. 90 ff., 142 ff.

D. Der Bereich des Ermessens

Nach dem verfassungsrechtlichen (und tatsächlichen) Grund und Ursprung des Ermessens ist nunmehr der Bereich des Verwaltungsermessens festzustellen, d. h. wie und in welcher Weise bzw. wann der Verwaltung eine freie Ermessenswahl eingeräumt ist.

I. Abgrenzung nach der Zulässigkeit der Anfechtungsklage

Die Bereiche von Ermessen und Bindung wurden zuerst entsprechend der Zulässigkeit oder Unzulässigkeit der gerichtlichen Kontrolle über die Verwaltungsmaßnahmen gegeneinander abgegrenzt. Zwar könnte man auch für die Zeit vor — und unabhängig von — der Einführung und Durchsetzung einer gerichtlichen Kontrolle des Verwaltungshandelns bereits von einem freien „Ermessen" der Verwaltung sprechen, insoweit als damals der Verwaltung auch schon durch das Recht Schranken gezogen waren, jedoch mangels einer Kontrolle sie sich praktisch unbeschränkt, „frei", bewegen konnte. Aber erst seit die gerichtliche Überprüfung der Verwaltungstätigkeit diese in die (neue) doppelte Beziehung sowohl zur Gesetzgebung als auch zur Rechtsprechung gestellt hat, entstand das Problem des Ermessens in der Form, in der es das moderne Verwaltungsrecht beschäftigt, entwickelte sich der Begriff der „Ermessensbefugnis" (pouvoir discrétionnaire).

Gerade auf diesem Gebiet hat die französische Rechtsprechung seit mehr als einem Jahrhundert sich in erheblichem Maße fortentwickelt und die Ausdehnung der gerichtlichen Kontrolle immer weiter erstreckt: nämlich von einer Prüfung nur weniger Maßnahmen am Anfang, über eine Kontrolle zwar aller Verwaltungshandlungen, jedoch nicht all ihrer einzelnen Elemente, zu der umfassenden Nachprüfung grundsätzlich jeder Maßnahme in jeder Hinsicht. Diese Entwicklung hat die Lehre stets zu einer Revision ihrer wissenschaftlichen Erklärung des Phänomens Ermessen gezwungen. Während zu Beginn der gerichtlichen Überprüfung der Bereich des Ermessens durch diejenigen Verwaltungsentscheidungen bestimmt wurde, die noch der Kontrolle entzogen waren, wurde im weiteren Verlauf das Ermessen mit den noch nicht überprüften Einzelelementen der Handlungen verknüpft, bis auch diese Erklärung durch die Entwicklung der Rechtsprechung überholt worden ist[1].

[1] Vgl. *Venezia* S. 7 f.; *di Qual* S. 8, 21 f.

1. Vorbemerkung: „acte", „ouvertures"

Bevor dies im einzelnen dargestellt wird, erscheint es notwendig, vorweg den französischen Begriff des „acte administratif" zu klären. Der „acte" kann unter verschiedenen Gesichtspunkten definiert werden, formell, materiell oder funktionell. Die formelle Definition entspricht jedoch der Verwendung des Begriffs im positiven Recht, insbesondere bei der Zuständigkeitsregelung für die Verwaltungsgerichte[2]. Als „acte administratif" wird daher jeder „einseitige Rechtsakt, der von einer französischen Verwaltungsbehörde in Ausübung einer Verwaltungsbefugnis erlassen wird und Rechte oder Verpflichtungen für Dritte begründet", verstanden[3]. Dieser Begriff ist nicht identisch mit dem deutschen „Verwaltungsakt", weil er nicht nur die konkrete Regelung eines bestimmten Einzelfalles gegenüber einer bestimmten Person umfaßt, sondern auch die generell-abstrakte Regelung unbestimmt vieler Fälle gegenüber einer unbestimmten Anzahl von Personen einschließt, soweit sie von der Exekutive erlassen wird, also auch die Verordnung. Sogar die autonome Verordnung nach Art. 37 der Verfassung vom 4. 10. 1958[4] fällt unter diese formelle Definition und ist deswegen ebenfalls als „acte administratif" vor dem Conseil d'Etat anfechtbar[5]. Der Begriff „acte administratif" wird hier (meist) mit „Verwaltungsentscheidung", „Maßnahme" oder „Verwaltungshandlung" (eigentlich: „Verwaltungsrechtshandlung") wiedergegeben.

Die Ausdehnung der gerichtlichen Kontrolle des Verwaltungshandelns ist eng verbunden mit der Entfaltung der verschiedenen „ouvertures" im „recours pour excès de pouvoir". „Ouvertures" sind die Nichtigkeitsgründe[6], die — allein — den „recours pour excès de pouvoir" begründen können. Infolge ihrer Bedeutung für die Zulässigkeit einer Anfechtungsklage wurden sie zunächst vorwiegend unter prozessualen Aspekten erörtert. Inzwischen hat sich aber die Auffassung durchgesetzt, daß sie nicht prozessuale Rechtsbehelfe sind, sondern die materiellrechtlichen Bedingungen bzw. Grenzen für ein rechtmäßiges Verwaltungshandeln bezeichnen unabhängig von der Frage einer gerichtlichen Kontrolle. So definiert M. *Hauriou* die „ouvertures" als „die verschiedenen Erscheinungsformen fehlerhafter Ausübung einer Befugnis, die die Rechts-

---

[2] s. o. S. 38 zu Anm. 6 und 7. Vgl. *de Laubadère* S. 172 ff.; *Virally II* Nr. 2, 3.

[3] „acte juridique unilatéral, pris par une autorité administrative française dans l'exercice d'un pouvoir administratif et créant des droits ou des obligations pour les particuliers" — so *Virally II* Nr. 7; ebenso *Waline IV* (9. Aufl.) S. 436; *de Laubadère* S. 173 f.; *Becker* S. 29 f.

[4] s. o. S. 26 f.

[5] So *CE* vom 3. 11. 1961 Damiani, Rec. S. 607; vgl. *Waline V* S. 711; *de Soto II* S. 293 f.; *Tiedemann* S. 372.

[6] Vgl. *Laun I* S. 125.

widrigkeit der Verwaltungshandlung bzw. deren Aufhebung begründen und infolgedessen die Möglichkeit der Anfechtung eröffnen“[7].

2. Die Entwicklung des „recours pour excès de pouvoir“ im 19. Jahrhundert

Ursprünglich war, bei Beginn der verwaltungsgerichtlichen Kontrolle am Ende des 18. Jahrhunderts, die „normale“ Klagemöglichkeit der „recours contentieux“ (de pleine juridiction), der das Bestehen bzw. die Verletzung von subjektiven Rechten betraf (und betrifft): soweit die Rechte des einzelnen mit den Rechten der Verwaltung zusammenstießen, entstand ein — den sonst üblichen Klagen entsprechender — Verwaltungsrechtsstreit (il y a matière à contestation)[8]. Dieser Kontrolle durch die Rechtsprechung war, wegen der Prozeßvoraussetzung eines subjektiven Rechts des einzelnen, noch ein weiter Bereich des Verwaltungshandelns in vollem Umfang und von vornherein entzogen, der Bereich der „pure administration“ oder der „matières non-contentieuses“[9].

Daneben bildete der Conseil d'Etat seit 1797 den „recours pour excès de pouvoir“ als eine besondere verwaltungsrechtliche Klagemöglichkeit aus, zunächst für besondere Fälle der Unzuständigkeit (ouverture de l'incompétence) und weiter auch des Formmangels (vice de formes)[10]. Dieser besondere verwaltungsrechtliche „recours“ wurde in der ersten Hälfte des 19. Jahrhunderts wegen der Ähnlichkeit hinsichtlich der richterlichen Befugnisse (Aufhebung) mit dem Rechtsmittelverfahren gegen vorinstanzliche Urteile (recours de cassation) vermengt, mit der Folge, daß auch im „recours pour excès de pouvoir“ die tatsächlichen Umstände des Falles nicht kontrolliert wurden. Diese beiden Verfahrensarten wurden erst mit der Ausdehnung des „recours pour excès de pouvoir“ auf neue „ouvertures“ sauberer getrennt[11]. Zunächst wurde die — noch auf die „ouvertures“ der Unzuständigkeit und des Formfehlers beschränkte — Anfechtungsmöglichkeit im „recours pour excès de pouvoir“ ab 1830 allgemein gegen jede Verwaltungsmaßnahme zugelassen, auch im Bereich der „pure administration“. Da diese Ausdehnung einen besseren

---

[7] „les diverses manifestations caractérisées de l'excès de pouvoir, constituant vice de l'acte d'administration ou cause d'annulation, et par conséquent donnant ouverture au recours“ — so M. *Hauriou II* (10. Aufl.) S. 448; vgl. *Auby-Drago* Bd. 2 S. 529; *Letourneur III* S. 353.

[8] Vgl. *Laferrière* Bd. 1 S. 5 f., Bd. 2 S. 410; *Aucoc I* Bd. 1 S. 510 f.; O. *Mayer* S. 139; *di Qual* S. 23 ff.

[9] Vgl. *di Qual* S. 22 ff.

[10] Vgl. *Fournier-Braibant* Nr. 3, 6; *di Qual* S. 23 ff.

[11] Vgl. *Aucoc I* Bd. 1 S. 662 f.; *Laferrière* Bd. 2 S. 394 f.; *Auby-Drago* Bd. 3 S. 281.

Schutz der subjektiven Rechte anstrebte, wurde zunächst noch die Existenz eines subjektiven Rechts als Zulässigkeitsvoraussetzung des „recours pour excès de pouvoir" gefordert, bis — wenigstens bei „incompétence" und „vice de formes" — auch ein bloßes Interesse als ausreichend erachtet wurde[12].

Später, ab 1860, bildeten sich in der Rechtsprechung des Conseil d'Etat zwei weitere „ouvertures" heraus, die „violation de la loi et des droits acquis"[13] sowie der Fall des „détournement de pouvoir"[14]. Die „violation de la loi et des droits acquis" war keine vollkommene Neuschöpfung, sondern entstand aus einer weiteren Angleichung an den gewöhnlichen „recours contentieux", die der Conseil d'Etat im Hinblick auf eine — durch Dekret vom 2. 11. 1864 nur für den „recours pour excès de pouvoir" eingeführte — Verfahrenserleichterung (Befreiung von Anwaltszwang und Kosten) zwecks besseren Rechtsschutzes vollzog[15]. Entsprechend diesem Ursprung wurde der neue Klagegrund jedoch nicht bei jedem Gesetzesverstoß, sondern nur bei Verletzung eines subjektiven Rechts zugelassen[16]. Der Umfang des Rechtsschutzes richtete sich also nach dem Bestehen subjektiver Rechte der einzelnen, die im Gegensatz zu bloßen Interessen ausdrücklich von der Rechtsordnung eingeräumt und mit einer Klagebefugnis ausgestattet sind. Subjektives Recht und Interesse sind allein durch diese Klagebefugnis unterschieden; die Berücksichtigung oder Nichtberücksichtigung eines Interesses betrifft keine Rechtsfrage und ist daher nicht der Prüfung durch die Rechtsprechung unterworfen[17].

Das „détournement de pouvoir" wurde anfangs als Unterfall der Unzuständigkeit (incompétence) behandelt: wenn die Verwaltung einen Zweck verfolgt, den sie wenigstens mit der angewandten Befugnis nicht verfolgen darf, handele sie außerhalb ihrer Kompetenz[18]. Daraus bildete sich ein selbständiger Klagegrund zur Kontrolle des Zwecks (but) des Verwaltungshandelns für den Fall, daß eine Befugnis entgegen ihrem gesetzlichen Zweck angewendet und dadurch „denaturiert" würde[19]. Ein „détournement de pouvoir" konnte auch ohne Vorliegen eines subjektiven Rechts des einzelnen geltend gemacht werden, wenn nur ein indi-

[12] Vgl. *di Qual* S. 26 ff.; *Auby-Drago* Bd. 2 S. 50; *CE* vom 8. 4. 1826 Landrin, zitiert nach di Qual S. 26 f.

[13] *CE* vom 13. 3. 1867 Bizet, Dalloz 1867 III S. 98 mit conclusions Aucoc.

[14] *CE* vom 24. 2. 1864 Lesbats, Dalloz 1864 III S. 25.

[15] Vgl. *Laferrière* Bd. 2 S. 410, 532 ff.; *Fournier-Braibant* Nr. 7.

[16] Vgl. *di Qual* S. 39 ff.; *Laferrière* Bd. 2 S. 532 ff.; *Auby-Drago* Bd. 3 S. 2.

[17] Vgl. *Aucoc I* Bd. 1 S. 436; *Laferrière* Bd. 1 S. 5 f.; J. *Barthélemy II* S. 7 f., 12; O. *Mayer* S. 103 ff.

[18] Vgl. *Laferrière* Bd. 2 S. 549; *di Qual* S. 38 f.; *Lagrange II* Rspr. Bd. 1 S. 159 f. (Recueil Bd. 1 S. 151); a. A. *Vidal* S. 277 ff.

[19] Vgl. *Aucoc II* S. 98; *CE* vom 2. 8. 1870 Bouchardon, Dalloz 1872 III S. 27; *Vidal* S. 295.

viduelles Interesse berührt wurde, bzw. es wurde angenommen, daß auch gegenüber einem Interesse insoweit, hinsichtlich des Zwecks der Maßnahme, eine rechtliche Bindung (ein Recht) bestehe[20]. Jedoch war auch diese „ouverture“ nicht gegen jede Verwaltungsmaßnahme zulässig. Es gab noch die Kategorie der „actes discrétionnaires“.

3. Die „actes discrétionnaires“

a) Begriff

Definition und Abgrenzung der Kategorie der „actes discrétionnaires“ waren sehr uneinheitlich, insbesondere auch in der Terminologie des Conseil d'Etat[21]. Teilweise wurden der Bereich der „pure administration“ und die „actes discrétionnaires“ gleichbedeutend als Einheit behandelt. Daraus wurde dann gefolgert, daß die „actes discrétionnaires“ im Gegensatz zu den „actes contentieux“ überhaupt nicht, mit gar keinem Klagegrund angefochten werden könnten, daß also eine Anfechtungsklage überhaupt unzulässig sei[22]. Widersprüchlich heißt es bei *Alibert*[23] zu der (zu seiner Zeit bereits verschwundenen) „catégorie des actes discrétionnaires ou de pure administration“: „Hinsichtlich dieser Maßnahmen sah der Conseil d'Etat keine möglichen Gründe einer fehlerhaften Ausübung der Befugnis. Das Vorliegen eines Aufhebungsgrundes schien ihm unmöglich, und von dieser offensichtlichen Unmöglichkeit einer fehlerhaften Amtsausübung schloß er auf die Unmöglichkeit der Klage selbst, d. h. auf ihre Unzulässigkeit. Er schloß eine Klage von vornherein wegen der Natur der Maßnahme aus, zumindest immer dann, wenn kein ‚détournement de pouvoir‘ dargelegt wurde.“ Danach soll einerseits eine Anfechtungsklage überhaupt unzulässig gewesen sein, jedoch habe andererseits ein „détournement de pouvoir“ in diesen Fällen geltend gemacht werden können. Ebenso gebraucht *Laferrière*[24] die Begriffe „actes discrétionnaires“ und „actes de pure administration“ gleichbedeutend nebeneinander, ohne jedoch daraus die (falsche) Konsequenz einer grundsätzlichen Unanfechtbarkeit der „actes discrétionnaires“ zu ziehen.

Entsprechend dem damaligen Stand der Entwicklung der Verwaltungsrechtsprechung ist nämlich zwischen beiden Begriffen zu unter-

---

[20] Vgl. *Laferrière* Bd. 2 S. 411; *J. Barthélemy II* S. 8 f., 24; *M. Hauriou V* S. 97.

[21] Vgl. *di Qual* S. 23, 28 f., 35; *Wei Teng-lin* S. 19.

[22] Vgl. *CE* vom 14. 12. 1883 Lequeux, Sirey 1885 III S. 65: „pas recevable de discuter les motifs“ eines „acte de pure administration“ — unzulässig, aber bezogen auf eine Prüfung der Tatumstände, s. dazu unten im Text; vgl. O. *Mayer* S. 103 ff.

[23] S. 83.

[24] Bd. 2 S. 423 ff.

scheiden[25]: Der Begriff „pure administration“ bezeichnet — für die erste Hälfte des vorigen Jahrhunderts, als selbst die Anfechtungsklage wegen Unzuständigkeit und Formfehler noch nicht allgemein durchgesetzt war — dasjenige Verwaltungshandeln, gegen das überhaupt keine Klage zulässig war. Seitdem die Nichtigkeitsgründe „incompétence“ und „vice de formes“ gegen jede Maßnahme vorgebracht werden konnten, wurden — in der zweiten Hälfte des 19. Jahrhunderts — als „actes discrétionnaires“ diejenigen behandelt, die hinsichtlich der materiellen Seite (fond de l'acte) nicht angefochten werden können: Nach einer Definition von *di Qual*[26] war der „acte discrétionnaire“ eine Maßnahme, die „von der zuständigen Behörde in den vorgeschriebenen Formen erlassen worden war, bei der die Behörde nach Maßgabe einer freien Beurteilung hinsichtlich des Sachverhalts und des Entscheidungsinhalts sowie des Zwecks gehandelt hatte“.

b) Beschränkte Anfechtbarkeit

Ebenso wie alle anderen Verwaltungshandlungen waren auch die „actes discrétionnaires“ anfechtbar wegen Zuständigkeits- oder Formfehler, die bei jeder Kategorie der Verwaltungsmaßnahmen mit der Klage gerügt werden konnten[27]. Wenn auch der Conseil d'Etat häufig eine Klage als „unzulässig“ abwies[28], so konnte sich das angesichts der dargestellten Rechtslage nicht auf die Anfechtbarkeit unter jedem Gesichtspunkt beziehen, also nicht bedeuten, daß diese Maßnahmen insgesamt und generell jeder gerichtlichen Kontrolle entzogen seien[29]. Lediglich hinsichtlich bestimmter Nichtigkeitsgründe — „violation de la loi et des droits acquis“ und z. T. auch „détournement de pouvoir“ — waren die Klagen gegen „actes discrétionnaires“ „unzulässig“, was der Conseil d'Etat auch als Unzulässigkeit einer Kontrolle der „motifs“ der Maßnahme — womit er hier weitgehend die gesamte materiellrechtliche Seite meinte — bezeichnete[30]. Diese „Unzulässigkeit“ nur einzelner Nichtigkeitsgründe kann auch als „Unbegründetheit“ der Klage in der materiellrechtlichen Rüge (hinsichtlich des „fond de l'acte“) angesehen werden[31]:

---

[25] Vgl. *di Qual* S. 22 f., 29.

[26] S. 32.

[27] Vgl. *Renault* S. 59 f., 62 f.; *Levêque* S. 1 f.; *Laferrière* Bd. 2 S. 423 ff.; *J. Barthélemy II* S. 24, 66 ff.; *Aucoc I* Bd. 1 S. 510; O. *Mayer* S. 139; *di Qual* S. 22.

[28] s. die Entscheidung Lequeux oben S. 55 Anm. 22.

[29] Vgl. *Laferrière* Bd. 2 S. 423 ff.; *Renault* S. 72.

[30] *CE* vom 17. 1. 1879 Spindler, Dalloz 1879 III S. 46: „pas recevable de discuter les motifs d'un acte de pure administration“ — jedoch „pas fondé“ hinsichtlich der verfahrensrechtlichen Seite; *CE* vom 14. 12. 1883 Lequeux, Sirey 1885 III S. 65.

[31] Vgl. *Duez I* S. 22; *Wei Teng-lin* S. 19; *di Qual* S. 29, 34 f.

Da kein subjektives Recht des einzelnen entgegensteht, es sich vielmehr um Maßnahmen mit — mehr oder weniger großer — Ermessensfreiheit (caractère facultatif et discrétionnaire) handelt, liegt kein Fehler auf der materiellrechtlichen Seite der Maßnahme vor, der eine Anfechtung bzw. Aufhebung wegen Rechtsverletzung (violation de la loi et des droits acquis) rechtfertigen, begründen könnte.

Als Fehlerquellen kommen bei den „actes discrétionnaires" überhaupt nur die Zuständigkeit und die Formen in Betracht[32]. Da in diesen Fällen das Gesetz keine (besonderen) materiellen Voraussetzungen für die einzelne Verwaltungshandlung, als Bedingungen ihrer Rechtmäßigkeit, festgelegt hat, kann auch kein subjektives Recht des einzelnen hinsichtlich dieser Maßnahme bestehen, das bei „violation de la loi et des droits acquis" klageweise geltend gemacht werden könnte. Es liegen lediglich Interessen der einzelnen vor, denen gegenüber die Verwaltung — nach materiellem Recht — in ihrer Beurteilung frei ist[33].

Im 19. Jahrhundert gab es nur relativ wenige materielle Normen für das Verwaltungshandeln, und soweit solche fehlten, war die Beziehung zwischen Staat und dem einzelnen eben nur teilweise vom Gesetz her bestimmt: bei Schweigen des Gesetzes über die materielle Seite war die Maßnahme bereits gesetzeskonform (in einem weiteren Sinne), wenn die Verfahrensvorschriften beachtet worden waren. Daher bot das damals positivierte Recht keinen Ansatzpunkt für eine Ausdehnung der gerichtlichen Kontrolle über die Nichtigkeitsgründe „incompétence" und „vice de formes" hinaus; vielmehr mußte der Conseil d'Etat rechtsschöpferisch die Nichtigkeitsgründe „violation de la loi" und „détournement de pouvoir" entwickeln und erst allmählich allgemein durchsetzen[34].

---

[32] Vgl. *Laferrière* Bd. 2 S. 423 ff., 532 ff.

[33] Vgl. *Laferrière* Bd. 2 S. 411, 423 ff.; H. *Berthélemy* S. 929; O. *Mayer* S. 108 ff.; *Michoud* S. 5 ff.; *Alibert* S. 83; *Venezia* S. 8; M. *Hauriou V* S. 97: „In Wahrheit gibt es einen Klagegrund im ‚recours pour excès de pouvoir', der gegenüber diesen Maßnahmen (actes discrétionnaires) nicht bestehen kann, jenen, der sich auf ‚violation de la loi et des droits acquis' stützt. Diese Maßnahmen ergehen in solchen Fällen, in denen das Gesetz nichts voraussetzt, außer der Befugnis (pouvoir) der Verwaltung und vielleicht irgendwelcher Formen. Die Rechte der Betroffenen sind in keiner Weise festgelegt. Dem Beamten kommt es zu, zu beurteilen, was zu tun ist, und darin besteht sein Ermessen (son pouvoir discrétionnaire). Daraus wird klar, daß die Maßnahme nicht wegen ‚violation de la loi et des droits acquis' angegriffen werden kann, weil es keine durch ein Gesetz begründeten Rechte gibt, die der Verwaltung entgegengehalten werden könnten. Aber das schließt nicht aus, daß die Maßnahme aus anderen Gründen angefochten werden könnte, wegen Formfehlers oder wegen Unzuständigkeit oder gar wegen ‚détournement de pouvoir'."

[34] Vgl. *Rivero IV* S. 139; M. *Hauriou VI* S. 97: „Die Verwaltungshandlung steht hinsichtlich ihres materiellen Inhalts (fond) im Ermessen, solange keine Gesetzes- oder Verordnungsnorm Voraussetzungen für das Handeln der Verwaltung nennt, deren Nichtbeachten gerügt werden könnte. Es bleibt die Frage

Diese Einschränkung der verwaltungsgerichtlichen Nachprüfung der „actes dicrétionnaires“ hinsichtlich ihrer materiellen Seite (fond) bezog sich in erster Linie auf den Nichtigkeitsgrund der „violation de la loi et des droits acquis“, betraf jedoch im Ergebnis auch das „détournement de pouvoir“. Zwar hätte der letztgenannte Nichtigkeitsgrund auch bei „actes discrétionnaires“ geltend gemacht werden können[35]. Aber da der Conseil d'Etat es ablehnte, (auch) bei den „actes discrétionnaires“ den „fond“, insbesondere die „motifs“ der Maßnahme — also in materiellrechtlicher Hinsicht die (vom Gesetz nicht benannten) Tatbestandsvoraussetzungen — zu überprüfen, konnte regelmäßig ein „détournement de pouvoir“ bei diesen Maßnahmen nicht dargetan werden[36]. Daher waren die „actes discrétionnaires“ in der Regel nur wegen Zuständigkeits- oder Verfahrensmängel angreifbar, im übrigen waren gegen sie gerichtete Klagen „unbegründet“. Diese besondere Kategorie von nur beschränkt nachprüfbaren Verwaltungsmaßnahmen war nicht nach einem einheitlichen sachlichen Kriterium abgegrenzt, sondern konnte nach dem jeweiligen Stand der Rechtsprechung lediglich enumerativ, ohne besonderes System, aufgezählt werden[37].

c) Abgrenzung des Ermessensbereichs

Bei diesem Stand in der Entwicklung der Rechtsprechung des Conseil d'Etat, solange sie eine besondere Gruppe von „actes dicrétionnaires“ anerkannte, wurde der Bereich des Ermessens abgegrenzt entsprechend den Grenzen der gerichtlichen Kontrolle: Der Ermessensbereich umfaßte diejenigen Verwaltungsmaßnahmen, die als „actes discrétionnaires“ — hinsichtlich ihrer materiellen Seite — der Nachprüfung durch die Rechtsprechung entzogen waren; soweit und weil keine gerichtliche Kontrolle stattfand, bestand Ermessen[38]. Da bei den „actes discrétionnaires“, für welche das Gesetz keine besonderen Tatbestandsvoraussetzungen forderte, eine gerichtliche Nachprüfung solcher Tatbestandsvoraussetzungen und damit weitgehend ihres Inhalts überhaupt weder im Hinblick auf eine „violation de la loi et des droits acquis“ noch auf ein „détournement de pouvoir“ möglich war, bezog sich dementsprechend diese Er-

---

nach der Rolle des Conseil d'Etat in dieser Beziehung. Muß er sich auf die Untersuchung beschränken, ob die ganz speziell für den einen zur Entscheidung anstehenden Fall geltenden Gesetzestexte verletzt wurden, oder kann er nicht, durch Heranziehen verschiedener einzelner Normen, zu einer Art allgemeinen (Verwaltungs-)Rechts gelangen, das über der Spezialmaterie stehen würde?“

[35] Vgl. M. *Hauriou V* S. 97; *Laferrière* Bd. 2 S. 411; *Renault* S. 59 f., 62 f.; *Levêque* S. 32 ff.; J. *Barthélemy II* S. 8 f., 24.

[36] Vgl. *di Qual* S. 29, 34 f.

[37] Nachweise bei *Renault* S. 62 ff.; *di Qual* S. 35 f.

messensfreiheit auf die materielle Seite der Maßnahme insgesamt (nicht auf einzelne materielle Elemente der Verwaltungshandlung)[39].

Indem die Abgrenzung des Ermessensbereiches anknüpfte an die Ausdehnung der gerichtlichen Kontrolle, die ihrerseits sich insoweit — hinsichtlich des Nichtigkeitsgrundes „voilation de la loi et des droits acquis" — an dem Bestehen subjektiver individueller Rechte orientierte, entsprach die Abgrenzung des Ermessens der Unterscheidung von bloßem Interesse und subjektivem Recht: Soweit subjektive Rechte der einzelnen gegenüber der Verwaltung — als deren Verpflichtung, in bestimmter Weise zu handeln — bestehen, gibt es kein Ermessen, ist die Verwaltung gebunden. Hingegen werfen bloße Interessen — in materieller Hinsicht — keine Rechtsfragen auf, vielmehr ist die Verwaltung insoweit frei bei der Abwägung der Interessen. Das gilt auch für die „Rechtsreflexe" (droits-reflets), bei denen das Gesetz die Verwaltung zwar durch eine objektive Verhaltensmaßregel verpflichtet, aber dem einzelnen kein entsprechendes subjektives (Forderungs-)Recht einräumt. Soweit und weil nur Interessen vorliegen, besteht also ein Ermessen auf Seiten der Verwaltung[40]. Andersherum besteht folglich keine Ermessensfreiheit, wenn ein subjektives individuelles Recht entgegensteht[41]. Gelegentlich wurde bereits die Ermessensfreiheit nicht (bloß) als eine Folge der Einschränkung der gerichtlichen Kontrolle definiert, sondern umgekehrt (auch) der Umfang der Kontrolle — und damit das Bestehen subjektiver individueller Rechte — danach bestimmt, ob die betreffende Verwaltungshandlung ihrem Wesen nach zum Ermessensbereich gehörte[42].

4. Überwindung der „actes discrétionnaires"

Die Rechtsprechung des Conseil d'Etat ist nicht bei der Unanfechtbarkeit der (materiellen Seite der) „actes discrétionnaires" stehengeblieben, sondern hat die Reichweite der gerichtlichen Kontrolle weiter ausgedehnt. So wurde ein „détournement de pouvoir" immer häufiger als Klagegrund bei den verschiedenen Arten der Verwaltungshandlungen zugelassen[43], bis um die Jahrhundertwende der Conseil d'Etat den Zweck

---

[38] Vgl. *di Qual* S. 8; O. *Mayer* S. 103 ff.

[39] Vgl. *Wei Teng-lin* S. 19; *di Qual* S. 29, 34 f.

[40] Vgl. *Laferrière* Bd. 1 S. 5 f., Bd. 2 S. 532 ff.; *Aucoc I* Bd. 1 S. 436, 510; J. *Barthélemy II* S. 7 ff., 127 f.; O. *Mayer* S. 103 ff., 108 ff.; M. *Hauriou V* S. 97; *Levêque* S. 1 f.

[41] Vgl. *Renault* S. 59 f., 62 f.

[42] Vgl. *Laferrière* Bd. 2 S. 423 ff., 533 f.; O. *Mayer* S. 108 ff.; M. *Hauriou V* S. 97.

[43] Schon während der Existenz einer besonderen Kategorie von „actes discrétionnaires", s. o. S. 58 zu Anm. 35.

(but) einer jeden Verwaltungsmaßnahme überprüfte, d. h. bei jeder Maßnahme untersuchte, ob der konkrete Zweck des überprüften Verwaltungshandelns auch dem mit der Ermächtigung von Gesetzes wegen verfolgten Zweck entsprach. In der berühmten Entscheidung *Grazietti*[44] überprüfte der Conseil d'Etat die von der staatlichen Zentralgewalt ausgesprochene Auflösung eines Gemeinderats — bis dahin als ein „acte discrétionnaire" behandelt — auch in materiellrechtlicher Hinsicht und hob sie wegen „détournement de pouvoir" auf, weil ihr Zweck nicht dem vom Gesetz vorgesehenen Zweck — wie ihn der Conseil d'Etat feststellte — entsprach. Damit war die Kontrolle des konkreten Zwecks (but) grundsätzlich bei allem Verwaltungshandeln zulässig und möglich. Das bedeutete, daß nunmehr keine Maßnahme mehr allein wegen ihres Wesens (als „acte discrétionnaire") von der materiellrechtlichen Überprüfung ausgeschlossen war: die besondere Kategorie der — wegen ihrer Natur von einer materiellrechtlichen Kontrolle ausgenommen— „actes discrétionnaires" verschwand infolge der generell-durchgängigen Überprüfung des Zwecks der Verwaltungsmaßnahmen[45]. In einer Anmerkung zu der Entscheidung Grazietti sagte M. *Hauriou:* „Es gibt keine ‚actes discrétionnaires'; es gibt nur eine gewisse Ermessensbefugnis der Verwaltung, die sich mehr oder weniger bei allen Verwaltungshandlungen findet[46]."

Zur gleichen Zeit, ab 1903, ließ die Rechtsprechung bei dem Klagegrund „violation de la loi et des droits acquis" die besondere Voraussetzung eines subjektiven Rechts des einzelnen fallen und ließ den „neuen" Nichtigkeitsgrund „violation de la loi" gegen jede (rechtswidrige) Verwaltungshandlung zu, soweit der Kläger nur in einem direkten, persönlichen Interesse betroffen war (wie es als allgemeine Voraussetzung der Zulässigkeit einer Anfechtungsklage gefordert wurde und wird)[47]. Damit war auch diese „ouverture" grundsätzlich auf alle Verwaltungsmaßnahmen erstreckt worden. Deutlich erklärte der Conseil d'Etat im Urteil *Commune de Sin-le-Noble*[48]: „Wenn es der Regierung zukommt, nach Ermessen zu bestimmen, an welchem Ort das Bürogebäude (für ein Finanzamt) errichtet werden soll, so ist das Dekret, das den Bauplatz für dieses Haus festlegt (früher ein „acte discrétionnaire"), darum nicht weniger eine Verwaltungsmaßnahme, die von jeder interessierten Person wegen ‚violation de la loi' angefochten werden kann". Die gerichtliche Nachprüfung auch der materiellrechtlichen Seite war nunmehr bei allen

---

[44] *CE* vom 31. 1. 1902, Sirey 1903 III S. 113.

[45] Vgl. *Vedel II* S. 296; *di Qual* S. 37.

[46] *VII* S. 113 f.

[47] Vgl. *CE* vom 1. 6. 1906 Alcindor, Rec. S. 519 f.; H. *Berthélemy* S. 935; *di Qual* S. 47 f.; *Theis* S. 11 ff.

[48] vom 13. 6. 1913, Rec. S. 660.

Maßnahmen zumindest unbeschränkt zulässig. Die Kategorie der „actes discrétionnaires" hatte aufgehört zu bestehen[49].

Seitdem ist nach allgemeinem Rechtsprinzip, auch ohne besondere gesetzliche Zulassung, die Anfechtungsklage vor dem Conseil d'Etat (bzw. den Verwaltungsgerichten überhaupt) gegen jeden „acte administratif juridique faisant grief" zulässig, d. h. gegen jede Maßnahme einer Verwaltungsbehörde, die gegenüber Dritten Rechtswirkungen erzeugt, soweit der Kläger infolge dieser Rechtswirkungen in seiner eigenen Rechtsposition beschwert wird und ein entsprechendes Rechtsschutzinteresse hat. Im „recours pour excès de pouvoir" wird heute grundsätzlich jede Verwaltungsmaßnahme aufgehoben, wenn sie gegen das Gesetz verstößt[50].

5. „Mesures d'ordre intérieur"

In einem gewissen Gegensatz zu diesem Grundsatz — der generellen Anfechtbarkeit einer jeden Verwaltungsmaßnahme, die Rechtsfolgen bewirkt — steht die verwaltungsgerichtliche Praxis in der Gewährung von Rechtsschutz gegenüber den sogenannten „mesures d'ordre intérieur". Damit werden jene Akte von Verwaltungsinstanzen bezeichnet, die als allgemeine oder individuelle Anweisungen den täglichen Ablauf der Verwaltungsgeschäfte, also nur die interne Organisation der Verwaltung betreffen. Nach allgemeiner Ansicht sind sie als solche für

---

[49] Allerdings wurden der Begriff „acte discrétionnaire" oder ein entsprechender in verwirrender Weise manchmal auch später noch verwandt. So bezeichnete der *Conseil d'Etat* in der Entscheidung Doumergue (vom 21. 2. 1908, Rec. S. 169) die Ablehnung eines Antrages eines Soldaten auf Sonderurlaub noch als „acte de pure administration", den er nicht nachprüfen könne — in Wirklichkeit handelte es sich nicht um einen „acte discrétionnaire", sondern um eine „mesure d'ordre intérieur" im Militärbereich, s. dazu unten S. 64. Ebenso gebraucht *Levêque* (S. 32 ff., 45, 137) den Begriff „acte discrétionnaire" noch als weitgehend gleichbedeutend mit „pouvoir discrétionnaire" (innerhalb eines „acte"). Vgl. auch *Laun IV* S. 133. Andererseits macht *Chrétien* (Nr. 12) darauf aufmerksam, daß im Steuerrecht noch bis 1936 die Behandlung von Anträgen auf Erlaß oder Ermäßigung der Grundsteuern, wegen Nichtausnutzung des Grundstücks, als „actes discrétionnaires" behandelt wurde, gegen die eine Anfechtungsklage unzulässig sei, weil sie nach ihrem Wesen nicht von den Verwaltungsgerichten überprüft werden könnten; so *CE* vom 30. 3. 1915 Bensoussan, Rec. S. 111; sowie *CE* vom 26. 1. 1923 Corcelot-Latour, Rec. S. 87; diese Rechtsprechung wurde erst mit *CE* vom 12. 6. 1936 de Crozals, Rec. S. 640, aufgegeben. — Schließlich vertritt neuerdings *Chapus* (*II* S. 8 Anm. 4) die Ansicht, die Kategorie der „actes discrétionnaires" oder der „actes de pure administration" bestehe auch heute noch weiterhin, nämlich bei den „mesures d'ordre intérieur"; dazu s. u. S. 66.

[50] Vgl. *CE* vom 17. 2. 1950 Ministre de l'Agriculture c. dame Lamotte, Rec. S. 111; *Auby-Drago* Bd. 2 S. 424 f., 457, 460, 490 ff., Bd. 3 S. 17; *Fournier-Braibant* Nr. 22, 26; de *Laubadère* S. 451, 457; *Letourneur I* S. 24 ff.; *Donnedieu de Vabres* S. 43.

außenstehende Dritte rechtlich nicht bindend, sondern bereiten lediglich die — dann rechtsverbindliche — Entscheidung der Verwaltung vor und erzeugen daher selbst noch keine Rechtswirkungen gegenüber den Dritten. Andererseits sind sie für die (angewiesenen) Behördenbediensteten — rechtlich — bindend aufgrund der Befehlsgewalt der vorgesetzten Instanzen innerhalb einer hierarchischen Verwaltungsorganisation[51]. „Die Instruktionen (instructions) oder die Anweisungen (circulaires), die die verschiedenen Verwaltungsbehörden an ihre Untergebenen zu richten pflegen, um Gesetzes- oder Verordnungstexte in Erinnerung zu rufen, zu kommentieren oder auszulegen, verfolgen allein den Zweck, die Verwaltungsmeinung festzulegen und eine richtige und einheitliche Anwendung der einen Norm im ganzen Staatsgebiet zu sichern. Sie sind verbindlich für die Bediensteten der Verwaltung, haben (aber) rechtlich nur die Bedeutung von Empfehlungen und enthalten in keiner Weise eine Entscheidung für die außenstehenden Dritten[52].“ Wenngleich (und soweit) die Bediensteten an solche Anweisungen gebunden sind, werden sie in ihrer eigenen Rechtsstellung nicht betroffen, denn diese Dienstanweisungen berühren nicht die statutarischen Rechte der „fonctionnaires“. Daher erzeugen solche Anweisungen auch nicht insoweit, als die Bediensteten wie Außenstehende als Dritte dem Staat gegenüberstehen, Rechtswirkungen für jene[53].

a) Behandlung in der Rechtsprechung

Die Rechtsprechung des Conseil d'Etat ist — auch heute noch — uneinheitlich in der Zulassung einer Anfechtungsklage gegen die „mesures d'ordre intérieur“, die bei schwankender Abgrenzung im einzelnen in manchen Sachgebieten für zulässig, in anderen wiederum für unzulässig gehalten wird. Bei dieser Rechtsprechung spielen häufig (rechtspolitische) Gründe der „Opportunität“ einer gerichtlichen Nachprüfung eine Rolle, da der Conseil d'Etat bemüht ist, die Rechte der Bürger, insbesondere die statutarischen Rechte der Bediensteten gegenüber der hierarchischen Befehlsgewalt zu wahren[54]. Wenn man die verworrene Rechtsprechung zu dieser Frage systematisieren will[55], muß zunächst zwischen generellen

---

[51] Insoweit anders *Duguit II* S. 426 f., s. u. S. 67 Anm. 84.

[52] So *Odent I* S. 452.

[53] Vgl. *Alibert* S. 82, 85, 263; J. *Barthélemy II* S. 172; *Carré de Malberg I* S. 665, und *III* S. 127; M. *Hauriou XI* S. 33; *Odent I* S. 452 f., 455 f.; *de Laubadère* S. 253; *Charlier I* Nr. 9; *Virally I* S. 353; M. *Bernard I* S. 54; vgl. auch *Michoud* (S. 58 f., 61), der die Regelungen des internen Amtsverkehrs zu den „actes de gestion“ zählt, die Rechtspositionen Dritter nicht berühren.

[54] Vgl. *Odent I* S. 455; *de Laubadère* S. 254 f., 259; M. *Bernard I* S. 53 f.; *Fournier-Braibant* Nr. 113.

[55] Übersicht bei *Charlier I* Nr. 6 f., 26; *Fournier-Braibant* Nr. 114.

Anweisungen und Anordnungen für den Einzelfall unterschieden werden.

(1) Generelle Instruktionen

Da und soweit generelle Verwaltungsinstruktionen (instructions, circulaires) nur zu der Auslegung und Anwendung von Rechtsnormen Stellung nehmen, können sie nicht im „recours pour excès de pouvoir" angefochten werden, der regelmäßig als unzulässig abgewiesen wird. Als Begründung wird angeführt, daß solche Dienstanweisungen keine Änderung im Zustand der Rechtsordnung bewirken und insbesondere nicht in geschützte Rechtspositionen Außenstehender eingreifen (können). Sie werden dementsprechend nicht als anfechtbare „actes faisant grief" angesehen[56]. Z. B. entschied der Conseil d'Etat im Urteil *Steiner* vom 28. 12. 1917[57], daß Zirkulare der Militärverwaltung, die einen bestimmten Dienstweg vorschrieben, „nur Anweisungen für den ‚ordre intérieur' enthalten, die zum Gebrauch der Behörden erlassen wurden, aber kein Recht zugunsten der Betroffenen begründeten, das ihnen im Fall eines Nichtbeachtens den Klageweg hätte eröffnen können". Ebenso heißt es in der Entscheidung *Gachot*[58], daß das angefochtene Zirkular des Finanzministers, das den Entzug von Pensionen betraf, „eine Instruktion des ‚ordre intérieur' ist, durch welche der Finanzminister seinen Behörden die seiner Ansicht nach maßgebende Auslegung (der im fraglichen Fall anzuwendenden Gesetze) angezeigt hat ..., und daß es keine Entscheidung darstellt, die den Kläger rechtlich beschwert (pas une décision faisant grief au requérant)", — der allerdings die Maßnahme, die als konkrete Anwendung jener Auslegung ihm gegenüber ergeht, anfechten könne[59].

Dagegen können — als „Ausnahme"-Fälle — solche generellen Instruktionen angefochten werden, die in einer Materie, für die bislang noch keine einschlägigen Rechtsnormen bestanden, erstmalig eine rechtsverbindliche Regelung treffen, mit Rechtsfolgen nach außen hin, und damit die Rechtsstellung von außenstehenden Dritten berühren (bzw. begründen) — wenn also die Instruktionen in Wirklichkeit, ihrem sachlichen Gehalt nach, einer Rechtsverordnung entsprechen[60]. So sagt der

---

[56] Vgl. *Alibert* S. 85 f.; *Odent I* S. 452 f.; *Auby-Drago* Bd. 2 S. 479 ff.; *Charlier I* Nr. 44, 47; *Lévantal* S. 102.

[57] Rec. S. 866.

[58] Vom 26. 10. 1951, Rec. S. 503.

[59] Vgl. auch *CE* vom 10. 12. 1909 Carsault, Rec. S. 979; *CE* vom 26. 1. 1912 Blot, Rec. S. 98; *CE* vom 27. 2. 1914 Payaud, Rec. S. 257 f.; *CE* vom 29. 1. 1958 Vincent, Rec. S. 47; *CE* vom 11. 12. 1964 Union Nationale des Associations Générales d'Etudiants de France, Rec. S. 632.

[60] Vgl. *Alibert* S. 85 f., 263 ff.; *Odent I* S. 452 f.; *Auby-Drago* Bd. 2 S. 480 ff., 520, Bd. 3 S. 30; *Fournier-Braibant* Nr. 98, 100; *Lévantal* S. 102; *CE* vom 6. 10.

Conseil d'Etat in dem Urteil vom 27. 1. 1954 *Syndicat des Marchands du Carreau du Temple*[61] zu Entscheidungen des Polizeipräfekten, die das Verfahren bei der Auslosung der Plätze der Trödler auf einem Marktplatz regelten: Diese „Entscheidungen, die ordnungsgemäß veröffentlicht wurden und den Händlern des Marktes entgegengehalten werden können, können nicht als ‚mesures d'ordre intérieur' betrachtet werden, sondern haben den Charakter von Verordnungen (décisions réglementaires), die der Präfekt aufgrund seiner Befugnisse ... erließ; daher können sie mittels des ‚recours pour excès de pouvoir' angefochten werden"[62].

(2) Individuelle Maßnahmen

Hinsichtlich der anderen „mesures d'ordre intérieur", die individuelle Maßnahmen darstellen, hat die Rechtsprechung in bestimmten Sachgebieten eine Anfechtungsklage für unzulässig erklärt, nämlich vor allem (aber nicht ausschließlich) in Militärsachen und im Schulwesen[63]. Beispielsweise gehört eine militärische Bestrafung mit Festungshaft zu denjenigen Sanktionen, über welche die Militärbehörde unabhängig von und neben den Disziplinarstrafen verfügt, und kann als solche nicht vor dem Conseil d'Etat angefochten werden[64]. Nach dem Urteil *Lacroix*[65] hatte die Kürzung des Griechisch-Unterrichts um eine Stunde „nicht den Zweck, die Aufteilung der verschiedenen Unterrichtsstoffe über die Woche unter den Lehrern zu verändern; ... es handelte sich um eine einfache ‚mesure d'ordre intérieur', die, soweit es den Griechisch-Unterricht betrifft, im Anstaltsinteresse getroffen wurde" und nicht angefochten werden kann[66].

In zahlreichen Fällen jedoch hat der Conseil d'Etat die Klage gegen individuelle „mesures d'ordre intérieur" zugelassen, aus Rücksicht auf die Möglichkeit, daß immerhin geschützte Rechtspositionen Dritter berührt und auch verletzt werden könnten[67]. Hinsichtlich der materiellen

1961 Union nationale des Associations de Parents d'Elèves de l'enseignement libre, RDP 1961 S. 1285, mit conclusions A. Bernard ebd. S. 1271 ff.

[61] Rec. S. 55.

[62] Vgl. auch *CE* vom 22. 7. 1910 Fédel, Rec. S. 620; *CE* vom 18. 5. 1917 Tisseire, Rec. S. 396; *CE* vom 18. 6. 1952 Jeannin, Rec. S. 316; *CE* vom 6. 8. 1909 Rageot, Rec. S. 809; *CE* vom 19. 2. 1960 Louvel, Rec. S. 123; *CE* vom 13. 11. 1964 Union nationale des camps aménagés de France, Rec. S. 532.

[63] Vgl. *Charlier I* Nr. 29; *de Laubadère* S. 258; *Auby-Drago* Bd. 2 S. 486; *Venezia* S. 120.

[64] So *CE* vom 11. 7. 1947 Dewavrin, Rec. S. 307; ebenso in Militärsachen *CE* vom 10. 1. 1919 Woisthenrisch, Rec. S. 15; *CE* vom 7. 11. 1924 Giordana, Rec. S. 872; *CE* vom 21. 2. 1908 Doumergue, Rec. S. 169.

[65] *CE* vom 8. 7. 1921, Rec. S. 690.

[66] Im Beamtenrecht: *CE* vom 6. 5. 1953 Thomasset, Rec. S. 206; *CE* vom 26. 10. 1956 Association générale des administrateurs civils, Rec. S. 391.

[67] Vgl. *CE* vom 4. 1. 1964 Paillou, A.J.D.A. 1964 S. 227.

Überprüfung solcher Klagen hatte der Conseil d'Etat allerdings zunächst Schwierigkeiten, solange eine Tatsachenkontrolle (der „motifs“) — selbst bei Maßnahmen der gebundenen Verwaltung — noch nicht allgemein durchgesetzt worden war, so daß deswegen solche Klagen überwiegend (als „unbegründet“) abgewiesen wurden[68]. Seitdem die Kontrolle der „motifs“ allgemein erfolgt[69], prüft der Conseil d'Etat in diesen Fällen auch materiell — im Rahmen der allgemeinen Grundsätze —, erkennt dabei jedoch einen sehr großen Ermessensbereich an, den er nicht nachprüft, dafür aber die Begleitumstände der Ausübung des Ermessens[70]. Die Anweisung eines Ministers, ein Unternehmen bei Aufträgen der öffentlichen Hand nicht zu berücksichtigen, ist nach dem Urteil *Pons*[71] zwar „bloß eine verwaltungsinterne Maßnahme (une simple mesure d'administration intérieure)“, gegen die aber eine Anfechtungsklage zulässig ist; allerdings konnte der Kläger in diesem Fall keinen Sachverhaltsirrtum der Behörde dartun, und „die Zweckmäßigkeit der Maßnahme kann nicht vor dem Conseil d'Etat diskutiert werden“[72].

b) Dogmatische Erklärung

Zu dieser ein wenig verwirrenden, andererseits subtil differenzierenden Rechtsprechung meint *Alibert*[73], daß eine „mesure d'ordre intérieur“ nicht anfechtbar sei, während in Fällen, in denen die Anfechtungsklage zulässig ist, keine „mesure d'ordre intérieur“ vorliege; zugleich beschränkt *Alibert* den Bereich der „mesures d'ordre intérieur“ vorwiegend auf den militärischen Sektor[74]. Aber die einschlägige Rechtsprechung des Conseil d'Etat, wie sie vorstehend dargestellt wurde, ist keineswegs auf Militärsachen beschränkt. Vielmehr begegnen „mesures d'ordre intérieur“ auf recht verschiedenen Gebieten[75], die vorsichtig mit dem deutschen Begriff der „besonderen Gewaltverhältnisse“ umschrieben werden können, so vor allem noch im Bereich des öffentlichen Dienstes sowie im Rahmen der Beziehungen zwischen den „services publics“ und ihren Benutzern, die in einem besonderen Unterordnungsverhältnis stehen[76]. Außerdem rechnet der Conseil d'Etat selber auch solche Maß-

[68] Vgl. *CE* vom 13. 2. 1914 Chevalier, Rec. S. 202; *CE* vom 23. 1. 1920 Guillemette, Rec. S. 89; *CE* vom 23. 6. 1922 Guilloud, Rec. S. 532.

[69] s. u. S. 87 ff., 100 ff.

[70] Vgl. *de Laubadère* S. 259; M. *Bernard I* S. 54; *Fournier-Braibant* Nr. 115.

[71] *CE* vom 28. 1. 1944, Rec. S. 37.

[72] Ebenso *CE* vom 5. 5. 1922 Vaitilingam, Rec. S. 383; *CE* vom 12. 5. 1942 Juillet, Rec. S. 151; *CE* vom 29. 5. 1942 Joecklé, Rec. S. 166.

[73] S. 83.

[74] Insoweit ebenso *Virally I* S. 353 f.

[75] Vgl. *Odent I* S. 456; *de Laubadère* S. 254, 531; *CE* vom 31. 7. 1942 Monpeurt, Rec. S. 239.

[76] s. o. S. 33; vgl. *Carré de Malberg III* S. 124 ff.

nahmen, gegen die er die Anfechtungsklage für zulässig erklärt, zu den „mesures d'ordre intérieur“[77].

Als Grundgedanke seiner gegenwärtigen Rechtsprechung kann vielmehr festgestellt werden, daß Maßnahmen dieser Art immer dann, aber auch nur dann anfechtbar sind, wenn sie eine — durch das Beamtenstatut oder das Statut eines „service public“ — geschützte Rechtsposition Dritter (situation légale, situation professionnelle) tangieren (und insoweit materiell dann auch meist kein Ermessen besteht). Dagegen sind Klagen gegen Anweisungen, die ausschließlich die interne Regelung der Dienstausübung und die Einrichtung der Behördenorganisation betreffen, unzulässig[78]. Diese letzteren Maßnahmen ergehen aufgrund einer anerkannten allgemeinen Organisationsgewalt der Exekutive[79], die insoweit über einen weiten Ermessensspielraum verfügt. Jedoch kann der Bereich der internen Organisationsgewalt nicht generell mit dem Bereich des Ermessens überhaupt gleichgesetzt werden: „Weder besteht für die Regelung der behördeninternen Organisation (ordre intérieur) in jeder Hinsicht ein Ermessen, noch erschöpft sich das Ermessen vollkommen in der Organisationsgewalt[80].“ Neben jener „auto-organisation“ gehört noch der Bereich der „auto-détermination“ in den Beziehungen zu außenstehenden Dritten, in dem (soweit) die Verwaltung nicht durch Rechtsnormen gebunden ist, zum Komplex des Ermessensproblems.

Die Erklärung der Unanfechtbarkeit dieser zweiten Gruppe von „mesures d'ordre intérieur“, d. h. ihre dogmatische Einordnung ist umstritten. *Chapus*[81] sieht darin eine Fortsetzung der Kategorie der „actes discrétionnaires“, die eben als solche unanfechtbar seien. Dagegen wird überwiegend die Meinung vertreten, daß die Unzulässigkeit von Klagen gegen diese „mesures d'ordre intérieur“ sich aus den allgemeinen Grundsätzen über die Zulässigkeit eines „recours pour excès de pouvoir“ ergebe. Danach kann ja nur eine solche Maßnahme angefochten werden, die Dritte in rechtlich relevanter Weise beschwert (acte juridique faisant grief): Die hier behandelte Gruppe von — unanfechtbaren — „mesures d'ordre intérieur“ dagegen werden als Interna der Verwaltung, als Bestandteile der unteilbaren Einheit der hierarchischen Verwaltungsorganisation angesehen und daher nicht als Rechtsakte (actes juridiques) be-

---

[77] s. o. *CE* vom 28. 1. 1944 Pons, Rec. S. 37.

[78] Vgl. *Auby-Drago* Bd. 2 S. 480, 517, 520; *de Laubadère* S. 256 f.; *Lévantal* S. 102 f.; M. *Bernard I* S. 54, 57; *Venezia* S. 120; *Alibert* S. 82 f., 106 ff.

[79] s. o. S. 31, 33; *Jèze IV* S. 14; *Charlier II* Nr. 28 f., 35, 37, 49, 52; *Auby-Drago* Bd. 2 S. 486; *de Laubadère* S. 531; *Odent I* S. 456; *Timsit I* S. 58, 99 f.; *Venezia* S. 118; *Carré de Malberg I* S. 665; *Teissier* S. 460 f.

[80] So *Rivero I* S. 255 f.; vgl. *Venezia* S. 118.

[81] *II* S. 8 Anm. 4.

trachtet[82] (was sie von den früheren — rechtlich relevanten — „actes discrétionnaires" unterscheidet). Infolgedessen kann — nach dieser Ansicht — bereits aus dem Wesen solcher Maßnahmen heraus eine Anfechtungsklage gegen sie nicht zulässig sein. Zudem hat der Ausschluß dieser „mesures d'ordre intérieur" aus der Kategorie der Rechtsakte die Konsequenz, daß es immer an der generell geforderten Beschwer eines Dritten in einer individuellen Rechtsposition und damit an einem Rechtsschutzinteresse fehlt[83, 84].

Dieser Versuch, die Unanfechtbarkeit jener „mesures d'ordre intérieur" aus den allgemeinen Prozeßgrundsätzen abzuleiten, kann auch nicht völlig überzeugen, weil der Conseil d'Etat in Schadensersatzprozessen ebensolche verwaltungsinternen Maßnahmen doch beachtet und sowohl bei Verstößen gegen bindende Instruktionen als auch bei Mängeln — d. h. „Rechtswidrigkeit" — einer Verwaltungsanweisung Schadensersatz zuspricht[85]. Deswegen wird die Unanfechtbarkeit (eines Teiles) der „mesures d'ordre intérieur" als Widerspruch zu der grundsätzlichen Zulässigkeit einer Anfechtungsklage gegen jede Verwaltungsmaßnahme kritisiert und als „juristische Ausnahmeerscheinung (anomalie juridique)" bezeichnet. Der Conseil d'Etat sei zu vorsichtig, weil auch bei genereller Zulassung einer Anfechtungsklage in diesen Fällen die Belange der Verwaltung durch Anerkennen eines weiten Ermessensspielraumes gewahrt werden könnten. Andererseits können gerade die widersprüchlichen Unterscheidungen in der Rechtsprechung des Conseil d'Etat dahin verstanden werden, daß sich diese Rechtsprechung noch in Entwicklung befindet — hin zur allgemeinen Zulassung der Anfechtungsklage in all diesen Fällen[86].

---

[82] Vgl. *de Laubadère* S. 254; *Duguit II* S. 426 f.; *Charlier I* Nr. 37, 47; *Auby-Drago* Bd. 2 S. 519 f.

[83] Vgl. *Charlier I* Nr. 52, 79 Anm. 60, 82 f.; *de Laubadère* S. 256; *Auby-Drago* Bd. 2 S. 486; *Odent I* S. 456 f.; *Alibert* S. 108; A. *Bernard* S. 1273 f.

[84] Die vorstehende Begründung kommt der früher im deutschen öffentlichen Recht gemachten Unterscheidung zwischen Rechtsverordnungen und Verwaltungsverordnungen — die zwar die Untergebenen binden, aber keine Rechtsnormen enthalten, weil sie zu einem rechtsfreien Innenbereich der Verwaltung gehören und somit nicht Beziehungen zwischen zwei Rechtssubjekten betreffen (vgl. *Laband* Bd. 2 S. 86 f., 180 ff., 198 ff.; *Fleiner* S. 60 ff.) — nahe. *Duguit* (II S. 426 f.) allerdings lehnt diese deutsche Theorie ausdrücklich ab, weil er davon ausgeht, daß die „mesures d'ordre intérieur" als solche auch nicht die Untergebenen binden, s. dazu oben S. 62. Von anderer Seite lehnt auch *Carré de Malberg* (III S. 125 ff.) die Unterscheidung von Rechtsverordnungen und Verwaltungsverordnungen für das französische Recht ab, weil die (generellen) Verwaltungsanweisungen Rechtsnormen setzen würden, wenn diese auch nur ein Sonderrecht (droit particulier) bildeten.

[85] Vgl. *Charlier I* Nr. 26, 61, 63; *CE* vom 1. 12. 1950 Meyer, Rec. S. 594; *CE* vom 27. 2. 1948 Vié, Dalloz 1949 S. 554; *CE* vom 28. 6. 1950 Djian, Rec. S. 397; *CE* vom 8. 12. 1937 veuve Moussay, Rec. S. 1010.

[86] Vgl. *Charlier I* Nr. 24, 29, 94; *Fournier-Braibant* Nr. 113; *Petot* S. 385 f.

6. „Actes de gouvernement"

Auf einem anderen Sondergebiet hat sich die Rechtsprechung bereits weitgehend den allgemeinen Grundsätzen über die Zulässigkeit eines „recours pour excès de pouvoir" angenähert: hinsichtlich der „actes de gouvernement". Diese waren und sind, nach ihrer Definition, grundsätzlich unanfechtbar und können auch keine Ersatzansprüche begründen[87].

a) Entwicklung der Rechtsprechung

Die Rechtsprechung hat den Bereich der „actes de gouvernement" in ständiger Entwicklung erheblich eingeschränkt. Zu Anfang der Verwaltungsgerichtsbarkeit, im 19. Jahrhundert, wurde jede Maßnahme mit einem politischen Anlaß (mobile politique) als „acte de gouvernement" von der gerichtlichen Kontrolle ausgeschlossen, bis der Conseil d'Etat mit der Entscheidung *Prince Napoleon* vom 19. 2. 1875[88] diese Rechtsprechung aufgab. Fortan gab es kein einheitliches materielles Kriterium mehr für den weiterhin (zunächst noch) großen Kreis hoheitlicher Maßnahmen, die als „actes de gouvernement" von der Nachprüfung durch den Conseil d'Etat ausgenommen blieben[89]. Die Anzahl der derart unanfechtbaren Akte hat die Rechtsprechung ständig verringert, indem immer häufiger eine Anfechtung wenigstens zugelassen wurde, so daß die Rechtmäßigkeit der betreffenden Maßnahme in bezug auf deren einzelnen Elemente geprüft werden kann. Materiell allerdings wurde in solchen Fällen stets ein weiter Ermessensbereich anerkannt[90], so daß *Duez*[91] von einem „Verschwinden der Theorie des ‚acte de gouvernement' in der Theorie der Ermessensbefugnis" gesprochen hat.

Diese Entwicklung entsprach der häufig im Schrifttum geäußerten Ansicht, daß eine Regelung, die bestimmte Maßnahmen „global" von der gerichtlichen Nachprüfung ausschließen würde, eine Willkürbefugnis zuließe, die mit dem „principe de légalité" nicht zu vereinbaren sei, und als Skandal bezeichnet werden müßte[92]. In diesem Sinne entschied der Conseil d'Etat im Urteil *Société Comptoir de l'Industrie Cotonnière*[93]:

---

[87] Vgl. *Laferrière* Bd. 1 S. 32 ff.; *Duez I* S. 22; *Wei Teng-lin* S. 19; *de Laubadère* S. 229; *Waline IV* (9. Aufl.) S. 217.

[88] Rec. S. 156.

[89] Übersicht bei *Laferrière* Bd. 2 S. 422; *Mignon* S. 54 f.

[90] Vgl. *Duez I* S. 186, 198 f.; *Odent I* S. 117 ff.; *de Laubadère* S. 225 f.; *Theis* S. 2 ff.; *CE* vom 29. 5. 1942 Chastenet de Géry, Rec. S. 177; *CE* vom 24. 7. 1942 Piron, Rec. S. 233; *CE* vom 26. 6. 1908 Daraux, Rec. S. 689; auch *Waline IV* (9. Aufl.) S. 225; *Eisenmann IV* S. 31 ff.

[91] *I* S. 198 f.

[92] Vgl. H. *Berthélemy* S. 102 f.; *Virally I* S. 318; *Odent I* S. 118; auch *Waline IV* (9. Aufl.) S. 217.

[93] Vom 23. 12. 1949, Rec. S. 567.

„Welche Bedeutung auch immer die Ereignisse im politischen Bereich gehabt haben mögen, die den Hohen Kommissar Frankreichs für Indochina veranlaßten, gewisse zur Ausfuhr bestimmte Kautschukbestände bei Verlassen des Landes mit einer Steuer zu belegen, der Minister für die Übersee-Territorien ist nicht berechtigt geltend zu machen, daß der angegriffene Erlaß (der diese Steuer einführte) zu den Akten gehöre, die nicht mit einem ‚recours pour excès de pouvoir' vor dem Conseil d'Etat angegriffen werden können."

Nach dem gegenwärtigen Rechtszustand, d. h. dem Entwicklungsstand der Rechtsprechung des Conseil d'Etat, beschränken sich die (verbleibenden) „actes de gouvernement" auf wenige Sachgebiete, auf denen Maßnahmen nicht angefochten werden können[94]: Dazu gehören die Handlungen der Exekutive in ihren Beziehungen zum Parlament sowie Maßnahmen in Zusammenhang mit den internationalen Beziehungen[95].

b) *Erklärung ihrer Unanfechtbarkeit*

Dabei ist es umstritten, ob solche „actes de gouvernement" überhaupt noch eine besondere Kategorie unter den Verwaltungshandlungen bilden[96]. Ein Teil der Lehre hält daran fest, daß es sich um eine besondere Kategorie handele, weil ihre Unanfechtbarkeit in Widerspruch zu den allgemeinen Grundsätzen der Zulässigkeit von Anfechtungsklagen gegen Maßnahmen der Verwaltung stehe[97]. Noch weitergehend begründet *Chapus* die Besonderheit der Gruppe der „actes de gouvernement" mate-

---

[94] Vgl. *Timsit I* S. 141 f.; *Chapus II* S. 7; *Auby-Drago* Bd. 1 S. 88 Anm. 11.

[95] Vgl. *Auby-Drago* Bd. 1 S. 71; *de Laubadère* S. 226 ff. *Odent* (*I* S. 131 ff.) und *Chapus* (*II* S. 8) rechnen hierzu auch noch bestimmte Kriegshandlungen, die mit militärischen Operationen zusammenhängen (faits de guerre), — vgl. auch *Auby-Drago* Bd. 1 S. 75, 77, 88 f.; dagegen weisen *Waline* (IV, 9. Aufl., S. 221 f.) und *Virally* (*I* S. 326 f.) darauf hin, daß es sich dabei nicht um „actes de gouvernement" handele, weil in diesen Fällen nicht die Frage der Zulässigkeit einer Anfechtung, sondern die nach eventueller Haftung des Staates umstritten sei — wobei insoweit die Problematik der erweiterten Befugnisse bei außergewöhnlichen Umständen (pouvoirs spéciaux de crise) mithineinspielt, vgl. *Mignon* S. 60; *Puisoye I* S. 215 f. — Andererseits rechnet *Virally* (*I* S. 353, vgl. auch *Waline IV*, 9. Aufl., S. 223) zu den „actes de gouvernement" die militärischen „mesures d'ordre intérieur", die aber nach überwiegender Ansicht eine besondere Kategorie bilden, s. o. S. 64 ff. — Schließlich gehört der Bereich des Gnadenrechts nach französischer Ansicht nicht zu den „actes de gouvernement", sondern zur ordentlichen Justiz (etwa „Justizverwaltungsakte") und ist daher nicht von den Verwaltungsgerichten zu prüfen; *CE* vom 28. 3. 1947 Gombert, Sirey 1947 III S. 89; *de Laubadère* S. 226; a. A. *Mignon* S. 60, der echte Verwaltungshandlungen annimmt; vgl. auch *Capitant* S. 111 f., 114 f.

[96] Vgl. *Auby-Drago* Bd. 1 S. 71, 73; *Waline IV* (9. Aufl.) S. 217.

[97] Vgl. *de Laubadère* S. 231; *Waline IV* (9. Aufl.) S. 223 ff.; *Auby-Drago* Bd. 1 S. 75.

riell[98]: Nach seiner Ansicht können die „actes de gouvernement" nicht danach bestimmt und abgegrenzt werden, daß sie der gerichtlichen Kontrolle entzogen werden. Denn der Ausschluß einer gerichtlichen Nachprüfung könne nicht Ursache (für einen bestimmten Charakter der Maßnahme), sondern nur (dessen) Folge sein. Die Ursache für die besondere Rechtsstellung der „actes de gouvernement" liege in der Unterscheidung von Regierungs- und Verwaltungstätigkeit, die sich allerdings bei der Regierung als Organ zu einer Doppelfunktion vereine. Soweit die Regierung als politische Instanz handele, gebe es „Regierungsaufgaben" (matières de gouvernement), die von der Verwaltung getrennt werden müßten (unabhängig davon, ob eine gerichtliche Kontrolle erfolge oder nicht)[99]. Diese Überlegung greift *Capitant*[100] auf: Die „actes de gouvernement" ergingen nicht im Rahmen der Aufgabe der Verwaltung zur „exécution des lois" und entzögen sich der Unterordnung unter das Gesetz, d. h. seien dem „principe de légalité" nicht unterworfen. Sie zeichneten sich vielmehr dadurch aus, daß mit ihnen die Regierung an der Legislativfunktion teilnehme (das gelte sowohl für die Maßnahmen in den Beziehungen zum Parlament als auch für die im Bereich der internationalen Beziehungen). Für solche „actes de gouvernement", die eben materiell keine „actes administratifs" seien, könnten nach den allgemeinen Regeln des Verwaltungsprozesses die Verwaltungsgerichte gar nicht zuständig sein, da diese nur über Verwaltungsmaßnahmen Recht sprechen könnten[101].

Demgegenüber wird von anderen die Ansicht vertreten, daß es überhaupt keine besondere Kategorie der „actes de gouvernement" mehr gebe (bzw. nicht mehr zu geben brauche), weil die damit bezeichneten (Verwaltungs-)Maßnahmen jedenfalls nicht in Widerspruch zu den allgemeinen Grundsätzen über die Anfechtbarkeit einer Verwaltungsmaßnahme der (verwaltungs-)gerichtlichen Kontrolle entzogen seien[102]. An-

---

[98] *II* S. 6 ff.

[99] Vgl. auch *Auby-Drago* Bd. 1 S. 77, 79. Dagegen *Puisoye (I* S. 216), weil eine besondere Funktion der Regierung nicht von der Verwaltung getrennt werden könne (s. dazu *Eisenmann IV* S. 20). *Puisoye* selber aber *(I* S. 217 f.; s. auch hier S. 72 Anm. 113) geht mit seiner Deutung dennoch grundsätzlich in die gleiche Richtung: „actes de gouvernement" seien die Maßnahmen, die die Beziehungen zwischen Verfassungsorganen beträfen und ausschließlich verfassungsrechtlicher Natur seien (dagegen wiederum *Eisenmann IV* S. 23 f.).

[100] S. 101, 106 f., 111 ff.

[101] Vgl. auch *Eisenmann IV* S. 30 f.

[102] Vgl. *Donnedieu de Vabres* S. 44; *Mignon* S. 53; *Duez I* S. 186, 198 f.; *Odent I* S. 118; H. *Berthélemy* S. 102 f.; *Eisenmann IV* S. 16 f., 27 f. Übersicht bei *de Laubadère* S. 230 f. (der selbst aber anderer Ansicht ist, s. o. S. 69 Anm. 97). — *Virally* (*I* S. 336, 355) meint, daß die Rechtsprechung sich seit Aufgeben der Theorie vom „mobile politique" nicht geändert habe, so daß auch der „acte de gouvernement" nicht erst verschwunden sei, sondern überhaupt nie existiert habe — bei dieser rückschauenden Betrachtung scheint mir jedoch das

dererseits besteht kein Zweifel, daß es Maßnahmen gibt, eben die „actes de gouvernement", die sich der gerichtlichen Kontrolle entziehen, nicht nur vor den Verwaltungsgerichten, sondern auch vor den Justizgerichten[103], und dadurch von den (bloßen) „Ermessensakten" der Verwaltung unterschieden sind, gegen die eine Anfechtungsklage generell zulässig ist[104]. Zur Erklärung der Unanfechtbarkeit der „actes de gouvernement" hat *Mignon*[105] im Anschluß an *Célier*[106] die Theorie vom „acte mixte" entwickelt: Der „acte de gouvernement" betreffe unmittelbar die Beziehungen zwischen der (französischen) Verwaltung einerseits und einem anderen Staatsorgan, das seinerseits der Kontrolle durch die (französischen) Verwaltungsgerichte, die ausschließlich über (französisches) Verwaltungshandeln richten können, entzogen ist. Infolge dieses doppelten „Ursprungs" stehe auch der „acte de gouvernement" außerhalb der verwaltungsgerichtlichen Kontrolle[107]. Demgegenüber weist *Virally*[108] darauf hin, daß schärfer differenziert werden müsse, weil die unter dem Begriff der „actes de gouvernement" zusammengefaßten Fälle voneinander wesentlich verschieden und aus unterschiedlichen Gründen unanfechtbar seien.

c) Die einzelnen Fälle

Im Bereich der Beziehungen zwischen der Verwaltung und der Legislative unterliegen diejenigen Verwaltungshandlungen, die die Wahlen zum Parlament betreffen, der Kontrolle des Parlaments selbst — jetzt der des Conseil Constitutionnel (Art. 59 Verfassung 1958) — und sind daher aus Gründen der Gewaltentrennung einer (zusätzlichen) Nachprüfung durch ein Verwaltungsgericht entzogen[109]. Die andere Gruppe der „actes de gouvernement" aus diesem Bereich, die mit dem Gesetzgebungsverfahren zusammenhängt, in dem die Regierung mit dem Par-

tatsächliche Ringen, in der historischen Entwicklung der Rechtsprechung, um die einzelnen Bereiche der „actes de gouvernement" zu stark vernachlässigt zu werden, s. o. S. 68 f.

[103] Vgl. *Auby-Drago* Bd. 1 S. 79.

[104] Vgl. *Giraud* S. 318; auch *Wei Teng-lin* S. 19. Die Äußerung von *Letourneur* (*III* S. 352), daß auch gegen die „actes de gouvernement", deren Bereich er wie allgemein üblich definiert, die Anfechtungsklage zulässig sei, findet keine Grundlage in der Rechtsprechung des Conseil d'Etat.

[105] S. 56.

[106] S. 89.

[107] Ebenso *Odent I* S. 122. Dieser These widerspricht *Chapus* (*II* S. 7), weil der „acte de gouvernement" doch stets von einem französischen Exekutivorgan ausgehe und wenigstens insoweit überprüft werden müßte.

[108] *I* S. 340; ebenso *Puisoye I* S. 213; *Eisenmann IV* S. 24 f.

[109] Vgl. *CE* vom 6. 8. 1912 Maître, Rec. S. 982; *CE* vom 8. 6. 1951 Hirschowitz, Rec. S. 320; *CE* vom 2. 11. 1951 Tixier, Rec. S. 512; *CE* vom 11. 1. 1963 Rabeuf, Rec. S. 18.

lament bei Einbringung, Beschluß und Erlaß eines Gesetzes zusammenwirkt, betrifft verfassungsrechtliche Beziehungen, die als solche ebenfalls nicht der Kontrolle durch die Verwaltungsgerichte unterworfen sind; hinzu kommt, daß diese Maßnahmen auch keine Rechtswirkungen unmittelbar gegenüber einzelnen außenstehenden Bürgern erzeugen[110].

Bei der Tätigkeit von Regierung und Verwaltung, die die internationalen Beziehungen und insbesondere internationale Verhandlungen Frankreichs mit anderen Staaten betrifft, erklärt sich die Unanfechtbarkeit diesbezüglicher Maßnahmen einmal daraus, daß es sich dabei um die Vertretung des Staates nach außen, gewissermaßen auch auf verfassungsrechtlicher Ebene, handelt und insoweit ebenfalls keine rechtliche Beziehung unmittelbar zu dem einzelnen Bürger begründet wird[111]. Außerdem sind Handlungen im Rahmen der internationalen Beziehungen nur dann von der verwaltungsgerichtlichen Nachprüfung ausgenommen, soweit sie nicht ausschließlich auf dem internen (französischen) öffentlichen Recht beruhen, sondern — auch — anderen nationalen Rechtsordnungen oder einem anderen Rechtssystem wie z. B. dem Völkerrecht unterstehen. Über Völkerrecht darf der Conseil d'Etat nicht entscheiden, auch keine internationalen Verträge auslegen[112], weil er aufgrund der historisch begründeten, engen Verbindung zwischen seiner eigenen Kompetenz und dem französischen Verwaltungsrecht (als Sonderrecht) nur für die Kontrolle der nach Verwaltungsrecht zu beurteilenden Exekutivmaßnahmen zuständig ist[113]. Daher sind, weil sie nicht reine „Verwaltungs"-Handlungen sind, die Akte der diplomatischen Dienste im Ausland, Kriegshandlungen im Ausland sowie Maßnahmen gegenüber ausländischen Personen oder Vermögen nicht vor den Verwaltungsgerichten anfechtbar[114].

---

[110] Vgl. *Virally I* S. 353; *Auby-Drago* Bd. 1 S. 80 ff.; auch *de Laubadère* S. 226 f.; *Eisenmann IV* S. 31; anders *Mignon* (S. 59), der diese Akte als reines Handeln der Verwaltung ansieht, das — unter dieser Prämisse — logischerweise von Verwaltungsgerichten überprüft werden müsse.

[111] *CE* vom 1. 6. 1923 Companie des forges et aciéries électriques Paul Girod, Rec. S. 433; *CE* vom 6. 1. 1961 Perret, Rec. S. 4; *Auby-Drago* Bd. 1 S. 83; auch *Eisenmann IV* S. 32.

[112] *CE* vom 28. 1. 1951 Société Mathieu, Rec. S. 468.

[113] Vgl. *Auby-Drago* Bd. 1 S. 73, 84 f.; *Odent I* S. 123 ff.; *de Laubadère* S. 228; *Virally I* S. 341 ff.; *Tribunal des Conflits* vom 2. .2. 1950 Radiodiffusion française contre Radio Andorre, Rec. S. 652; *Tribunal des Conflits* vom 24. 6. 1954 Barbaran, Rec. S. 712; vgl. aber *de la Pradelle* S. 19 ff., 30 (einschränkend und differenzierend); *Puisoye* (*I* S. 216, 219 f.) zählt diese Kategorie nicht zu den „actes de gouvernement".

[114] Vgl. *Auby-Drago* Bd. 1 S. 83, 88; *CE* vom 12. 2. 1904 Bachatori, Sirey 1906 III S. 72; *CE* vom 8. 4. 1927 Arnaudon, Rec. S. 458; *CE* vom 27. 2. 1929 Pancrazi, Rec. S. 240; *CE* vom 15. 6. 1928 Tokatlian, Rec. S. 754; *CE* vom 22. 11. 1957 Myrtoon Steamship et Cie., Rec S. 632; *CE* vom 16. 3. 1962 Prince Sliman Bey, Rec. S. 179.

d) „Pouvoirs spéciaux de crise" sind keine „actes de gouvernement"

Nicht zu den „actes de gouvernement" gehören die sogenannten „pouvoirs spéciaux de crise", die der Verwaltung bei Vorliegen außergewöhnlicher Umstände (circonstances exceptionnelles) zugestanden werden. Denn in diesen Fällen wird zwar die Kompetenz der Exekutive materiell erweitert, insbesondere ihr Ermessensbereich, aber ihr diesbezügliches Handeln ist — im Gegensatz zu den „actes de gouvernement" — vollständig der gerichtlichen Kontrolle unterworfen[115].

(1) Vom Richter sanktionierte Kompetenzerweiterung im Ausnahmefall

Nach der auf die Rechtsprechung des Conseil d'Etat gestützten Lehre von den „pouvoirs spéciaux de crise" können Handlungen der Verwaltung, die zu normalen Zeiten rechtswidrig wären, in besonderen Ausnahmesituationen zulässig, d. h. rechtmäßig sein, weil und soweit sie dann notwendig sind, damit die öffentliche Ordnung und die Kontinuität der öffentlichen Dienste aufrechterhalten werden können. Dadurch werden extra und sogar contra legem neue Kompetenzen für die Exekutive geschaffen, für die das jeweils zuständige Organ gleichfalls erst durch die nachträglich sanktionierende Kontrolle des Conseil d'Etat im Einzelfall bestimmt wird. Aufgrund solcher besonderen Vollmachten, die auf allen Sachgebieten denkbar sind, können die Befugnisse einer Verwaltungsbehörde hinsichtlich der internen Zuständigkeitsverteilung, der Form, des Verfahrens oder im Inhalt ausgedehnt werden, kann die Verwaltung auch Gesetze abändern oder den besonderen Umständen anpassen, ergänzen oder deren Anwendung aufschieben. Insoweit wird dann die Exekutive zur Legislative infolge einer Verschiebung der Kompetenzen, weil aufgrund einer — im Einzelfall erst nachträglichen, aber generell bereits durch die ständige Rechtsprechung begründeten — richterlichen Ermächtigung die normale Rechtsordnung von der Verwaltung durch eine Ausnahmeordnung ersetzt wird[116].

Die Möglichkeit solcher Sonderbefugnisse der Verwaltung hat der Conseil d'Etat rechtsschöpferisch in einer mehr als ein Jahrhundert alten Rechtsprechung entwickelt, d. h. durch die nachträgliche Anerkennung eines entsprechenden Handelns der Verwaltung in Anfechtungsverfahren endgültig sanktioniert. Diese Entwicklung reicht von den Erlassen der Konsule am Ende des 18. Jahrhunderts über die gesetzesvertretenden

---

[115] a. A. noch O. *Mayer* S. 9 f.

[116] *CE* vom 30. 7. 1915 Verrier, Rec. S. 257; *CE* vom 28. 6. 1918 Heyriès, Rec. S. 651; *CE* vom 4. 2. 1921 Lelièvre, Rec. S. 129; *CE* vom 30. 11. 1923 Couitéas, Rec. S. 789; *CE* vom 3. 6. 1938 Cartonnerie de St. Charles, Rec. S. 529; *CE* vom 8. 11. 1963 Ministre de l'Intérieur c. sieur Ahmed ben Ghabrit, Rec. S. 533; *Nizard* S. 15, 140, 183, 224, 255, 257 ff.; *Alibert* S. 199; *Eisenmann III* S. 36 f.; *Odent I* S. 109 ff.; *Chatelain* S. 152 ff.; *Auby-Drago* Bd. 3 S. 9; *de Laubadère* S. 220 ff.

Verordnungen des 1. und 2. französischen Kaiserreichs (décrets-lois) bis hin zu den außerordentlichen Maßnahmen während beider Weltkriege[117]. Der Conseil d'Etat stützte seine Rechtsprechung ausdrücklich auf den in Art. 3 des Verfassungsgesetzes vom 25. 2. 1875 erteilten Auftrag an Regierung und Verwaltung, die Ausführung der Gesetze zu garantieren[118]. Dagegen allerdings wendet *Nizard*[119] ein, daß diese Verfassungsbestimmungen nur die obersten Exekutivorgane ermächtigen, nicht jede Verwaltungsbehörde, und überhaupt nur zur Ausführung, nicht aber zur Mißachtung der Gesetze. Daher wird diese Kompetenzerweiterung im übrigen mit der allgemeinen — verfassungsrechtlich fundierten — Aufgabe der Verwaltung begründet, die öffentliche Sicherheit und Ordnung zu gewährleisten. Nach *Auby-Drago*[120] ist das positivierte Verwaltungsrecht nur in normalen Zeiten anwendbar; dessen Anwendung in Ausnahmezuständen würde das öffentliche Interesse, das den wesentlichen Zweck des Verwaltungshandelns darstellt, gefährden[121]: Als z. B. eine (wegen Unterbringung von Flüchtlingen ergangene) Wohnungsbeschlagnahme ohne den gesetzlich vorgeschriebenen Versuch einer gütlich vereinbarten Vermietung erfolgt war, hätte der Conseil d'Etat dieses Vorgehen bei außergewöhnlichen Umständen als gerechtfertigt angesehen: „In außergewöhnlichen Umständen, um in dringendsten Fällen den Erfordernissen des Augenblicks gerecht zu werden, können die Verwaltungsbehörden Maßnahmen ergreifen, die über den Rahmen ihrer normalen Befugnisse hinausgehen[122].“ Dabei ist der Conseil d'Etat bemüht, im Einzelfall einen billigen Kompromiß zwischen der Notwendigkeit einer größeren Eingriffsermächtigung für die Verwaltung und den — normalerweise im Rahmen der „légalité“ gewährleisteten — individuellen Freiheiten zu vermitteln[123].

Während die Rechtsprechung anfangs nur für Kriegszeiten solche Sonderbefugnisse zuließ, sind als legitimierende außergewöhnliche Umstände heute daneben auch alle anderen Krisenlagen anerkannt — mögen es allgemeine Gefahrensituationen oder beschränkte Einzelfälle

---

117 Vgl. *Alibert* S. 199; *Nizard* S. 7 ff. *Laferrière* (Bd. 2 S. 44 f.) lehnte noch besondere Vollmachten der Regierung, außerhalb des Gesetzes in Rechte der Bürger zur Aufrechterhaltung der öffentlichen Ordnung einzugreifen, kategorisch ab. Vgl. aber O. *Mayer* S. 9 f.

118 s. dazu oben S. 22 f., 25; *CE* vom 28. 6. 1918 Heyriès, Rec. S. 651; *CE* vom 28. 7. 1916 Rodrigues, Rec. S. 325.

119 S. 141, 253 ff.

120 Bd. 3 S. 7.

121 Vgl. auch O. *Mayer* S. 9 f.; *Nizard* S. 104 f.

122 *CE* vom 3. 5. 1946 Dame veuve Goguet, Rec. S. 126; auch *CE* vom 27. 11. 1953 Chambre syndicale de la propriété bâtie de La Baule, Pornichet et Le Polignen, Rec. S. 519.

123 Vgl. *Odent I* S. 109 f.; *Chatelain* S. 118.

sein —, in denen ein Abweichen von der gesetzlich vorgeschriebenen Regel dringend vom öffentlichen Interesse gefordert wird: entweder weil das eigentlich zuständige Staatsorgan, insbesondere der Gesetzgeber, nicht oder nicht mehr rechtzeitig tätig werden kann oder weil das normale Funktionieren der zuständigen Behörde wegen der Dringlichkeit ein überwiegendes öffentliches Interesse nicht wahren kann[124]. Diese Ausnahmevollmachten bestehen nur während der Dauer der außergewöhnlichen Umstände[125]. Auf jeden Fall untersteht ihre Ausübung der Kontrolle durch die Verwaltungsgerichte, weil nicht generell die Gesetzmäßigkeit der Verwaltung aufgehoben wird, sondern durch richterliche Rechtsschöpfung nur eine besondere Ermächtigung für Ausnahmefälle in die Rechtsordnung eingefügt wird[126]. Bei der verwaltungsgerichtlichen Kontrolle kann vor allem die objektive Notwendigkeit einer Kompetenzausdehnung — ob außergewöhnliche Umstände vorliegen — sowie die Verhältnismäßigkeit der im einzelnen getroffenen Maßnahmen überprüft werden, weil die Sonderbefugnisse nur begrenzt in diesem Rahmen als rechtmäßig zugelassen werden[127]. Diese Kompetenzerweiterung bewirkt eine Ausdehnung des freien Ermessensbereichs der Verwaltung[128].

(2) Abgrenzung zu Fällen eines (relativ) unbestimmten Inhalts der normalen Befugnis

Diese „pouvoirs spéciaux de crise", als Erweiterung der normalen Verwaltungskompetenzen, müssen unterschieden werden von dem Fall, daß die allgemeinen Polizeibefugnisse (aufgrund der polizeilichen Generalklausel in Art. 97 der „loi municipale" vom 5. 4. 1884[129]) in Krisenzeiten

---

[124] Vgl. *Nizard* S. 15, 142, 226 ff.; *de Laubadère* S. 221; *Chatelain* S. 152 ff., 157; *Auby-Drago* Bd. 3 S. 8 f.; *Castagné* S. 114 ff.

[125] Vgl. *CE* vom 18. 6. 1952 Jeannin, Rec. S. 316; *Auby-Drago* Bd. 3 S. 8 f.; *Nizard* S. 143; *Alibert* S. 199; *Odent I* S. 110; *de Laubadère* S. 223.

[126] Vgl. *Nizard* S. 15; *Odent I* S. 116; *Chatelain* S. 118; a. A. O. *Mayer* S. 9 f.

[127] Vgl. *Auby-Drago* Bd. 3 S. 8 f.; *Odent I* S. 110; *de Laubadère* S. 223 f.; *Eisenmann III* S. 36 f.

[128] Vgl. *Nizard* S. 144, 228. Wenn *de Laubadère*, S. 224, dies bestreitet, weil die Sonderbefugnisse durch den Conseil d'Etat auf Einhaltung ihrer Grenzen kontrolliert würden und daher eng gebunden seien, so liegt eine Verwechslung zwischen einem unbestimmten Rechtsbegriff als Voraussetzung für eine Ermessensbefugnis — wie „Notwendigkeit" oder „Angemessenheit" des Eingriffs, die gerichtlich geprüft werden — und der Wahlfreiheit des Ermessens selber vor; s. u. S. 112 ff. Andererseits weist *Nizard* (S. 153) darauf hin, daß konsequenterweise die Verwaltung diese neue Kompetenz — wie jede andere Kompetenz — gegebenenfalls überhaupt anwenden müsse, positiv oder negativ, wenngleich in dieser Hinsicht die Sanktion durch den Richter fehlt, weil jener zwar ein vollzogenes Handeln der Verwaltung nachträglich „zulassen", aber ein solches nicht initiieren kann.

[129] „La police a pour objet d'assurer le bon ordre, la sûreté et la salubrité publiques."

zu stärkeren Eingriffen als in normalen Zeiten ermächtigen, insoweit die Anforderungen für die Aufrechterhaltung der öffentlichen Sicherheit und Ordnung gestiegen sind. Es handelt sich dabei nicht um eine Durchbrechung formell strikter Gesetze — wie bei den „pouvoirs spéciaux de crise". Vielmehr hält sich diese „Erweiterung" der Polizeibefugnisse im Rahmen der allgemeinen Gesetze, die in diesen Fällen allerdings eine Tatbestandsvoraussetzung für das (normale) polizeiliche Handeln durch einen unbestimmten Rechtsbegriff — wie „Notwendigkeit" etc. — umschreiben, infolge dessen unbestimmten Wesens Inhalt und Ausmaß der konkreten Handlungsbefugnis entsprechend den Umständen des Einzelfalles schwanken: Daher ist der normale Umfang der allgemeinen Polizeigewalt je nach den konkreten Bedürfnissen der öffentlichen Ordnung verschieden[130].

Hierhin gehört das — häufig zu Unrecht als Fall der „pouvoirs spéciaux de crise" behandelte[131] — Urteil *Dol et Laurent*[132], in dem der Conseil d'Etat auf die Klage von zwei Prostituierten gegen ein alle Frauen betreffendes Aufenthaltsverbot in Restaurants des Kriegshafens Toulon, das den Kontakt zwischen den dort in den Orient verschifften Truppen und den „suspekten" Prostituierten unterbinden sollte, entschieden hat: „Die Grenzen der Polizeibefugnisse, über welche die Verwaltung (kraft ausdrücklicher gesetzlicher Bestimmungen) zur Aufrechterhaltung von Sicherheit und Ordnung verfügt, ... dürften nicht dieselben sein in Friedenszeit und während der Dauer des Kriegs, in dem die Interessen der nationalen Verteidigung dem Grundsatz der öffentlichen Ordnung eine größere Ausdehnung geben und für die öffentliche Sicherheit schärfere Maßnahmen erfordern; dem Richter, unter dessen Kontrolle diese Polizeibefugnisse ausgeübt werden, obliegt es, in seiner Würdigung die Notwendigkeiten, die aus dem Kriegszustand herrühren, entsprechend den zeitlichen und örtlichen Umständen, dem Kreis der betroffenen Personen und der Natur der abzuwehrenden Gefahren zu berücksichtigen[133]."

7. Ermessen als materielles Problem bezogen auf die einzelnen Elemente einer Maßnahme

Nachdem sich der Grundsatz der unbeschränkten Zulässigkeit einer Anfechtungsklage gegen jede Verwaltungsmaßnahme, wie gezeigt, durchgesetzt hatte und nicht mehr einzelne Akte insgesamt, als solche

---

[130] Vgl. *Nizard* S. 41, 48, 73, 80, 218 f., 221; *Castagné* S. 113 f.

[131] z. B. *de Laubadère* S. 222; *Auby-Drago* Bd. 3 S. 7 f.; auch *Jèze* V S. 73.

[132] *CE* vom 28. 2. 1919, Rec. S. 208.

[133] Vgl. auch *CE* vom 30. 4. 1920 Tassus, Rec. S. 430; *CE* vom 29. 3. 1901 Casanova, Rec. S. 333, bezüglich des „socialisme municipal", s. dazu oben S. 32 Anm. 65.

wegen ihrer Natur, überhaupt jeder gerichtlichen Nachprüfung entzogen waren, wie vorher die „actes discrétionnaires", konnte der Ermessensbereich ebenfalls nicht mehr nach einzelnen Gruppen von Maßnahmen — je nachdem, ob sie der Kontrolle des Conseil d'Etat unterlagen oder nicht — abgegrenzt werden, sondern mußte auf die einzelnen Elemente der einzelnen Maßnahme bezogen werden. Rückblickend stellte M. *Hauriou* später fest, daß der Versuch, die Maßnahmen mit besonders großer Ermessensfreiheit von der gerichtlichen Kontrolle auszuschließen, aufgegeben werden mußte, weil es keine Entscheidungen gibt, bei denen absolut alles im Ermessen steht, und man daher auch das Wenige an rechtlicher Bindung mittels einer zulässigen Anfechtung durchsetzen können müsse[134]. Das Ermessen mußte nunmehr auf die einzelnen Elemente einer Verwaltungshandlung bezogen werden, für die es in je verschiedenem Ausmaß auftreten kann[135]. Zwar blieben zunächst auch jetzt noch manche Elemente der Verwaltungsmaßnahmen bei der gerichtlichen Kontrolle unangetastet, insbesondere hinsichtlich der Tatbestandsvoraussetzungen (motifs de fait). Jedoch war die — mit dem Untergang der Kategorie der „actes discrétionnaires" verbundene — Erkenntnis der Beziehung zwischen dem Ermessen und dem einzelnen Element einer Maßnahme der Anstoß für die französische Verwaltungsrechtslehre, das Phänomen des Ermessens als Teil des materiellen Verwaltungsrechts, und nicht mehr nur des Verfahrensrechts, zu behandeln. Dabei machte sich auch der Einfluß der deutsch-österreichischen Diskussion zu diesem Problem bemerkbar[136], die ihrerseits wesentlich von der Rechtsprechung des Conseil d'Etat angeregt worden war[137], — insbesondere die Arbeiten von *Laun*[138], *Tezner*[139] und später auch *Merkl*[140].

---

[134] *IX* S. 41; vgl. *Bonnard I* S. 368; *Vedel II* S. 296; *Lodovici* S. 97.

[135] Vgl. *Levêque* S. 137.

[136] Besonders bei *Michoud* S. 9, 21 f., 49 ff.; *Giraud* S. 310; *Bonnard I* S. 367, und *II* S. 684 ff.

[137] Vgl. *Laun I* S. 151.

[138] *Laun* unterscheidet zwischen gesetzlicher Gebundenheit (bei kategorischen Befehlen) und dem freien Ermessen (bei disjunktiven Normen) als einer Ermächtigung, frei zu bestimmen, was — unmittelbarer — Zweck des Handelns sein soll, also zwischen verschiedenen Zwecken frei zu wählen. Dies sieht *Laun* als freie Bestimmung dessen an, was als öffentliches Interesse gelten soll, weil die Kategorie des „öffentlichen Interesses" nach seiner Ansicht gerichtlich nicht überprüft werden kann. Andererseits spricht er bei den (anderen) unbestimmten Begriffen vom „gebundenen Ermessen", das er zum Bereich der gesetzlichen Gebundenheit rechnet. Freies Ermessen und gesetzliche Bindung bestehen nebeneinander bei jedem Verwaltungsakt. Daher rühren die äußeren Schranken des Ermessens, während die inneren Ermessensschranken sich aus dem zu verfolgenden Zweck ergeben. Im Hinblick auf die äußeren Schranken und die inneren Grenzen des Ermessens können die „Ermessensakte" gerichtlich überprüft werden, nicht jedoch die Entscheidung über die Zweckmäßigkeit selbst, wobei „Tatfragen" nur als Grundlagen einer

II. Abgrenzung nach materiellen Kriterien

1. Unterscheidung zwischen „actes d'autorité" und „actes de gestion"

Um den Bereich des Ermessens unter den verschiedenen Verwaltungsmaßnahmen entsprechend deren materieller Natur abzugrenzen, zog *Michoud*[1] die Unterscheidung zwischen „actes de gestion" und „actes d'autorité" heran, deren Gegensatz er nach der — bei den „actes d'autorité" vorhandenen, bei den „actes de gestion" fehlenden — Möglichkeit bestimmte, einseitig belastende Rechtswirkungen gegenüber Dritten, also Pflichten oder Rechtsbeschränkungen zu begründen[2]. *Michoud* behaup-

---

„Rechtsfrage", nicht aber einer Frage der Opportunität kontrolliert werden sollen. *Laun I* S. 257 ff., 50, 70, 72, 110; *II* passim.

[139] *Tezner* geht aus von der Unterscheidung der Bindung der Verwaltung nach außen, die bei individuellen subjektiven Rechten der Bürger besteht, und der Bindung nach innen, die sich aus Dienstanweisungen ergibt. Ermessen besteht bloß, wenn die Verwaltung zwischen mehreren Handlungen völlig frei wählen kann, ohne durch Ausübung der Wahl rechtswidrig zu handeln, wenngleich stets zweckmäßig gehandelt werden muß. Die Frage der Zweckmäßigkeit bleibt jedoch meist, soweit ein bestimmter Zweck nicht gesetzlich festgelegt ist, von einer gerichtlichen Kontrolle ausgeschlossen, weil dann kein subjektives Recht berührt ist und deswegen keine Kontrolle stattfindet, auch nicht hinsichtlich der tatsächlichen Voraussetzungen — dies hat *Tezner* später (*II* S. 55 f., 135 f.) dahin eingeschränkt, daß im Hinblick auf den zu verfolgenden Zweck die tatsächlichen Voraussetzungen für die Ausübung des Ermessens überprüft werden könnten. Im übrigen rechnet *Tezner* auch das „öffentliche Interesse" zu den generell nachprüfbaren unbestimmten Begriffen. *Tezner I* S. 118 ff., 12 f., 31 ff.; *II* S. 14 ff., 29 ff., 84 f.

[140] Das Ermessen als rechtliche Ungebundenheit, d. h. als Mangel verbindlicher Bestimmung durch einen fremden Willen, besteht nach *Merkl* auf allen Stufen der Rechtserzeugung, bedingt durch die Technik der stufenförmigen Rechtserzeugung, die durch Konkretisierung relativ abstrakter Normen vom Allgemeinen zum Besonderen fortschreitet. Das Ermessen entspricht dem nicht vorbestimmten Teil der Konkretisierung. Von dieser Auffassung her ist auch bei Anwendung unbestimmter Begriffe ein Ermessensspielraum gegeben. *Merkl* S. 140 ff.

[1] S. 59 ff.

[2] Diese Abgrenzung zwischen „actes de gestion" und „actes d'autorité" ist selbst umstritten (vgl. *Duguit II* S. 429 ff.). Überwiegend werden als „actes de gestion" diejenigen Verwaltungshandlungen angesehen, die dem Privatrecht unterstehen und hauptsächlich das Verwaltungsvermögen betreffen. Sie stellen keine Ausübung hoheitlicher Gewalt dar, könnten also auch von jedem Bürger vorgenommen werden und gehören vor die Justizgerichte. Dagegen werden mit „actes d'autorité" die dem öffentlichen Recht unterstehenden Verwaltungshandlungen bezeichnet, die von den Verwaltungsgerichten kontrolliert werden. Vgl. *Laferrière* Bd. 1 S. 5, 485; H. *Berthélemy* S. 38 f.; *Duguit II* S. 429, 441 ff.; *Auby-Drago* Bd. 1 S. 305 ff. Die Abgrenzung zwischen beiden Bereichen hat heute im wesentlichen nur den Zweck, die Kompetenzen zwischen den Zweigen der Gerichtsbarkeit abzustecken. Dabei fällt auf, daß der Bereich einer „schlicht-hoheitlichen" Verwaltung, „Leistungsverwaltung", bei der Begriffsbestimmung der „actes d'autorité" übersehen wird, weil insoweit — jedenfalls in der älteren Literatur — nur von Akten der Zwangsgewalt gegenüber dem Bürger die Rede ist, vgl. *Laferrière* Bd. 1 S. 5; *Duguit II* S. 429, 441 ff.

tete eine Aufteilung des Ermessens unter den Verwaltungshandlungen dahin, daß die „actes d'autorité" überwiegend rechtlich gebunden seien, wenn auch im einzelnen ein Ermessen bestehen könne, daß andererseits bei den „actes de gestion" das Ermessen die Regel und eine rechtliche Bindung die Ausnahme bilde. Diese Abgrenzung nach dem Regel-Ausnahme-Verhältnis enthält lediglich eine Beschreibung von Quantitäten, eines Mehr oder Weniger, und bietet daher kein vom Wesen des Ermessens ausgehendes Kriterium[3]. Die Zugehörigkeit einer Maßnahme zu einem bestimmten Sachgebiet des Verwaltungshandelns kann nichts über Art und Ausmaß einer eventuellen Ermessensfreiheit aussagen. Die sachliche Materie der konkreten Verwaltungstätigkeit kann nicht das Kriterium für die Abgrenzung des Ermessens, als einer allgemeinen rechtstheoretischen Erscheinung, sein; die Abgrenzungen nach dem materiellen Wesen der Maßnahmen sind unzureichend[4].

2. Ermessen und Unbestimmtheit der rechtlichen Regelung

Anstatt in der Aufteilung der Verwaltungshandlungen nach den verschiedenen (materiellen) Sachgebieten ist daher in der weiteren Diskussion das Kriterium für die Existenz von Ermessen in allgemeinen, rechtstheoretischen Kategorien gesucht worden, die auch in den allgemein akzeptierten Definitionen des Ermessens[5] herangezogen werden. Danach besteht eine Beziehung zwischen dem Ermessen und der Unbestimmtheit der rechtlichen Regelung dahin, daß das Ermessen — als ein „im wesentlichen negativer Begriff"[6] — als eine aus der Unbestimmtheit der Normierung resultierende Freiheit des Normanwenders gekennzeichnet wird. Diese Beziehung kann bei der Beschreibung des Ermessens verwandt werden und aufzeigen, wann ein Ermessen eingeräumt worden ist und in welcher Weise es eine Ermessensfreiheit gibt, d. h. wie sich die Existenz einer Ermessensbefugnis bei der einzelnen Verwaltungsmaßnahme ausdrückt. Die Unbestimmtheit der rechtlichen Regelung wird also als Mittel für die Feststellung der Existenz von Ermessen benützt. Daran anknüpfend sagt *Venezia*[7]: „Um die Fälle, in denen der Verwalwaltungsrichter zugunsten der Verwaltung eine Ermessensbefugnis bestehen läßt, zu erkennen, ist es unumgänglich, das zu bestimmen, was — in der Verwaltungshandlung — Gegenstand einer freien Entscheidung sein kann, ... die Ermessensbefugnis in der Verwaltungshandlung (le pouvoir discrétionnaire dans l'acte administratif)", also festzustellen, worauf sich bei den vom Ermessen der Verwaltung bestimmten Maß-

---

[3] Vgl. auch *Waline I* S. 211.
[4] Vgl. *di Qual* S. 101, 195.
[5] s. o. S. 17.
[6] So *Goldenberg* S. 29; *Wei Teng-lin* S. 23.
[7] S. 9, auch S. 15.

nahmen die Unbestimmtheit der Normierung bezieht, hinsichtlich welcher Momente die rechtliche Regelung unbestimmt ist. Entsprechend der allgemeinen negativen Definition des Ermessens ist daher der (konkrete) Zustand der für die Verwaltungsmaßnahmen geltenden rechtlichen Regelung zu untersuchen.

3. Unterscheidung zwischen Tun und Unterlassen

Einen ersten Versuch, den Bereich des Ermessens auf diese Weise nach einem materiellen Kriterium zu bestimmen, machte *Michoud*[8], indem er — u. a. — auf die Unterscheidung zwischen dem (positiven) Tun und einem bloßen (negativen) Unterlassen der Verwaltung abstellte: Ein Untätigbleiben der Verwaltung stehe immer in ihrem Ermessen, selbst wenn das in concreto unterbliebene positive Tun rechtlich gebunden gewesen wäre. Dieser Ansicht liegt materiellrechtlich jene Auffassung über die Beziehungen zwischen Gesetz und Verwaltung[9] zugrunde, nach der das Gesetz nur eine äußere Schranke für das Verwaltungshandeln ist: Danach kann überhaupt nur ein aktives Tun der Verwaltung diese Schranken berühren, während im übrigen die Verwaltung ein Ermessen habe. Von dieser Prämisse her[10] steht die Ansicht von *Michoud,* bei Untätigkeit läge Ermessen vor, in Zusammenhang mit der — zu seiner Zeit verbreiteten — Annahme, daß der Zeitpunkt des Einschreitens stets im Ermessen der Behörde stehe, daß sie also immer nach ihrem Belieben bestimmen könne, wann sie tätig werde; danach soll — im Grenzfall — die Verwaltung sogar befugt sein, selbst ein zwingendes Gesetz aus Gründen des öffentlichen Interesses nicht anzuwenden, also „einschlafen" zu lassen[11].

Jedoch besagt ein eventuell hinsichtlich des Zeitpunkts des Verwaltungshandelns bestehendes Ermessen[12] noch nichts darüber, ob auch hinsichtlich des Inhalts der Verwaltungstätigkeit — wozu auch die Entscheidung über positives Einschreiten oder Unterlassen eines solchen gehört — ein Ermessen besteht. Vielmehr beruhte dieser Versuch von *Michoud* zu einer materiellen Abgrenzung des Ermessens letztlich doch auf der (damaligen) prozessualen Rechtslage: Ursprünglich war nämlich gegen die Untätigkeit der Verwaltung ein „recours pour excès de pouvoir" grundsätzlich nicht zulässig, weil insoweit keine angreifbare Entschei-

---

[8] S. 54 f.

[9] s. o. S. 21 f.

[10] s. dazu *Chatelain* S. 80 f.

[11] Vgl. *Michoud* S. 11, 15, 54 f.; J. *Barthélemy I* S. 305 f.; *Réglade* S. 415; M. *Hauriou III* S. 377, 447 und *X* S. 49 f.; *Waline I* S. 220; *Montané de la Roque* S. 81.

[12] s. u. S. 138 f.

dung vorlag[13]. Dazu bemerkte allerdings bereits *Laferrière*[14], daß das Verweigern einer Entscheidung seitens der Verwaltung durchaus auch eine (materielle) Rechtsverletzung bewirken könne, jedoch eine Anfechtungsmöglichkeit solange nicht bestehe, als nicht ein Gesetz mittels Fiktion die Untätigkeit der Verwaltung einer ausdrücklichen Ablehnung gleichgestellt habe. Hier wird deutlich der materielle Aspekt von der prozeßrechtlichen Frage unterschieden.

Dementsprechend zeigte sich auch bei einem Fortschreiten der Rechtsentwicklung in der von *Laferrière* angedeuteten Richtung die Unhaltbarkeit der These von *Michoud:* Nachdem ein Gesetz vom 17. 7. 1900 für den Bereich der Rechtsprechung des Conseil d'Etat angeordnet hatte, daß die Untätigkeit und das Schweigen der Verwaltung nach mehr als vier Monaten nach einem Antrag als Ablehnung des Antrags zu behandeln sei[15], wurde diese Fiktion allmählich zur generellen Regel für den gesamten Verwaltungsbereich erweitert (so heute Art. 1 des Gesetzes vom 7. 6. 1956)[16], so daß die — von *Michoud* angesprochene — Untätigkeit auch der allgemeinen gerichtlichen Kontrolle über die Rechtmäßigkeit des Verwaltungshandelns unterworfen ist[17]. Insbesondere überprüft der Conseil d'Etat im Schadensersatzprozeß das Untätigbleiben der Verwaltung und spricht bei einer dadurch hervorgerufenen Rechtsverletzung einen Schadensersatz zu[18]. Wenn also die Behörde nach der Rechtslage zum positiven Tun verpflichtet ist, liegt ein Fall der gebundenen Verwaltung vor, die nicht nach ihrem Ermessen ein Untätigbleiben beschließen kann[19]. Die Unterscheidung zwischen Tun und Unterlassen kann daher nicht zur Abgrenzung des Ermessensbereichs dienen.

4. Ermessen bezogen auf die einzelnen Elemente der Verwaltungshandlung

Wenn nach der Unbestimmtheit der rechtlichen Regelung der Bereich des Ermessens materiell abgegrenzt werden soll, darf nach den vorangegangenen Ausführungen nicht global die Verwaltungshandlung als

---

[13] Vgl. *Laferrière* Bd. 2 S. 429 ff.; *Montané de la Roque* S. 17 f.

[14] Bd. 2 S. 429 ff.

[15] Vgl. *Montané de la Roque* S. 19 ff.

[16] Vgl. *Auby-Drago* Bd. 2 S. 201, Bd. 3 S. 192 f.; *Montané de la Roque* S. 26 ff.

[17] Vgl. *de Laubadère* S. 202 f.; *Auby-Drago* Bd. 2 S. 201; *di Qual* S. 378; *CE* vom 28. 3. 1924 Genet, Rec. S. 347; *CE* vom 13. 7. 1928 Burgeat, Rec. S. 897; *CE* vom 6. 7. 1934 Société van Outryve, Rec. S. 786.

[18] *CE* vom 26. 7. 1918 Lemonnier, Rec. S. 772; *CE* vom 6. 7. 1934 Société van Outryve, Rec. S. 789; *CE* vom 29. 1. 1958 Sancerni, Rec. S. 1052; *Duez II* S. 29 ff.; *Kornprobst I* S. 941, 956; *Montané de la Roque* S. 318 ff.

[19] Vgl. *Waline I* S. 211; *Giraud* S. 319; *Chatelain* S. 80 f.; *Dubisson* S. 203; *Duez I* S. 29 ff.; *de Laubadère* S. 202 f.

eine undurchdringliche Einheit herangezogen werden. Vielmehr ist die Frage nach rechtlicher Bindung oder freier Ermessenswahl auf die verschiedenen Einzelelemente einer Maßnahme zu beziehen. Denn eine Verwaltungsbefugnis kann einerseits niemals in jeder Hinsicht rechtlich gebunden sein noch andererseits vollkommen dem Ermessen der Behörde überlassen sein: Wenn eine Entscheidung vollkommen durch das Gesetz „gebunden", d. h. in jeder Hinsicht vorherbestimmt wäre, bedürfte es zu ihrer Entstehung nicht mehr eines Beamten, sondern sie könnte automatisch gelten. Auch bei der strengsten Bindung kann die Behörde in gewissen Grenzen wenigstens noch den Zeitpunkt ihres Handelns frei bestimmen[20]. Stünde dagegen eine Befugnis vollkommen (absolut) im Ermessen der Verwaltung, so würde sie sich jeder rechtlichen Regelung entziehen und daher außerhalb der Rechtsordnung stehen. Das Ermessen der Verwaltung aber steht nicht außerhalb des Rechts, sondern ist eine Freiheit im Rahmen der Gesetze und ist — im Einzelfall — eine vom Gesetzgeber abgeleitete, nicht originäre Befugnis. Eine völlig dem „Ermessen", d. h. dem Belieben der Behörde überlassene Befugnis widerspräche dem Prinzip der Gesetzmäßigkeit der Verwaltung, d. h. der Unterordnung der Verwaltung unter das Gesetz, und würde einen „acte discrétionnaire" darstellen, der aber durch die Rechtsprechung des Conseil d'Etat überwunden worden ist[21]. Es gibt daher heute nur noch — mit einem Ausdruck von *Letourneur*[22] — „actes à pouvoir discrétionnaire".

Demnach besteht für jede Verwaltungshandlung (nur) ein gewisses Maß an Ermessen, wenn auch in sehr verschiedener Ausdehnung. Zugleich aber ist jede Verwaltungsmaßnahme auch in irgendeiner Beziehung an das Gesetz, an das Recht gebunden und dadurch begrenzt[23]. Es ist daher zu bestimmen, was in der einzelnen Verwaltungshandlung Gegenstand einer freien Entscheidung sein kann[24].

a) Die Elemente des „acte"

Bei dem einzelnen „acte administratif" sind formelle und materielle Elemente zu unterscheiden, solche, die sich auf den Inhalt der Befugnis, und solche, die sich auf deren Ausübung beziehen[25].

---

[20] s. u. S. 138 f.

[21] s. o. S. 59 ff.

[22] *V* S. 56.

[23] Vgl. *Michoud* S. 18, 16; M. *Hauriou VII* S. 113 f., sowie *IX* S. 41; *Bonnard I* S. 367 f.; *Latournerie* S. 319 ff.; *Lodovici* S. 97, 132, 163; *Scelle* S. 270 f.; *Vedel II* S. 293, 296; *Waline IV* (9. Aufl.) S. 449 f.; *Kornprobst I* S. 937; *di Qual* S. 9, 426 f., 436.

[24] Vgl. *Venezia* S. 9.

[25] Vgl. *Dubisson* S. 77.

Zu den formellen Elementen gehören die „compétence“ und die Formerfordernisse. Der Begriff „compétence“ kann zwar ganz allgemein die Befugnis insgesamt, d. h. global die Ermächtigung zu einem bestimmten Handeln, bezeichnen[26]. Aber in diesem Zusammenhang, insbesondere im Hinblick auf die als „incompétence“ zu rügende Zuständigkeitsüberschreitung, meint „compétence“ die Zuständigkeit der einzelnen Behörde für eine bestimmte Maßnahme (für die auch eine Ermächtigung besteht) und bezieht sich unter dem Gesichtspunkt der internen Kompetenzaufteilung innerhalb der Verwaltung auf den Urheber einer Maßnahme, da „jedes Organ nur in einem bestimmten Bereich rechtlich relevant einen Willen äußern kann und in diesem Bereich nur für eine bestimmte Zahl von Angelegenheiten“[27]. Die „compétence“ bestimmt also die jeweilige Beziehung der einzelnen Behörde zu einem konkreten Sachverhalt[28].

Bei den Formerfordernissen ist zwischen der äußeren Erscheinung der Verwaltungshandlung (formes) — wie Schriftform, Datierung, Unterschrift, Begründung, Bekanntmachung — und dem Verfahrensgang (procédure) zu unterscheiden, der die Fristen, die Öffentlichkeit der Tätigkeit, das rechtliche Gehör, erforderliche Untersuchungen und Äußerungen von anderer Seite umfaßt[29].

Die materiellen Elemente einer Verwaltungshandlung werden im Anschluß an *Bonnard*[30] aufgeteilt in „motifs“, „but“ und „objet“. Die „motifs“ — die nach der inzwischen gefestigten Begriffsbildung hier nicht mit „Motiven“ ins Deutsche übersetzt werden dürfen[31] — sind die Sachverhaltselemente, die den Tatbestandsmerkmalen der einzelnen Bestimmung, die der Verwaltung eine Befugnis einräumt, entsprechen (sollen), also — in einem umfassenden Sinne — die tatsächlichen Voraussetzungen der Befugnis[32]. Wenn *Dubisson*[33] weiter nach der Art dieser Voraussetzungen dahin unterscheidet, ob es sich um eine einzelne Tatsache, um einen Tatsachenkomplex oder um eine bestimmte Eigenschaft von Personen oder Sachen handelt, so ist eine solche Differenzierung in unserem Zusammenhang rechtlich nicht relevant.

---

[26] Vgl. *Duguit I* (2. Aufl.) Bd. 3 S. 141; *Eisenmann II* S. 344 ff.; *Dubisson* S. 76; *Auby-Drago* Bd. 2 S. 539.

[27] *Duguit I* (2. Aufl.) Bd. 2 S. 290.

[28] Vgl. *Vedel I* S. 302; *Auby-Drago* Bd. 2 S. 541; *di Qual* S. 60; *Waline I* S. 214 f.

[29] Vgl. *Gazier* S. 79; *Auby-Drago* Bd. 2 S. 583; *Eisenmann II* S. 348 ff.

[30] *I* S. 370 f.; vgl. *Dubisson* S. 77.

[31] Früher noch anders, z. B. *Jèze II* S. 377 f., 390, der „motif“ auch als Bezeichnung für den subjektiv vorgestellten Zweck — „but“ — gebraucht.

[32] Vgl. *Gazier* S. 80 f.; *Auby-Drago* Bd. 3 S. 37 f.; *Eisenmann II* S. 348 ff.; *Waline I* S. 214, 216 f.; auch *Eisenmann I* S. 166 f.

[33] S. 80 f.

„But“ bezeichnet den Zweck der einzelnen Maßnahme, das vorgestellte Ergebnis, das mittels der Rechtswirkungen der Handlung erreicht werden soll[34]. Unter dem Aspekt der noch zu treffenden Willensentscheidung ist „but“ die subjektive Vorstellung und der willentlich gesetzte und verfolgte Zweck, das gewollte „Warum“ der Verwaltungshandlung, insofern die vom handelnden Beamten angestrebte, d. h. vorher gewollte Wirkung seines Handelns gemeint ist. So gesehen ist der „but“ (auch) eine Voraussetzung des tatsächlichen Handelns[35]. Allein dieses psychische Moment, den Antrieb oder das Motiv, nennt *Duguit*[36] in einem engeren Sinne „but“ und setzt es in Gegensatz zu seinem Begriff „objet médiat“: Insofern der verfolgte Zweck als das später eintretende Ergebnis in der tatsächlichen Auswirkung einer Verwaltungsmaßnahme zum Ausdruck kommt, ist der „but“ ein der Ausführung der Handlung nachfolgendes, objektives Element, das aber nur als tatsächliche Folge der ergehenden Maßnahme gewollt, jedoch nicht selbst unmittelbar in der Handlung ausgeführt wird. Es handelt sich dann — über eine nur subjektive Vorstellung hinaus — um einen objektiven Faktor, den *Duguit* als „objet médiat“ bezeichnet. Diese beiden Aspekte des „but“ betreffen den Zusammenhang zwischen einer objektiven und einer subjektiven Finalität der Handlung[37].

Der im konkreten Einzelfall von der Verwaltung wirklich verfolgte Zweck (but réel) muß stets dem vom Gesetz vorgesehenen Zweck der Anwendung einer Befugnis (but légal) gegenübergestellt werden. Hinsichtlich des letzteren ist zu unterscheiden zwischen dem allgemeinen Zweck des öffentlichen Interesses, der bei aller Verwaltungstätigkeit zu verfolgen ist (but général) und damit die Grenze zwischen Willkür und Ermessen zieht, sowie dem speziellen Zweck, den das Gesetz jeweils mit der einzelnen Befugnis verbindet (but spécial)[38].

Mit „objet“ ist der materielle Inhalt der Verwaltungsmaßnahme gemeint, die auf der Grundlage der „motifs“ und entsprechend dem gesetzlichen „but“ erlassen wird: der Ausspruch der Rechtsfolge, die jeweils getroffene rechtliche Regelung[39]. Zu diesem Inhalt gehören vor allem die Entscheidungen darüber, ob die Behörde einschreiten soll oder nicht, gegen wen sie einschreiten und was sie sachlich tun soll[40].

---

[34] Vgl. *Bonnard I* S. 371; *Waline I* S. 214 f.; *Dubisson* S. 77, 83; *Eisenmann II* S. 348 ff.

[35] Vgl. *Dubisson* S. 83; auch *Eisenmann I* S. 166 f.

[36] *I* (2. Aufl.) Bd. 1 S. 214 f.

[37] s. u. S. 129 ff.

[38] Vgl. *Michoud* S. 17; *Duguit I* (2. Aufl.) Bd. 2 S. 295; *Bonnard I* S. 371; *Waline I* S. 206, 208 sowie *VII* S. 662 f.; *Vedel I* S. 314; *Lagrange II* Rspr. Bd. 1 S. 160 (Recueil Bd. 1 S. 152).

[39] Vgl. *Bonnard I* S. 370; *Waline I* S. 214, 220 ff.; *Eisenmann II* S. 348 ff.; *Duguit I* (2. Aufl.) Bd. 1 S. 214 f., spricht hier von „objet immédiat“.

[40] Vgl. *Eisenmann II* S. 356 f.; *Dubisson* S. 78.

Einerseits muß eine Verwaltungshandlung in all ihren einzelnen Elementen der jeweils vorgesehenen rechtlichen Regelung entsprechen und zieht ein Mangel, der nur ein Element betrifft, die Rechtswidrigkeit der Maßnahme insgesamt nach sich[41]. Andererseits ist die rechtliche Regelung für jedes Einzelelement einer Maßnahme verschieden.

Die für die einzelnen Elemente des „acte administratif" geltende Rechtslage kann nicht ohne weiteres aus einer einfachen Umkehrung der „negativen" Regelung, wie sie sich aus den von den Verwaltungsgerichten beanstandeten Mängeln ergibt, gewonnen werden. Primär ist die „positive" Regelung heranzuziehen, selbst wenn diese größtenteils nicht positiv in einem Gesetz festgelegt worden ist. Zwar werden die positivbestimmende Regelung und die negativ-ausschließende Regelung übereinstimmen. Aber die „negative" Regelung hat sich aus der Rechtsprechung des Conseil d'Etat und daher ungleichmäßig entwickelt und ist vor allem zu sehr von dem prozessualen Aspekt bestimmt, als Begründung und Instrument der Aufhebung einer Maßnahme zu dienen. Deshalb sind es zwei verschiedene Seiten des einen Phänomens, die aber nicht zwangsläufig in ihrer gesamten Ausdehnung kongruent sind[42]. Unabhängig von der gerichtlichen Kontrolle sind die materiellen Voraussetzungen, die die Rechtmäßigkeit einer Maßnahme bedingen, zugrundezulegen.

b) Koexistenz von Ermessen und Bindung in der einzelnen Maßnahme

Da die rechtliche Regelung für die einzelnen Elemente einer Handlung verschieden sein kann und ist, muß auch eine Betrachtung des Ermessens sich auf diese Einzelelemente beziehen, weil für jedes einzelne in dem Prozeß, der zum Ausspruch der Maßnahme als einer Einheit führt, eine besondere Entscheidung zu treffen ist, die jede für sich frei oder gebunden sein kann[43]. Denn im Anschluß an *Bonnard*[44] ist davon auszugehen, daß die Absicht einer Behörde, eine bestimmte Maßnahme zu treffen, d. h. einen einschlägigen Rechtssatz auf den konkreten Sachverhalt anzuwenden, in einem Denkprozeß realisiert wird, in dem bei der Bildung des Handlungsentschlusses verschiedene Aspekte zu berücksichtigen und mehrere Teilentscheidungen zu treffen sind, die sich nämlich auf die einzelnen Elemente der Maßnahme beziehen. Ein Ermessen ist danach festzustellen, ob bei der jeweils einzelnen dieser Überlegungen der Verwaltung eine (gewisse) Wahlfreiheit belassen ist. Soweit das einzelne Urteil in diesem Denkprozeß zwingend vorherbestimmt ist, kann die Behörde

---

[41] So ausdrücklich *Duguit I* (2. Aufl.) Bd. 1 S. 248, 250; s. aber unten S. 150 ff.
[42] Vgl. *Eisenmann II* S. 339; *Venezia* S. 16 f.; *Auby-Drago* Bd. 2 S. 529; *di Qual* S. 56; auch *Goldenberg* S. 172.
[43] Vgl. *di Qual* S. 53; *Castagné* S. 192 f.
[44] *I S.* 367 ff.; *IV* S. 59 f.

keine freie Entscheidung treffen. Nur dann, wenn das Ergebnis einer solchen Überlegung vom Gesetz nicht vorgeschrieben wird, ist die Entscheidung insoweit der selbst bestimmenden Verwaltung überlassen als Wahlmöglichkeit.

Daher konzentriert sich das Ermessen, als Freiheit der Entscheidung, nicht in einem einzigen Aspekt einer Verwaltungshandlung, sondern bei jeder einzelnen Teilüberlegung besteht — theoretisch — die Möglichkeit einer freien Ermessensentscheidung der Behörde. Ermessen und Gesetzesbindung betreffen damit jeweils verschiedene Gegenstände und verschiedene Bereiche in ein und derselben Verwaltungsbefugnis, nämlich deren verschiedene Einzelelemente, und schließen sich nicht gegenseitig aus im Rahmen ein und derselben Maßnahme, sondern können in dieser einen koexistieren. Rechtliche Bindung und Ermessensfreiheit müssen sogar nebeneinander bei jeder einzelnen Handlung vorliegen, weil es keine vollkommen gebundene noch eine absolut freie, willkürliche Verwaltungsbefugnis gibt[45]. Da das Ermessen derart auf die einzelnen Elemente eines „acte“ zu beziehen ist, resultiert aus dem unterschiedlichen Ausmaß, in dem jeweils für die einzelnen Elemente eine freie Wahl eingeräumt worden ist, die verschieden große Ausdehnung des Ermessens in den einzelnen Befugnissen.

Von der einzelnen Verwaltungshandlung her betrachtet, sind ein qualitativer und ein quantitativer Aspekt des Ermessens zu unterscheiden. Qualitativ gesehen ist das Ermessen eine Wahlfreiheit. Als eine solche ist das Ermessen unabhängig von dem jeweiligen materiellen Inhalt der Befugnisse, eine rein formelle Eigenschaft der einzelnen Befugnis: es besteht in der vom Gesetz eingeräumten Möglichkeit, zwischen mehreren Entscheidungen — zumindest deren zwei — frei zu wählen. In dieser qualitativen Beziehung ist das Ermessen nicht teilbar, es kann nicht in verschiedener Abstufung bestehen: entweder ein Ermessen, eine Wahl ist gegeben oder nicht, ein Mittelding dazwischen ist undenkbar. Wohl kann der Rahmen des Ermessens begrenzt sein, aber in sich ist das Ermessen als Wahlfreiheit unbegrenzt. Denn wird die Freiheit der Wahl eingeschränkt, so besteht sie insoweit nicht mehr[46]. Der quantitative Aspekt betrifft die Verteilung des Ermessens auf die einzelnen Elemente der Handlung. Da eine Ermessensfreiheit bezüglich der einzelnen Elemente der Handlung unterschiedlich eingeräumt oder ausgeschlossen werden kann, ergibt sich unter diesem Blickwinkel eine verschiedene Dosierung, eine Abstufung des Ermessens, das für mehr oder weniger Einzelelemente einer Befugnis eingeräumt werden kann[47].

---

[45] Vgl. *Waline I* S. 214 ff.; *Jèze IV* S. 3; *Rivero I* S. 326, und *III* S. 47; *Bonnard IV* S. 59; *Eisenmann II* S. 425; *Vedel II* S. 293; *Fournier-Braibant* Nr. 578.

[46] Vgl. *Vedel I* S. 384; *Eisenmann II* S. 421 ff.; *Bonnard IV* S. 59.

[47] Vgl. *Eisenmann II* S. 421 ff.; *Bonnard IV* S. 59.

III. Ermessen und „opportunité“

In dem Versuch, das Ermessen dennoch auf ein einziges Element in der Verwaltungshandlung zu konzentrieren, wurde von einer verbreiteten Meinung der Ermessensbereich mit der „opportunité“ gleichgesetzt, dem Bereich der Zweckmäßigkeit, die von einer gerichtlichen Kontrolle freibleibt in strengem Gegensatz zu der — gerichtlich nachprüfbaren — „légalité“ einer Maßnahme. Der Begriff der „opportunité“ ist nach der Definition mancher Autoren das Kriterium einer Ermessensbefugnis: so bezeichnet M. *Hauriou* das Ermessen als die freie Entscheidung über die Zweckmäßigkeit der Maßnahme[1]. Dagegen hat es neuerdings *Dubisson* abgelehnt[2], die Ermessensbefugnis durch die Bezugnahme auf eine so verstandene „opportunité“ zu definieren.

Die hier versuchte Abgrenzung muß in Zusammenhang mit der Entwicklung in der verwaltungsgerichtlichen Nachprüfung des Sachverhalts, der den Verwaltungshandlungen zugrundeliegt (motifs), gesehen werden.

1. Gerichtliche Tatsachenkontrolle

a) Geschichtliche Entwicklung

Die gerichtliche Kontrolle der in einer Verwaltungsmaßnahme angesprochenen und ihr zugrundeliegenden Tatsachen (examen du fait, des motifs) hat sich erst langsam im „recours pour excès de pouvoir“ durchgesetzt. Die zunächst ablehnende Haltung des Conseil d'Etat hatte ihren Grund einmal darin, daß in der ersten Hälfte des 19. Jahrhunderts der „recours pour excès de pouvoir“ noch schlicht als „recours en annulation“, der unmittelbar gegen Maßnahmen der aktiven Verwaltung gerichtet war, nicht genügend deutlich von dem „recours en cassation“ unterschieden wurde, der gegen Entscheidungen anderer, besonderer Verwaltungsgerichtsinstanzen vor dem Conseil d'Etat erhoben werden konnte. Entsprechend den für den „recours en cassation“ geltenden (Revisions-) Grundsätzen lehnte der Conseil d'Etat anfangs auch beim „recours pour excès de pouvoir“ die Tatsachenkontrolle, wegen „erreur de fait ou d'appréciation“, ab[3]. Die Trennung zwischen dem „recours en cassation“ und dem „recours pour excès de pouvoir“ wurde deutlich erst vollzogen, als im letzte-

---

[1] *VII* S. 113 f., sowie *II* (10. Aufl.) S. 352: „le pouvoir d'apprécier l'opportunité des mesures administratives“, „l'appréciation de l'opportunité est laissée entièrement à l'administration active“. Ebenso *Réglade* S. 417; *Vedel I* S. 100; s. o. S. 17.

[2] S. 37 f.

[3] Vgl. *Auby-Drago* Bd. 3 S. 281; *Aucoc I* Bd. 1 S. 662 f.; *Laferrière* Bd. 2 S. 394 f.

ren die neuen Klagegründe der „violation et fausse application de la loi" sowie des „détournement de pouvoir" eingeführt wurden[4], die so nicht im „recours en cassation" zugelassen waren.

Aber auch dann noch zögerte der Conseil d'Etat mit der Zulassung einer von ihm durchzuführenden Tatsachenkontrolle, um nicht ein (so verstandenes) Ermessen der Verwaltung einzuschränken. Denn viele der einschlägigen Gesetze umschrieben früher die einzelnen Befugnisse in der Hauptsache nur als — mögliche und zu setzende — Rechtsfolgen, ohne deren Ausübung an genau benannte Tatbestandsvoraussetzungen zu knüpfen[5]. Dementsprechend brauchten damals die meisten Entscheidungen der Behörden nicht begründet zu werden und wurden auch nicht begründet. Der Zusammenhang zwischen einer Maßnahme und ihren tatsächlichen Voraussetzungen wurde weitgehend als nicht rechtlich relevant betrachtet. Überwiegend klammerte die Rechtsprechung die Erörterung der Tatumstände aus ihrer Kontrolle der „légalité" aus[6].

Allerdings hat der Conseil d'Etat bereits seit dem 2. Kaiserreich vereinzelt nachgeprüft, ob die von der Verwaltung selbst zur Begründung angeführten Tatsachen (motifs invoqués) wirklich bestanden (existence matérielle) oder mit dem Gesetz übereinstimmten (qualification juridique)[7]. Vor allem im Rahmen des „détournement de pouvoir" begann der Conseil d'Etat, auch die „motifs" in die Kontrolle miteinzubeziehen, in dem Bestreben, dadurch besser die Übereinstimmung zwischen dem mit einer Maßnahme verfolgten Zweck und dem vom Gesetz vorgesehenen Zweck der betreffenden Befugnis nachprüfen zu können[8]. Allerdings blieben davon zunächst besonders die „actes discrétionnaires" ausgeschlossen[9]. Zu einer umfassenden Kontrolle des Sachverhalts gelangte der Conseil d'Etat im Rahmen des Klagegrundes der „violation de la loi", indem er anfing mit dem Institut des Rechtsirrtums (erreur de droit) und in der weiteren Ausdehnung dieses Klagegrundes — die *Steindorff*[10] als „die größte und bedeutendste Leistung" des Conseil d'Etat bezeichnet hat — zu einer Nachprüfung der „motifs" unter allen Aspekten fortschritt[11]. Für diese Entwicklung ist kennzeichnend, daß eine Zeitlang der

---

[4] s. o. S. 54.

[5] Z. B. die oben, S. 75 Anm. 129, erwähnte polizeiliche Generalklausel des Art. 97 der „loi municipale" vom 5. 4. 1884.

[6] Vgl. *Laferrière* Bd. 2 S. 425 Anm. 1, 533.

[7] So *CE* vom 14. 4. 1864 Laville, Sirey 1864 III S. 309; *CE* vom 28. 5. 1866 Blondeau, Dalloz 1867 III S. 39; vgl. *Auby-Drago* Bd. 2 S. 419 ff., Bd. 3 S. 38.

[8] Vgl. *Laferrière* Bd. 2 S. 425 Anm. 1; *Chalvon-Demersay* S. 27 f.; *Réglade* S. 420; *Vidal* S. 287, 296; *Theis* S. 11 ff.

[9] Vgl. *di Qual* S. 34 f.

[10] *I* S. 56.

[11] Vgl. *Chalvon-Demersay* S. 27 f.; *Auby-Drago* Bd. 3 S. 39.

Begriff „erreur de droit“ noch umfassend gebraucht wurde[12]: sowohl für den Fall eines Rechtsirrtums im engeren Sinne — wenn die Begründung einer Maßnahme auf einer falschen Gesetzesauslegung beruht und daher die angeführten Tatsachen nicht zu denjenigen Tatbestandsvoraussetzungen gehören, deren Vorliegen (nach Auffassung des Gerichts) eine Ausübung der Befugnis erst rechtmäßig werden läßt (qualification juridique des motifs) — als auch für den Fall des Tatsachenirrtums („erreur de fait“ bezüglich der „existence matérielle des motifs“), bei dem die angegebenen Tatsachen in der Wirklichkeit gar nicht bestehen[13].

Seit der Jahrhundertwende ging der Conseil d'Etat allmählich zu der umfassenden Kontrolle des Sachverhalts über: In der Entscheidung *Crozals* vom 2. 6. 1905 lehnte er zwar noch die Überprüfung des Sachverhalts bei der Entlassung eines Bürgermeisters als unzulässig ab[14]. Zwei Jahre später jedoch stellte er in dem Urteil *Monod* ausdrücklich fest, daß die von der Verwaltung angegebenen Gründe für die Entlassung eines Beamten „auf seinen Antrag“ falsch seien, weil kein solcher Antrag gestellt worden war[15]. Wenn auch im konkreten Fall die ausgesprochene Entlassung aus anderen Gründen rechtmäßig war und deswegen vom Conseil d'Etat nicht aufgehoben wurde, so stellte diese Entscheidung doch den ersten Schritt zu einer Kontrolle auch der „motifs“ dar, nämlich im Hinblick auf die wirkliche Existenz der Tatsachen (existence matérielle)[16]. Mit der Entscheidung *Boisselet*[17] ließ der Conseil d'Etat grundsätzlich die Anfechtung wegen „erreur de droit“ zu, als er die Amtsenthebung eines Bürgermeisters, die auf eine fälschlich als Pflichtverletzung angesehene Handlung desselben gestützt worden war, wegen dieser irrigen Auslegung des Gesetzes aufhob. Schließlich bezog die Rechtsprechung noch die rechtliche Würdigung der Tatsachen, ihre Subsumtion unter die Norm (qualification juridique), in den nachprüfbaren Bereich ein, als in dem Urteil *Gomel*[18] anläßlich der Versagung einer Baugenehmigung die Entscheidung der Frage, ob die Front eines Platzes einen denkmalswürdigen Anblick (perspectives monumentales) biete, kontrolliert wurde. Damit war die verwaltungsgerichtliche Rechtsprechung zumindest im Grundsatz bei einer umfassenden Nachprüfung der einer Maßnahme zugrundeliegenden Tatsachen (motifs) angelangt: sie erstreckte sich so-

[12] Vgl. *Chalvon-Demersay* S. 92; *Alibert* S. 279 ff.

[13] Vgl. *Odent I* S. 601, 604; *de Laubadère* S. 487; M. *Bernard I* S. 56.

[14] Rec. S. 493: „l'appréciation des motifs invoqués ... alors qu'ils ne constituent pas un détournement de pouvoir, n'est pas susceptible d'être soumise au Conseil d'Etat“.

[15] *CE* vom 28. 6. 1907, Rec. S. 616.

[16] Ebenso *CE* vom 13. 5. 1910 Dessay, Rec. S. 405.

[17] Vom 28. 6. 1912, Rec. S. 470.

[18] *CE* vom 4. 4. 1914, Rec. S. 488.

wohl auf das wirkliche Vorliegen der als Voraussetzung genannten Tatumstände als auch auf deren rechtliche Einordnung sowie auf die auf einen konkreten Sachverhalt bezogene Auslegung des Gesetzes.

b) *„Motifs légaux"*

Allerdings blieb die theoretische Erklärung für die derart ausgedehnte Tatsachenkontrolle des Conseil d'Etat umstritten. Dabei müssen zwei verschiedene Fälle unterschieden werden, zumal da auch die Rechtsprechung des Conseil d'Etat in ihrer Entwicklung eine solche Unterscheidung erkennen läßt: Entweder wird das Vorliegen der vom Gesetz — oder Richterrecht — vorgeschriebenen Tatbestandsvoraussetzungen (motifs légaux) geprüft, oder die von der Behörde jeweils ausdrücklich zur Begründung ihrer Maßnahme angeführten Tatsachen (motifs invoqués) werden kontrolliert[19].

Wenn ein Gesetz bestimmte Tatbestandselemente zur Voraussetzung einer Verwaltungsbefugnis erklärt (motifs légaux), dann ist die Verwaltung insoweit gesetzlich gebunden (compétence liée). Nur bei Vorliegen dieser bestimmten Voraussetzungen darf die Verwaltung eingreifen oder besteht ein Rechtsanspruch auf eine Verwaltungstätigkeit. In solchen Fällen erfolgt die Nachprüfung des Sachverhalts nach allgemeiner Ansicht zum Zweck und im Rahmen der Kontrolle der Gesetzmäßigkeit des Verwaltungshandeln (légalité) — die umfassend von den Verwaltungsgerichten vorzunehmen ist —: die betreffenden Tatsachen sind als Tatbestandsvoraussetzungen „conditions de légalité", die vom Gesetz ausdrücklich vorgeschrieben und gefordert werden für die Ausübung einer bestimmten Befugnis[20].

c) *„Motifs invoqués"*

(1) Beispiele für Einschränkung eines Ermessensbereichs durch Richterrecht

Über den Fall der vom Gesetz genannten Tatbestandsvoraussetzungen hinaus erstreckte der Conseil d'Etat die Tatsachenkontrolle auch auf die-

---

[19] Vgl. *de Laubadère* S. 484, 487 f., der allerdings die Fragwürdigkeit dieser Abgrenzung und Überschneidungen auch klar erkennen läßt; *Venezia* S. 80, 91 f.

[20] Vgl. *Chalvon-Demersay* S. 87, 92; *Réglade* S. 425 ff., 445; *Alibert* S. 284 f.; *Odent I* S. 611; *Waline III* S. 31; *de Laubadère* S. 483, 488; *Rivero IV* S. 132, 135, 141; M. *Bernard I* S. 56. Hierher gehören die Entscheidungen: *CE* vom 23. 1. 1906 Bénédictines, Rec. S. 178; *CE* vom 21. 11. 1902 Commune de Daon, Rec. S. 678; *CE* vom 6. 4. 1906 Visitandines, Rec. S. 329; *CE* vom 20. 1. 1905 d'Uston de Villeréglan, Rec. S. 50; *CE* vom 8. 5. 1914 Comat, Rec. S. 544; *CE* vom 4. 4.

jenigen Tatumstände, die nicht das Gesetz vorschrieb, sondern seitens der Verwaltung von sich aus im konkreten Fall als Grund angegeben worden waren[21]. Darin zeigt sich, wie *Steindorff*[22] bemerkt hat, daß der Conseil d'Etat in erster Linie die konkrete Begründung einer Maßnahme, nicht so sehr generell deren Begründetheit prüft. Die Verwaltung wird durch diese Rechtsprechung an die von ihr gewählte Begründung für gebunden erklärt. Dadurch wird eine Kontrolle auch in dem Bereich erreicht, in dem die Verwaltungstätigkeit nicht (oder nur sehr unbestimmt) normiert ist, weil das Gesetz eine Befugnis nicht ausdrücklich von irgendwelchen Vorbedingungen tatsächlicher Art abhängig machte. Dem bloßen Gesetzeswortlaut nach wäre die Verwaltung hier nicht rechtlich gebunden gewesen und hätte über ein Ermessen verfügt hinsichtlich der Auswahl der Tatumstände, d. h. hinsichtlich der Verknüpfung der betreffenden Rechtsfolge mit einem konkreten Sachverhalt. Scheinbar vollkommen im Belieben der Verwaltung stehende („Ermessens“-)Befugnisse schränkte der Conseil d'Etat durch die Ausdehnung seiner Kontrolle ein, indem er rechtsschöpferisch neue Tatbestandsvoraussetzungen entwickelte und von deren Vorliegen den Bestand der Maßnahmen, die aufgrund einer solchen „Ermessensbefugnis“ ergingen, abhängig machte. Ausgehend vom Zweck der Ermächtigung bestimmt(e) er eine Gruppe von Tatbeständen, die dem Zweck entsprechend die Ausübung der Befugnis rechtfertigen könnten, und steckt(e) damit den Bereich einer freien Ermessenswahl sehr viel schärfer und enger ab. (Diese Schranken des Verwaltungshandelns werden als Richterrecht allmählich zu von vornherein geforderten „motifs légaux“.)[23]

Eine solche Überprüfung darauf hin, ob die als Begründung angeführten Tatsachen (motifs invoqués) wirklich existieren, erfolgte in dem bereits erwähnten Urteil *Monod*[24] sowie in der Entscheidung *Général de Noué*[25]. Im Fall der Abberufung eines Generals (Reserveoffiziers) erkennt die letztere ausdrücklich eine „Ermessensbefugnis“ an, für die keine besonderen Tatbestandsvoraussetzungen gesetzlich festgelegt waren und die zu einer souveränen Beurteilung des öffentlichen Interesses ermächtige; nach dem Conseil d'Etat konnte jedoch der Kriegsminister „diesen General nicht, wie er es durch die angefochtene Entscheidung getan hat, seines Kommandos entheben, indem er sich einzig auf Tatumstände stützte, die in Wirklichkeit nicht gegeben waren“. Das oben gleichfalls

---

1914 Gomel, Rec. S. 488 — dieses Urteil rechnet *de Laubadère* (S. 487) zu den Fällen der „motifs invoqués“, jedoch nannte hier das Gesetz den Tatbestand; *CE* vom 13. 5. 1910 Dessay, Rec. S. 405.

[21] Vgl. *Letourneur VI* S. 308; *Rivero IV* S. 141.

[22] *I* S. 56.

[23] Vgl. *di Qual* S. 65, 171, 175; *Steindorff* I S. 59.

[24] s. o. S. 89 Anm. 15.

[25] *CE* vom 5. 7. 1918, Rec. S. 661.

schon erwähnte Urteil *Boisselet*[26] stellte hinsichtlich des von der Behörde angegebenen Sachverhalts, dessen Elemente nicht vom Gesetz vorgeschrieben waren, einen Irrtum in der Auslegung des Gesetzes (erreur de droit) fest.

Die rechtliche Qualifizierung des Sachverhalts, der eine Maßnahme, für die das Gesetz keine bestimmten Tatbestandsvoraussetzungen genannt hatte (und insoweit „Ermessen" einzuräumen schien), begründen sollte, hat der Conseil d'Etat in dem Urteil *Camino*[27] auf ihre Richtigkeit überprüft: Zwar war die Absetzung eines Bürgermeisters eine (freie) Befugnis der Regierung, für die das Gesetz — abgesehen von dem (formellen) Erfordernis der Begründung — keine tatsächlichen Voraussetzungen benannt hatte. Aber „wenn auch der Conseil d'Etat die Zweckmäßigkeit (opportunité) der Maßnahmen, die ihm im ‚recours pour excès de pouvoir' vorgelegt werden, nicht beurteilen kann, kommt es ihm doch zu, einerseits die Existenz der Tatsachen, die jene Maßnahmen begründet haben, zu verifizieren, andererseits dann, wenn diese Tatsachen festgestellt worden sind, zu prüfen, ob sie die Anwendung der (Maßnahmen) rechtmäßig (légalement!) begründen konnten. ... Der angegebene Grund stützt sich auf Umstände, die nicht nur unvollständig festgestellt sind, sondern auch keine Pflichtverletzungen (fautes) des Klägers darstellen und nicht von sich aus ausreichen (de nature à ...), um das Verbleiben des (Klägers) an der Spitze der Gemeindeverwaltung unmöglich zu machen". Dieses Beispiel zeigt deutlich, daß in den Fällen der „motifs invoqués" die Überprüfung ihrer rechtlichen Qualifizierung zugleich Teil der Rechtsschöpfung durch den Conseil d'Etat ist. Denn nach dem Wortlaut des Gesetzes hätte jeder Sachverhalt zur Begründung der Absetzung ausreichen können, erst das Gericht unterscheidet nach dem Zweck des Gesetzes zwischen solchen „motifs", die als relevante Pflichtverletzungen des Bürgermeisters qualifiziert werden können und als „gesetzliche" (légalement!) Gründe zugelassen werden, und den übrigen. Der Conseil d'Etat hat das Erfordernis des Vorliegens solcher Pflichtverletzungen als neue Tatbestandsvoraussetzung geschaffen[28].

An das „motif invoqué" — das hier allerdings nicht als zusätzliche Bedingung innerhalb eines bisher freien Rahmens untersucht wird, sondern im Hinblick auf die gesetzliche Bedingung für die in concreto von der Verwaltung verneinte Existenz einer freien Wahlmöglichkeit überhaupt — knüpfte auch die Entscheidung *Société Nationale d'Education de Lyon*[29] an. Bei der Übertragung von Gegenständen von einer kirch-

[26] s. o. S. 89 Anm. 17.
[27] Vom 14. 1. 1916, Rec. S. 15.
[28] *CE* vom 5. 7. 1918 Gérard, Rec. S. 665; *CE* vom 19. 10. 1938 Mallon, Sirey 1939 III S. 23.
[29] *CE* vom 23. 7. 1909, 2. Sache, Rec. S. 737 f.; s. dazu u. S. 158 f.

lichen Institution auf eine gemeinnützige Anstalt kam es darauf an, ob es sich um Gegenstände, deren Übertragung nach Ermessen der Verwaltung genehmigungsfähig war, handelte: „Der Präfekt beschränkte sich nicht darauf, die Genehmigung der Übertragung aus Gründen zu verweigern, über die (bei Anwendung des betreffenden Gesetzes) allein die Regierung zu befinden hatte, sondern entschied, daß die Übertragung nicht genehmigt werden könne, weil die betroffenen Gegenstände nicht zu der Kategorie (der genehmigungsfähigen Gegenstände gehörten); daher stützt sich die angefochtene Entscheidung ausschließlich auf eine Rechtsansicht (moyen de droit) und wirft die Frage auf, ob die streitigen Gegenstände in die Kategorie (der genehmigungsfähigen oder in die der nichtgenehmigungsfähigen gehören) und dem Gesetz nach überhaupt übertragen werden können.“

Auch zwei neuere Beispiele lassen erkennen, daß der Conseil d'Etat ziemlich weitgehend von den angegebenen tatsächlichen Gründen (motifs invoqués) her bislang unbenannte Tatbestandsvoraussetzungen einer dem Gesetzeswortlaut nach scheinbar völlig freien Ermessensbefugnis entwickelt. So hatte die Vichy-Regierung zum Zwecke einer „politischen Reinigung“ der Beamtenschaft umfassende Vollmachten, die an keine Voraussetzungen und auch nicht an die normalerweise für Entlassungen geltenden Vorschriften gebunden waren. Als die Verwaltung sich in einem Einzelfall der Anwendung dieser Vollmachten ausdrücklich auf den allgemeinen Grund stützte, daß eine bestimmte Altersgrenze überschritten sei, hob der Conseil d'Etat die Entlassung auf: denn diese Vollmachten „haben zum Ziel, aus dem öffentlichen Dienst alle Beamten zu entfernen, deren weitere Beschäftigung wegen ihres allgemeinen Verhaltens mit den Erfordernissen des öffentlichen Interesses unvereinbar zu sein scheint; sie können wirksam nur nach der Prüfung eines jeden Einzelfalles angeordnet werden“[30]. Aus dem Zweck des „Reinigungsgesetzes“ hat der Conseil d'Etat den völlig „offenen“ Tatbestand auf Gründe des allgemeinen Verhaltens des Beamten eingeschränkt (und zugleich den Grundsatz entwickelt, daß bei Ausübung einer Ermessensbefugnis stets die Umstände des konkreten Einzelfalles geprüft werden müssen)[31].

Das Urteil *Tabouret et Laroche*[32] hob die Verweigerung der Genehmigung eines Grundstückskaufes auf, deren Erteilung im Ermessen der Behörde stand und nach dem Gesetz nicht an besondere tatsächliche Voraussetzungen gebunden war. Im Entscheidungsfall war sie jedoch einzig deswegen, weil die Käufer Industrielle und nicht Landwirte waren, ab-

---

[30] *CE* vom 24. 7. 1942 Piron, Rec. S. 233; ebenso *CE* vom 29. 5. 1942 Chastenet de Géry, Rec. S. 177.

[31] s. u. S. 159 f.

[32] *CE* vom 9. 7. 1943, Rec. S. 182.

gelehnt worden: „Ein solcher Sachverhalt gehört wegen seiner Allgemeinheit und mangels irgendeiner Würdigung der besonderen Nachteile, die unter den gegebenen Umständen die Durchführung des beabsichtigten Geschäfts für das öffentliche Interesse hätte erzeugen können, nicht zu jenen Gründen, die ‚dem Gesetz nach' (légalement) die Ablehnung begründen können."

(2) Dogmatische Einordnung

Diese Rechtsprechung des Conseil d'Etat wird von der Lehre anerkannt, allerdings ist die theoretische Einordnung umstritten. In den Fällen einer nicht an bestimmte Tatbestandsvoraussetzungen gebundenen Befugnis erschien es widersprüchlich, daß das Gericht den Bereich der „motifs" überhaupt nicht prüfte, wenn keine besonderen Tatsachen zur Begründung angeführt worden waren, und den Sachverhalt (nur) dann prüfte, wenn die Verwaltung ausdrücklich besondere tatsächliche Gründe angegeben hatte.

Angesichts des Fortschreitens der Rechtsprechung zu einer allgemeinen Kontrolle des Tatbestands wurde die Prüfung der „motifs invoqués" von manchen damit begründet, daß jeder Verwaltungsmaßnahme ein besonderer Sachverhalt (motif) — wie auch immer er beschaffen sei — zugrundeliegen müsse. Sei die von der Verwaltung vorgenommene Feststellung eines solchen besonderen Sachverhalts mangelhaft, dann bestehe kein besonderer Sachverhalt als Grund für die betreffende Maßnahme, d. h. der Mangel im Sachverhalt komme dessen Nichtexistenz gleich[33]. Diese Meinung knüpfte besonders an die Fälle an, in denen das Gesetz zwar keine bestimmten Tatbestandsvoraussetzungen nennt, aber eine förmliche Begründung als besonderes Formerfordernis vorschreibt, wie im bereits erwähnten Fall *Camino*[34]. Dem entspricht auch die Rechtsprechung des Conseil d'Etat dahin, daß zwar nicht für jede Verwaltungshandlung eine förmliche Begründung als besonderes Formerfordernis zu verlangen sei, daß jedoch jede Maßnahme überhaupt ein „motif", also ihren Grund in einem bestimmten Sachverhalt haben müsse, der vom Gericht umfassend kontrolliert werde; dazu müsse sich die Verwaltung auch bei Fehlen einer förmlichen Begründung äußern, anderenfalls der Angriff des Anfechtungsklägers als berechtigt unterstellt werde[35].

Jedoch kann die Theorie, daß überhaupt ein — irgendein — „motif" bei jeder Verwaltungshandlung vorliegen müsse, streng genommen nur

---

[33] Vgl. *Corneille I* S. 448 ff.; *Bonnard I* S. 373; *de Laubadère* S. 489.

[34] s. o. S. 92 Anm. 27.

[35] Vgl. *CE* vom 28. 5. 1954 Barel, Rec. S. 308 mit conclusions Letourneur; *CE* vom 16. 12. 1955 Bourokba, Rec. S. 590; *CE* vom 2. 10. 1963 Houhou, Rec. S. 468; *Auby-Drago* Bd. 2 S. 588 ff.; *di Qual* S. 184 ff.

jenen Fall der gerichtlichen Kontrolle erklären, in dem die von der Verwaltung angeführten tatsächlichen Gründe in Wirklichkeit nicht existieren, also der angegebene Sachverhalt unabhängig von seiner rechtlichen Würdigung gar nicht vorlag. Denn wenn es nur auf die Existenz irgendeines tatsächlichen Grundes ankommt, kann die rechtliche Würdigung dieser Tatsachen nicht mehr entscheidend sein.

Wenn der Conseil d'Etat auch die rechtliche Einordnung der „motifs invoqués“ prüft, so stellt er zunächst als Obersatz für den Syllogismus der Subsumtion eine neue Norm auf, die in tatsächlicher Hinsicht eine zusätzliche Bedingung für die Ausübung der Befugnis bringt, und prüft dann die konkrete Maßnahme auf das Vorliegen dieser Tatbestandsvoraussetzung hin. Wegen dieses Zusammenhangs zwischen der konkreten Verwaltungsentscheidung und der geforderten Tatbestandsvoraussetzung kann auch der Ansicht von *de Laubadère*[36] nicht zugestimmt werden, es handle sich bei der gerichtlichen Tatsachenkontrolle im Fall der „motifs invoqués“ ausschließlich um eine (eventuelle) Gesetzwidrigkeit nur der „motifs“, ohne daß der Inhalt, der Rechtsfolgeausspruch der Verwaltungshandlung (objet) berührt würde. Auch diese Ansicht könnte allenfalls für die rein tatsächliche Nichtexistenz des als Grund behaupteten Sachverhalts zutreffen, wenngleich selbst dann — infolge der Verknüpfung von Sachverhalt und Rechtsfolge — ein Mangel des „motif“ sich auf die Rechtsfolge auswirkt, die nämlich wegen dieses Mangels unzulässig ist. Bei einem Fehler in der rechtlichen Einordnung des angezogenen Sachverhalts (motif invoqué) jedoch gilt, daß der Conseil d'Etat für die konkrete Befugnis (zum Ausspruch einer Rechtsfolge) eine bestimmte Tatbestandsvoraussetzung geschaffen und gefordert hat; daher erfolgt dieser Teil der Tatsachenkontrolle gerade vorwiegend im Hinblick auf den Inhalt der Verwaltungsentscheidung (objet)[37]. Daraus ergibt sich, daß das spezifische Wesen der einzelnen Verwaltungsmaßnahme nicht auf ein einziges (materielles) Element, auch nicht allein auf den zugrundeliegenden Sachverhalt als „motif“ zurückgeführt werden kann. Vielmehr bedarf es stets einer relevanten Verknüpfung zwischen dem objektiven Sachverhalt und dem Inhalt der Verwaltungsentscheidung. Diese Beziehung zwischen der Maßnahme und deren im Tatsächlichen liegenden Voraussetzungen ist in ihrer rechtlichen Bedeutung für die Maßnahme selbst erst spät von der französischen Verwaltungsrechtswissenschaft in den Vordergrund gestellt worden, was wiederum zusammenhängt mit den zögernden Fortschritten in der gerichtlichen Nachprüfung des Sachverhalts.

Um diese Verbindung zwischen Tatsachen und Rechtsfolgeausspruch zu bezeichnen, führte der Conseil d'Etat den Begriff der „cause“ ein.

---

[36] S. 484.
[37] Vgl. *Odent I* S. 611.

Zunächst wurde dieser Begriff lediglich als eine technische Verfahrenshilfe verwandt, die eine billige Lösung begründen sollte: Angesichts der ursprünglichen Zurückhaltung des Conseil d'Etat gegenüber einer Tatsachenkontrolle reichten die alten Verfahren nicht mehr aus, weil in den zu entscheidenden Fällen das Gesetz keine besonderen Tatbestandsvoraussetzungen, als sogenannte „conditions de légalité", benannt hatte und lediglich die von der Verwaltung angegebenen Tatsachen (motifs invoqués) zur Diskussion standen[38]. Die Rechtswidrigkeit (violation de la loi) einer Maßnahme wurde nicht direkt mit der Nichtexistenz des behaupteten Sachverhalts begründet, sondern nur indirekt, indem der Sachverhalt als Teil der „cause juridique de l'acte" behandelt und infolge der Nichtexistenz dieses Sachverhalts auch ein Mangel der „cause" angenommen wurde, der die Maßnahme rechtswidrig mache[39]. Wenn also der objektive Sachverhalt (motifs) von der Verwaltung falsch festgestellt worden sei, fehle der auf der Grundlage dieser fehlerhaften Feststellung ergangenen Maßnahme die „cause juridique"[40]. So hat die Regierung, die die Versetzung eines Präfekten in den Ruhestand mit einem dahingehenden Antrag des Betroffenen, der tatsächlich nicht gestellt worden war, begründete, ihre Entscheidung „auf einen materiell unrichtigen Sachverhalt gestützt und ihr daher eine nicht bestehende ‚cause juridique' gegeben", wie der Conseil d'Etat in dem Urteil *Trépont*[41] entschied.

Über diese Verwendung als bloß technische Verfahrenshilfe im Fall der „motifs invoqués" hinaus wurde dann der Begriff der „cause" dahin verallgemeinert, daß sie die regelmäßige Verknüpfung zwischen dem Inhalt der in der Norm begründeten Befugnis, dem Ausspruch der Rechtsfolge, und dem konkreten objektiven Sachverhalt bezeichnet[42]. Die „cause juridique" ordnet die einzelne Maßnahme einer der gesetzlichen Kategorien zu, in die die Verwaltungshandlungen aufgeteilt sind, d. h. die „cause" bestimmt die Rechtsnatur der Maßnahme. Die abstrakte Kategorie gibt die für die jeweilige Maßnahme zutreffende rechtliche Regelung an und begrenzt dadurch das Verwaltungshandeln. Die das Wesen einer Maßnahme ausmachende Kategorie bringt diese, d. h. die konkret ausgesprochene Rechtsfolge, in eine Beziehung zu dem objektiven Sachverhalt, weil das eine Kriterium für die Abgrenzung der Ka-

---

[38] Vgl. *Vedel I* S. 130, 146, 165.

[39] Vgl. M. *Hauriou XII* S. 25 ff.; auch *Chalvon-Demersay* S. 92.

[40] Vgl. *Gazier* S. 80 f.; *CE* vom 22. 1. 1926 Lefranc, Sirey 1926 III S. 25 ff.; *CE* vom 5. 12. 1930 Sarrail, Rec. S. 1040; gelegentlich auch als „base légale" bezeichnet: *CE* vom 14. 5. 1948 Commune de Veules-les-Roses, Rec. S. 212; dagegen *Drago* S. 30, der „base légale" nur auf einen besonderen Aspekt der „motifs" beschränkt; s. u. S. 100 Anm. 59.

[41] Vom 20. 1. 1922, Rec. S. 65.

[42] Vgl. *Vedel I* S. 290, 295, 303, 315; *Eisenmann I* S. 166 f.; *Gazier* S. 80 f.

tegorien die zugrundeliegenden Tatsachen sind. Wenn der die Rechtsnatur bestimmende Sachverhalt in Wirklichkeit nicht vorliegt, wird die Kategorie verfehlt und ermangelt die konkrete Entscheidung ihrer „cause“, d. h. es wird nicht die in Anspruch genommene Befugnis ausgeübt. Wegen des Nichtvorliegens des für sie geforderten Tatbestands kann die Verwaltungsentscheidung nicht die (gewollte) Rechtsnatur haben; der Erlaß einer Maßnahme mit dieser Rechtsnatur ist daher rechtswidrig, weil die Maßnahme nicht in die betreffende Kategorie eingereiht werden kann. Derart wird mittels der „cause“, die die Rechtsnatur einer Verwaltungshandlung bestimmt, die bloße Tatsachenfrage in eine relevante Rechtsfrage umgewandelt[43].

Eine solche Beziehung zwischen Entscheidungsinhalt und objektivem Sachverhalt besteht als „cause“ für jede Verwaltungshandlung, auch wenn das Gesetz selbst keine besonderen Tatbestandsvoraussetzungen nennt und damit der Verwaltung Freiheit für die Auswahl der konkreten Tatumstände, die die Ausübung einer Befugnis begründen können, einräumt (bzw. einzuräumen scheint). Denn auch die nicht an bestimmte Tatbestandsvoraussetzungen geknüpfte Maßnahme muß stets auf einen konkreten Sachverhalt bezogen sein, den allerdings die Behörde eventuell völlig frei bestimmen kann. Hat sie aber einen bestimmten Sachverhalt dann zugrundegelegt und als Begründung angeführt, so ist dieser angegebene Sachverhalt zu einem wesentlichen Bestandteil der Verwaltungsentscheidung geworden, der seine Rechtsnatur bestimmt: bei materieller Nichtexistenz und auch bei einer falschen rechtlichen Qualifizierung des Sachverhalts — die dann an einer durch Richterrecht geschaffenen Beschränkung der Kategorie, der Befugnis, auf nur bestimmte „motifs“ gemessen wird — liegt ein Mangel in der „cause“ vor und ist deswegen die Maßnahme rechtswidrig[44]. Zudem ist hier die Rolle der richterlichen Rechtsschöpfung, die vom gesetzlich vorgeschriebenen Zweck einer Befugnis ausgeht, zu berücksichtigen: Ob der konkrete Zweck der einzelnen Verwaltungshandlung dem Gesetz entspricht, kann zumindest stets auch in bezug auf den objektiven Sachverhalt geprüft werden. Der Richter kann also von daher zusätzlich neue Tatbestandsvoraussetzungen formulieren. Deshalb kann grundsätzlich in jedem Fall, auch wenn das Gesetz selbst keine Tatbestandsvoraussetzungen benannt hat, der (angeführte) Sachverhalt vom Gericht auf seine materielle Existenz sowie hinsichtlich seiner rechtlichen Beurteilung kontrolliert werden[45].

---

[43] Vgl. M. *Hauriou XII* S. 25 ff., sowie *XIII* S. 57 f.; *Vedel I* S. 165, 346 ff., 354, 361, 384; *Eisenmann I* S. 166 f.

[44] Vgl. *Vedel I* S. 165, 355 f., 361, 384 f.; *Stassinopoulos* S. 176.

[45] Vgl. *Letourneur VI* S. 308; *di Qual* S. 188 f.

d) Gegenwärtiger Stand

Demnach befindet sich die gerichtliche Kontrolle des Sachverhalts im Rahmen des „recours pour excès de pouvoir“ gegenwärtig auf folgendem Entwicklungsstand, der in dem großen Rahmen der Einteilung der „ouvertures“ für eine Anfechtungsklage gesehen werden muß:

Nach der klassischen Einteilung von *Aucoc und Laferrière* gab es vier materiellrechtliche[46] Mängel, die als Klagegründe den „recours pour excès de pouvoir“ eröffneten: „incompétence“, „vice de formes“, „violation de la loi“ sowie „détournement de pouvoir“[47]. Diese Einteilung und insbesondere die gegenseitige Abgrenzung der „ouvertures“ ist in der Zwischenzeit in Bewegung geraten, weil sie durch die Ausdehnung der richterlichen Kontrolle und eine wissenschaftliche Vertiefung vervollständigt und auch umgeformt wurde[48]. Der klassischen Einteilung fehlte vor allem ein einheitliches Abgrenzungskriterium als Grundlage ihrer Unterscheidungen, weil einmal nach den einschlägigen Normen, andererseits jedoch nach der Art der Verletzung einer Norm eingeteilt wurde, so daß die einzelnen Klagegründe sich nicht ausschlossen, sondern sich gegenseitig überschnitten. Insbesondere der Begriff der „violation de la loi“ ist für eine Differenzierung der verschiedenen Unterbereiche der Rechtswidrigkeit zu ungenau, weil er auch sämtliche Fälle der Rechtswidrigkeit umfassen kann[49]. Daher ist in der neueren Entwicklung der Begriff der „violation de la loi“ weitgehend aufgegeben oder zumindest stark eingeengt worden, indem vor allem unterschieden wird danach, ob sich die Rechtswidrigkeit — primär — aus dem zugrundegelegten Sachverhalt (motifs) oder aus dem Inhalt der Maßnahme als Ausspruch einer Rechtsfolge (objet) ergibt; höchstens auf den letzteren Fall noch wird der Begriff „violation de la loi“ bzw. „violation de la règle de droit“ heute angewandt[50].

Jedoch muß überhaupt jede Einteilung der Klagegründe darunter leiden, daß der eine Mangel einer Verwaltungshandlung gleichzeitig unter verschiedenen Aspekten betrachtet, d. h. auch unter mehrere Klagegründe eingeordnet werden kann[51]. Daher ist eine streng logische Abgrenzung der einzelnen „ouvertures“ gar nicht möglich, die Einteilung der verschiedenen Klagegründe wird wesentlich von praktischen Bedürfnissen bestimmt[52].

---

[46] Hier als Gegensatz zum Prozeßrecht gebraucht.

[47] Vgl. *Laferrière* Bd. 2 S. 496 ff.; *Michoud* S. 76 f.

[48] Vgl. *Gazier* S. 77; *Auby-Drago* Bd. 2 S. 529.

[49] Vgl. *Lefébure* S. 92, 94; *de Laubadère* S. 475.

[50] Vgl. *Waline IV* (9. Aufl.) S. 472 ff.; *Auby-Drago* Bd. 3 S. 3; *Lefébure* S. 94; *de Laubadère* S. 475 f.

[51] Vgl. *Gazier* S. 82; *Venezia* S. 40; *Auby-Drago* Bd. 2 S. 532.

[52] Vgl. *Steindorff* I S. 56.

Heute werden sie nach ihrem materiellrechtlichen Gehalt abgegrenzt[53]: Einerseits wird die „légalité externe“ überprüft, nämlich die verfahrensrechtliche Seite bezüglich der Zuständigkeit, der Formerfordernisse sowie der ordnungsgemäßen Abwicklung des Verfahrens (in einem engeren Sinne). Auf der anderen Seite steht die Kontrolle der „légalité interne“ im Hinblick auf (im engeren Sinne) materielle Fehler. Entsprechend den materiellen Elementen der Verwaltungshandlung wird in dieser Beziehung weiter unterschieden nach der Kontrolle des Zwecks der Maßnahme (but), des Inhalts der Entscheidung (objet) sowie der Tatbestandsvoraussetzungen (motifs).

Die Kontrolle des Zwecks betrifft den Klagegrund des „détournement de pouvoir“. Ein solcher Mangel liegt vor, wenn die Behörde zwar die gesetzlich ausgedrückten Tatbestandsvoraussetzungen beachtet, aber nicht den von dem Gesetz intendierten Zweck der angewandten Befugnis verfolgt hat: sie hat ihre Befugnis für einen anderen Zweck als den gebraucht, um dessentwillen jene ihr übertragen wurde (usé de ses poupoirs dans un but autre que celui en vue duquel ils lui ont été donnés)[54]. Der konkret verfolgte Zweck kann rechtswidrig sein, weil er überhaupt verboten ist, weil er nicht dem öffentlichen Interesse, als dem allgemeinen Ziel der Verwaltung, entspricht oder auch nur den besonderen Zweck, der mit der konkret angewandten Befugnis und Zuständigkeit verfolgt werden soll (but spécial), verfehlt[55]. Derart betrifft die Kontrolle bezüglich eines „détournement de pouvoir“ die innere, subjektive Seite des Verwaltungshandelns und bringt zum Ausdruck, daß die Verwaltung gegenüber dem Gesetz keinen autonomen Willen bilden kann (darf)[56], — im Gegensatz zu den objektiven Voraussetzungen und Grenzen einer Maßnahme, die im Hinblick auf eine „violation de la règle de droit“ bzw. im Rahmen der Tatsachenkontrolle überprüft werden.

Die Kontrolle des Inhalts, des Ausspruchs der konkreten Rechtsfolge, erfolgt im Hinblick auf Fälle einer „violation de la règle de droit“, bei denen die mit der Maßnahme ausgesprochene Rechtsfolge gegen höherrangiges Recht verstößt. Es handelt sich also um eine — im engeren Sinne — „gesetzwidrige“ Maßnahme (im Gegensatz zu der — infolge von Mängeln, die die Tatbestandsvoraussetzungen betreffen — „gesetzlosen“ Maßnahme). Diese Unterscheidung zwischen „gesetzwidrigen“ und „ge-

---

[53] Vgl. *Gazier* S. 77 ff.; *Fournier-Braibant* Nr. 382; *Drago* S. 31; *Auby-Drago* Bd. 2 S. 531.

[54] Vgl. *CE* vom 31. 1. 1902 Grazietti, Sirey 1903 III S. 113; *CE* vom 19. 2. 1909 Olivier, Rec. S. 181; *Laferrière* Bd. 2 S. 549; M. *Hauriou II* (12. Aufl.) S. 442 f.; *Wei Teng-lin* S. 141; *Auby-Drago* Bd. 3 S. 84.

[55] Vgl. *Jèze II* S. 394; *Odent I* S. 890; *Auby-Drago* Bd. 3 S. 89 ff.

[56] Vgl. *Vedel I* S. 273, 335, 402; *Goldenberg* S. 162 ff.; *Stern* S. 28; *Lagrange II* Rspr. Bd. 1 S. 159 f. (Recueil Bd. 1 S. 151 f.); s. u. S. 133.

setzlosen" Handlungen ist letztlich nur aus den Formulierungen des Conseil d'Etat zu erklären[57].

Bei der Kontrolle der Tatbestandsvoraussetzungen wird zunächst unterschieden zwischen sogenannten Rechtsvoraussetzungen (motifs de droit) und rein tatsächlichen Voraussetzungen (motifs de fait). Als „Rechtsvoraussetzungen" werden die den Verwaltungshandlungen zugrundegelegten Rechtsgrundlagen bezeichnet, also die angewandte Ermächtigungsnorm sowie weitere Rechtsakte, die — gegebenenfalls als Tatbestandselemente — bei der Ausübung einer Befugnis vorausgesetzt werden. Ein Mangel in den „Rechtsvoraussetzungen" liegt einerseits bei Rechtsirrtum (erreur de droit) im engeren Sinne vor, wenn nämlich eine an sich einschlägige Rechtsgrundlage im Hinblick auf den konkreten Fall falsch ausgelegt wird[58]. Andererseits wird es als ein weiterer, besonderer Mangel der „Rechtsvoraussetzungen" — der allerdings nur einen anderen Aspekt des mit Rechtsirrtum bezeichneten Mangels darstellt — angesehen, wenn (nur) die Rechtsgrundlage überhaupt fehlt, also eine (z. B.) „gesetzlose" Maßnahme vorliegt[59]. In dem gesteigerten Fall, daß die Maßnahme völlig aus dem Anwendungsbereich des — zugrundegelegten — Gesetzes („champ d'application de la loi" nach dem internen Sprachgebrauch des Conseil d'Etat) fällt, wird dieser Mangel von Amts wegen vom Gericht berücksichtigt[60].

Die tatsächlichen Voraussetzungen (motifs de fait) unterliegen der Tatsachenkontrolle im engeren Sinn in folgender Weise[61]: Einerseits wird die rein materielle Existenz des (behaupteten) zugrundeliegenden Sachverhalts in der Wirklichkeit festgestellt, um den sogenannten Tatsachenirrtum (erreur de fait) auszuschließen.

Zum anderen wird die rechtliche Beurteilung des derart festgestellten Sachverhalts nachgeprüft (qualification juridique), d. h. die Subsumtion der Tatsachen unter die Begriffe der vorgeschriebenen Tatbestandsvoraussetzungen. Diese Kontrolle ist jedoch nicht in allen Fällen gleich intensiv. Im Normalfall wird die Übereinstimmung zwischen Sachverhalt und Rechtsbegriff bis in die konkreten Einzelheiten nachgeprüft — ob

---

[57] Vgl. *Gazier* S. 82; *Drago* S. 31; *Fournier-Braibant* Nr. 529, 531 f.; *Auby-Drago* Bd. 3 S. 3, 9, 61 f.

[58] Vgl. *Auby-Drago* Bd. 3 S. 61 f.; *Fournier-Braibant* Nr. 529, 536, 539; *Gazier* S. 80 f.

[59] Diesen Fall bezeichnen *Auby-Drago* (Bd. 3 S. 55 f.; ebenso *Drago* S. 30 ff., 36 ff.) als „défaut de base légale"; jedoch wird dieser Begriff unterschiedlich gebraucht; nach *Gazier* (S. 80 f.) sind damit alle Fehler bezüglich der Tatbestandsvoraussetzungen gemeint; s. auch *Fournier-Braibant* Nr. 382.

[60] Vgl. *Fournier-Braibant* Nr. 530; *Auby-Drago* Bd. 3 S. 53.

[61] Vgl. *Gazier* S. 80 f.; *Letourneur V* S. 58 f.; *Auby-Drago* Bd. 3 S. 66, 74; *Fournier-Braibant* Nr. 529; *Rivero IV* S. 140.

der Sachverhalt ein solcher ist, der in jeder Hinsicht dem gesetzlich (oder durch Richterrecht) definierten Tatbestand entspricht und daher nach der Norm die Maßnahme „tragen“ kann (si le fait est de nature à justifier légalement...)[62]. In zahlreichen Fällen unbestimmter Rechtsbegriffe weicht die gerichtliche Tatsachenkontrolle jedoch von diesem Normalfall ab oder wird zumindest von der Wissenschaft bei der theoretischen Erklärung dieser Rechtsprechung in Gegensatz zu dem Normalfall gestellt: In vielen Fällen überprüft der Conseil d'Etat die Anwendung eines unbestimmten Rechtsbegriffs auf einen konkreten Sachverhalt in vollem Umfang nach, also bis in die konkreten tatsächlichen Einzelheiten wie bei dem sogenannten Normalfall. Allerdings ist eine solche Kontrolle unbestimmter Rechtsbegriffe sehr viel schwieriger und umfangreicher. Sie führt zu einer besonderen (d. h. zumindest als eine eigenständige, höhere Stufe der konkreten Subsumtion angesehenen) Beurteilung oder Einschätzung des Sachverhalts (appréciation des faits), die — mitunter — zugleich ein Urteil über die Verhältnismäßigkeit der Maßnahme bzw. über ihre Angemessenheit angesichts des konkreten Sachverhalts enthalten und damit auch den Bereich der Zweckmäßigkeit (opportunité) berühren kann[63]. In anderen Fällen dagegen beschränkt sich die Rechtsprechung auf eine bloß abstrakte Kontrolle der rechtlichen Beurteilung des (konkreten) Sachverhalts, indem lediglich geprüft wird, ob ein solcher Sachverhalt generell in den Anwendungsbereich des betreffenden Gesetzes fallen kann (motif de fait entrant dans le champ d'application de la loi). Diese als Übergangsstufe verstandene Einschränkung der Kontrolle erfolgt bei besonderen polizeilichen Befugnissen zur Begrenzung der individuellen Freizügigkeit[64]. In einer dritten Gruppe von Fällen schließlich wird sogar diese abstrakte Prüfung abgelehnt, so daß — als Minimum — lediglich die wirkliche Existenz der zugrundegelegten Tatsachen kontrolliert wird[65]. Allerdings hat der Conseil d'Etat seit kurzem auch bei diesen Fällen mit einer zumindest abstrakten Tatsachenkontrolle dadurch begonnen, daß er jedenfalls einen offenbaren Irrtum (erreur manifeste) in der Anwendung einer solchen Norm auf einen konkreten Sachverhalt als Aufhebungsgrund anerkennt. Auf diese Fragen wird in dem Abschnitt über die unbestimmten Rechtsbegriffe zurückzukommen sein[66].

Derart ist die gerichtliche Tatsachenkontrolle nach ihrer Intensität mehrfach abgestuft, insbesondere, wenn das Gesetz selbst über Tatbe-

---

[62] Vgl. *Auby-Drago* Bd. 3 S. 74 f.

[63] Vgl. *Auby-Drago* Bd. 3 S. 81, 83; *di Qual* S. 86 f.; *Letourneur V* S. 59.

[64] Vgl. *Auby-Drago* Bd. 3 S. 73 f.; *di Qual* S. 166; *Letourneur V* S. 60; anders *Castagné* S. 154 f.

[65] Vgl. *Auby-Drago* Bd. 3 S. 66, 69; *di Qual* S. 157 f.; *Rivero IV* S. 143 f.

[66] s. u. S. 109 ff., 114 ff.

standsvoraussetzungen schweigt oder wenn unbestimmte Rechtsbegriffe verwendet werden. Der Conseil d'Etat bestimmt die Intensität seiner Tatsachenkontrolle in erster Linie rechtspolitisch nach dem jeweiligen Rechtsschutzbedürfnis[67].

2. Gegensatz Tatfrage — Rechtsfrage als Abgrenzung

Als die Rechtsprechung bezüglich der Überprüfung des Sachverhalts noch in voller Entwicklung begriffen und die Intensität der gerichtlichen Tatsachenkontrolle in den einzelnen Fällen noch weit unterschiedlicher als heute war — insbesondere gegenüber den „motifs invoqués" (wenn also der Gesetzestext keine besonderen Tatbestandsvoraussetzungen genannt hatte) —, versuchte eine Ansicht, den Ermessensbereich unter Zuhilfenahme des Gegensatzes von Rechtsfrage und Tatfrage abzugrenzen: Indem eine gerichtlich unüberprüfbare Tatfrage im Gegensatz zur Rechtsfrage aus dem Bereich der (kontrollierten) „légalité" ausgeschieden wurde, sollten Tatfrage und (nichtkontrollierter) Ermessensbereich gleichgesetzt werden. Soweit doch im „Ausnahmefall" der konkrete Sachverhalt, also die Tatfrage, vom Conseil d'Etat geprüft werde, sollte es sich nicht mehr um eine Kontrolle der „légalité" handeln. Vielmehr würde dann das Gericht in Erweiterung seiner Aufgabe im Einzelfall auch die sogenannte „moralité administrative" prüfen[68].

Aber diese Unterscheidung zwischen Tat- und Rechtsfrage und die daraus abgeleitete Bestimmung des Ermessensbereichs ließ sich angesichts der fortschreitenden Entwicklung in der Rechtsprechung des Conseil d'Etat zu einer — immer umfassenderen — Tatsachenkontrolle nicht aufrechterhalten. Da der Richter grundsätzlich nicht das Recht von den Tatsachen trennen kann, sondern Recht sprechen muß stets in bezug auf einen konkreten Sachverhalt, kann eine — fortwährend sich verschiebende — Unterscheidung zwischen einer „Tatfrage" und einer „Rechtsfrage" nicht das (generelle) Kriterium für die materielle Abgrenzung des Ermessensbereichs sein[69].

---

[67] Vgl. *Fournier-Braibant* Nr. 573; *Auby-Drago* Bd. 3 S. 41 f., 76 ff.; *Rivero IV* S. 143 f.; *di Qual* S. 86 f., 107, 143; *Castagné* S. 162; *Steindorff I* S. 68, 72 f., 75.

[68] Vgl. M. *Hauriou VIII* S. 25, sowie *II* (10. Aufl.) S. 455 f.; *Duguit I* (2. Aufl.) Bd. 2 S. 389; *Welter* S. 1, 46, 338; *Goldenberg* S. 18 f., 22, 148, 162. Dieser Gegensatz von Tat- und Rechtsfrage wird auch noch von *Rivero* (*IV* S. 132, 140) aufgenommen, der diesen Gegensatz mit dem Gegensatz zwischen „légalité" und „opportunité" gleichsetzt und zur „opportunité" diejenigen („reinen") Tatsachen rechnet, die keinen Einfluß auf die „légalité" haben; von daher bestimmt er den Ermessensbereich als die freie Beurteilung des Sachverhalts.

[69] So schon*Michoud* S. 34 f.; *Bonnard I* S. 372 f.; *Alibert* S. 30; *Vedel I* S. 53.

3. „Opportunité“ und Ermessensbereich

Eine andere Variante der Abgrenzung des Ermessensbereichs nach Durchführung und Ausmaß der gerichtlichen Tatsachenkontrolle stellt die weit verbreitete Meinung dar, daß der Ermessensbereich sich mit der „opportunité“ (Zweckmäßigkeit) der einzelnen Verwaltungshandlung decke. Diese Ansicht geht auf die vom Conseil d'Etat häufig wiederholte Einschränkung seiner Prüfung des Sachverhalts zurück, daß er jedenfalls die „opportunité“ der angefochtenen Maßnahmen nicht überprüfen könne (dürfe): Die „opportunité“ der Absetzung eines Bürgermeisters bleibt ausdrücklich ungeprüft[70]; bei der Bautätigkeit der öffentlichen Hand (travaux publics) wird wohl die Voraussetzung eines öffentlichen Interesses (utilité publique), nicht aber die „opportunité“ der einzelnen Arbeiten — d. h. hier: ihre Notwendigkeit — geprüft[71]. Der Conseil d'Etat lehnt es ab, die „opportunité“ einer Einbürgerung bzw. ihrer Ablehnung[72] oder die „opportunité“ einer Disziplinarmaßnahme, deren Tatbestandsvoraussetzungen er im übrigen kontrolliert, zu überprüfen[73]. Die „opportunité“ einer Anordnung, die in Kriegszeiten bestimmten Personen einen festen Aufenthalt vorschrieb, wird nicht erörtert[74]. Diese Formel der Rechtsprechung ist dann von der Lehre aufgenommen worden[75].

a) Gegensatz „opportunité“ — „légalité“

In diesem Zusammenhang bestimmt sich die „opportunité“ durch den Gegensatz zur kontrollierten „légalité“. Die „légalité“ umfaßt (in diesem Verständnis) alle diejenigen Anforderungen an eine rechtmäßige Verwaltungshandlung, die für Zuständigkeit, Form, Zweck und Inhalt sowie als Tatbestandsvoraussetzungen — denen die sogenannten „motifs légaux“ entsprechen — ausdrücklich vom Gesetz gefordert werden. Dagegen bezieht sich die „opportunité“ nach dieser Ansicht auf alle die Elemente einer Maßnahme, die das Gesetz nicht erwähnt und so der freien Entscheidung seitens der Behörde überlasse: das betreffe vor allem

---

[70] s. o. S. 92 zu Anm. 27. — *CE* vom 14. 1. 1916 Camino, Rec. S. 15 f.

[71] *CE* vom 24. 2. 1882 Roger, Dalloz 1883 III S. 58; *CE* vom 11. 2. 1910 Laurent Champrosay, Rec. S. 116; *CE* vom 27. 4. 1917 Commune de Venoix, Rec. S. 335 mit conclusions Blum, ebd. S. 339.

[72] *CE* vom 7. 7. 1916 Dreifuss, Rec. S. 277.

[73] *CE* vom 6. 8. 1915 Leraillé, Rec. S. 288.

[74] *CE* vom 6. 5. 1941 Koch, Rec. S. 84; ebenso für die Organisation der „services publics“: *CE* vom 5. 5. 1922 Vaitilingam, Rec. S. 383; bei Beförderungen: *CE* vom 12. 5. 1942 Juillet, Rec. S. 151.

[75] Vgl. M. *Hauriou VII* S. 113; *Jèze I* S. 460 ff., und *V* S. 71; *Giraud* S. 310; *Alibert* S. 285; noch *Waline IV* (9. Aufl.) S. 268, bezeichnet diese Meinung als „fast genau“ (à peu près exact).

den zugrundezulegenden Sachverhalt, die Entscheidung über das „ob“ sowie über den Zeitpunkt des Handelns[76]. Weil im Bereich dieser „opportunité“ keine Norm eine rechtsverbindliche Aussage enthalte, könne der Conseil d'Etat insoweit nicht Recht sprechen und dürfe kein „juge de l'opportunité“ sein[77]. Als solcher gesetzesfreier Raum, in dem die Verwaltung frei urteilen könne, wird die „opportunité“ mit dem Ermessensbereich gleichgesetzt: „Diese freie Würdigung (der Elemente der ‚opportunité‘, die sich der rechtlichen Kontrolle entziehen) ist das, was Ermessen genannt wird[78].“

Andererseits wird auch von dieser Ansicht anerkannt, daß der Conseil d'Etat in ständiger Ausdehnung seiner zunächst sehr beschränkten Tatsachenkontrolle gelegentlich auch solche Elemente einer Maßnahme, die bis dahin normalerweise zum Bestand der „opportunité“ gerechnet worden waren, überprüft hat (wenngleich nicht unter der Bezeichnung einer Kontrolle der „opportunité“). Das betrifft insbesondere die Entscheidungen, die Verwaltungsmaßnahmen wegen eines Rechtsmißbrauchs (abus de droit) aufhoben, wenn also die Verwaltung sämtliche Anforderungen der „légalité“ beachtet und nicht gegen den Buchstaben des Gesetzes verstoßen, d. h. sich im Rahmen ihrer Zuständigkeit bewegt und den gesetzlichen Zweck verfolgt hatte, jedoch „rechtsmißbräuchlich“ gehandelt hatte[79]. Diese Fälle einer Nachprüfung im Bereich der „opportunité“ werden als Ausnahmen behandelt, bei denen die Elemente der „opportunité“ als (besondere) Bedingungen der Rechtmäßigkeit der Maßnahme anzusehen seien[80]. Das berühre jedoch nicht die grundsätzliche Gegenüberstellung von kontrollfreier „opportunité“ und überprüfter „légalité“.

b) Theorie von der „moralité administrative“

Um diese „Ausnahmen“ erklären zu können, wurde die starre Gegenüberstellung von „opportunité“ und „légalité“ weiterentwickelt in der Theorie von der „moralité administrative“[81]. Danach ist der Verwaltungsrichter nicht nur Hüter der Gesetzmäßigkeit des Verwaltungshandelns und erschöpft sich seine Kontrolle nicht in dem Bezug auf die „légalité“.

---

[76] Vgl. *Réglade* S. 415, 417; *Wei Teng-lin* S. 25.

[77] Vgl. M. *Hauriou VII* S. 113; *Alibert* S. 285.

[78] So *Réglade* S. 417.

[79] Vgl. *CE* vom 6. 1. 1933 Ratto, Rec. S. 13; *Wei Teng-lin* S. 106 ff., 113 ff., 124, 141, 144 ff.; s. u. S. 156 f.

[80] Vgl. M. *Hauriou VIII* S. 25; *Alibert* S. 285, 289, 295; *Jèze I* S. 460 f., und V S. 71 ff.; *Waline I* S. 223, und *IV* (9. Aufl.) S. 268; *Wei Teng-lin* S. 62, 179 f.; *Castagné* S. 184 ff., 197.

[81] s. o. S. 45.

Insbesondere sei der „recours pour excès de pouvoir“ nicht auf die Prüfung nur der Gesetzmäßigkeit einer Maßnahme beschränkt[82]. Die Beschränkung auf die „légalité“ könne den wirklichen Umfang der gerichtlichen Kontrolle nicht erklären. Es handele sich um einen Zirkelschluß, den Richter nur die „légalité“ kontrollieren zu lassen, zu dem Bereich der „légalité“ aber all das zu rechnen, was der Richter nachprüfe. Selbst bei einer Erweiterung des Inhalts der „légalité“ über das positive Recht hinaus könnten die für die gerichtliche Kontrolle wichtigen Fälle einer richterlichen Rechtsschöpfung, die bei Schweigen des Gesetzes oder Gesetzeslücken und bei Annahme eines Rechtsmißbrauches erfolge, nicht einmal mit einem derart erweiterten Begriff der „légalité“ erklärt werden.

Daher stellt diese Ansicht neben die „légalité“ noch die „moralité administrative“, gelegentlich auch als „principe de bonne administration“ bezeichnet. Ebenso wie die „légalité“ soll die „moralité administrative“ eine rechtliche Bindung für die Verwaltung darstellen, die vom Verwaltungsrichter im „recours pour excès de pouvoir“ nachzuprüfen sei. Der Conseil d'Etat sei auch Hüter der „moralité administrative“ einer „bonne administration“, die eine kontrollierbare Schranke auch des Ermessens bilde und daher wie die „légalité“ und neben dieser der nicht zu prüfenden „opportunité“ gegenüberstehe[83].

Von der „légalité“, die die eindeutig ausgedrückten Regeln des positiven Rechts umfasse, unterscheide sich die „moralité administrative“ dadurch, daß sie über den Buchstaben der Norm hinaus deren allgemeinen Sinn und Zweck berücksichtige und daher umfassender sei, andererseits aber viel konkreter auf den Einzelfall bezogen und deshalb nicht so starr wie die generelle Regelmäßigkeit sei, welche die „légalité“ fordere. Die Prinzipien der „moralité administrative“ würden dem Bestand der Regeln über Zweck und Zucht der Verwaltung (ensemble de règles de but et de discipline) entsprechen und sich von dem Inhalt der Verwaltungsfunktion, von dem allgemeinen Auftrag der Verwaltung ableiten, das öffentliche Interesse wahrzunehmen. Von daher bezieht sich die „moralité administrative“ auf Motive und Zweck (but) des konkreten Verwaltungshandelns, die von einem — insoweit — (gesetzes-)freien Willen der Verwaltung zugrundegelegt würden, die also insoweit zwischen Gut und Böse unterscheiden könne. Damit knüpft die Ansicht von einem besonderen Bereich der „moralité administrative“ an die funktionale Natur des Verwaltungsrechts und der Verwaltungsbefugnisse an, die stets mit

---

[82] Vgl. M. *Hauriou VIII* S. 25, sowie *II* (10. Aufl.) S. 424; *Wei Teng-lin* S. 40 f., 88, 144 f., 169 f.

[83] Vgl. M. *Hauriou VII* S. 113 f., sowie *VIII* S. 25, sowie *II* (10. Aufl.) S. 424, 455 f., und (12. Aufl.) S. 442 f.; *Welter* S. 32 Anm. 2, 51 f., 64, 75.

bestimmten Zwecken (buts), die es zu erreichen gilt, verbunden sind[84]. Letztlich geht die Theorie von der „moralité administrative" auf die institutionelle Konzeption von M. *Hauriou* zurück, nach der die Verwaltung als Institution eine Eigengesetzlichkeit entfalte und das Gesetz lediglich eine äußerliche Schranke, eine andersartige Begrenzung für die Verwaltung darstelle, während die „moralité" eine wesenseigene, immanente Schranke der Verwaltung bedeute[85].

c) *Kritik*

Der Versuch, das Ermessen nach einem Gegensatz „opportunité" — „légalité" abzugrenzen, konnte sich aber nicht, auch nicht in der Form der Theorie von der „moralité administrative" durchsetzen. In der Rechtswirklichkeit ist nämlich eine solche Aufteilung zwischen einer „légalité", die von den Gerichten kontrolliert wird, und einer „opportunité", die der Verwaltung vorbehalten bleibt und nicht überprüft wird, nicht durchzuführen[86]. Die Annahme eines derartigen Gegensatzes zwischen „légalité" und „opportunité" übergeht vor allem die Rolle der richterlichen Rechtsschöpfung, die in Anknüpfung an Sinn und Zweck der Gesetze neue Normen schafft, die als solche wieder Teil der „légalité" (im weiteren Sinne) werden. Infolge dieser dynamischen Fortbildung des Rechts wird die positive Gesetzesnorm durch eine Norm des Richterrechts (règle jurisprudentielle) ergänzt. Aber indem richterliche Rechtsschöpfung mittels Auslegung des Gesetzes eine — vorgeblich — „nur aus dem Gesetz abgeleitete" Norm doch neu schafft, verschiebt sich zwangsläufig die Grenze zwischen den (angeblich strikt geschiedenen) Bereichen von „opportunité" und „legalité": der Bereich der „opportunité", der ausschließlich der Verwaltung vorbehalten sein soll, wird dadurch immer stärker eingeschränkt (werden). Der Conseil d'Etat kann einzelne Aspekte einer Verwaltungsmaßnahme, die bislang zum Bereich der „opportunité" gerechnet wurden, durch Rechtsfortbildung dem Bereich der „légalité" einordnen. Ein solcher Vorgang widerlegt eine materielle Abgrenzung nach einem an der gerichtlichen Überprüfung orientierten Gegensatz zwischen „légalité" und „opportunité", indem die gerichtliche Kontrolle des Verwaltungshandelns auch zu einer Überprüfung der (bisher so verstandenen) „opportunité" oder zumindest eines Teiles ihres angenommenen Bereiches führt. Andersherum gesehen, bildet das Gericht bei seiner Kontrolle einen Grundsatz der „opportunité" rechtsschöpferisch zu einer Norm der „légalité" (Richterrecht) um und überführt damit

---

[84] Vgl. M. *Hauriou II* (10. Aufl.) S. 424, 455 f., sowie (12. Aufl.) S. 442 f.; *Welter* S. 8, 19, 74 f., 77; *Wei Teng-lin* S. 93, 149, 169 f.; auch *Vedel I* S. 456.

[85] s. o. S. 21 f.; vgl. *Vedel I* S. 314.

[86] Vgl. *Goldenberg* S. 40, 45.

den betreffenden Aspekt der Maßnahme aus dem Bereich des — nach Zweckmäßigkeitsgesichtspunkten (opportunité!) frei zu entscheidenden — Ermessens in den Bereich der Gesetzesbindung[87].

Diese Betrachtung läßt bereits erkennen, daß die Begriffe „légalité“ und „opportunité“ zwei verschiedene Ebenen betreffen und nicht einen Gegensatz auf einer Ebene bilden: „Was sich gegenübersteht, sind nicht die ‚légalité‘ und die ‚opportunité‘, sondern die gesetzlich umschriebene ‚opportunité‘ gegenüber der ‚opportunité‘, über die die Meinung des Verwaltungsbeamten entscheidet[88].“ Die Zweckmäßigkeit (opportunité) ist ein materieller und praktischer Begriff, der eine (innere) Eigenschaft der Verwaltungsmaßnahme bezeichnet, und bezieht sich ausschließlich auf solche Faktoren, die wesentliche Bestandteile der Maßnahme selbst sind. Das Urteil über die Zweckmäßigkeit ergibt sich aus einer Einschätzung aller internen Aspekte der Handlung, ohne daß dabei unmittelbar an rechtlichen Normen gemessen wird. So gesehen bezeichnet die „opportunité“ nicht mehr den gesetzesfreien Bereich, sondern drückt aus, daß „innerhalb“ der einzelnen Maßnahme ein adäquates Verhältnis zwischen deren Inhalt (objet) einerseits und andererseits deren zugrundeliegendem Sachverhalt (motifs) sowie deren Zweck (but) besteht. Die „opportunité“ fordert vom (vorgeschriebenen) Zweck her ein ausgewogenes Verhältnis zwischen der tatsächlichen Lage und der konkreten Verwaltungsentscheidung im Hinblick auf die Fragen, ob die Verwaltung handeln soll oder nicht und wie sie gegebenenfalls handeln soll[89].

Die „légalité“ als Gesetzmäßigkeit dagegen bezeichnet einen rechtlichen Wert der Verwaltungshandlung, der sich aus einem Vergleich der Maßnahme mit der ihr vorgegebenen rechtlichen Regelung ergibt. Die Gesetzmäßigkeit ist damit ein auf die Rechtsordnung bezogener, (insoweit) formeller Begriff[90]. Daher ist die Zweckmäßigkeit unabhängig von der Gesetzmäßigkeit als einer geforderten Regelmäßigkeit, die Entscheidung über die Zweckmäßigkeit einer Maßnahme muß von deren rechtlicher Beurteilung unterschieden werden. Andererseits können in einer Verwaltungshandlung die Bereiche der „légalité“ und der „opportunité“ zusammenfallen bzw. sich überschneiden, sie schließen sich insoweit nicht gegenseitig aus. Denn das Gesetz kann selbst über die Zweckmäßigkeit entscheiden, und auch eine eventuelle gerichtliche Kontrolle läßt die

---

[87] Vgl. *Vedel I* S. 93, 100, 102 ff., sowie *II* S. 298 f.; *Goldenberg* S. 180; *de Soto I* S. 346; *Dubisson* S. 36 f., 61 f.; *Waline III* S. 28; *Donnedieu de Vabres* S. 46 Anm. 1; *Rivero IV* S. 139; *Letourneur V* S. 51.

[88] So *Vedel I* S. 94.

[89] Vgl. *Bonnard I* S. 373, 378, sowie *VI* S. 17 ff.; *Goldenberg* S. 112; *Vedel I* S. 94; *Eisenmann I* S. 172 f.; *Dubisson* S. 36 ff.; *Jèze IV* S. 3; *Venezia* S. 60; *di Qual* S. 86, 129 f.; auch *Wei Teng-lin* S. 88 f.; *Welter* S. 21.

[90] Vgl. *Dubisson* S. 77; *Vedel I* S. 94.

Zweckmäßigkeit als eine nicht mit der Gesetzmäßigkeit identische Beziehung zwischen Sachverhalt und Entscheidung bestehen. Lediglich tritt an die Stelle der Verwaltung, die bei nicht gesetzlich festgelegter Zweckmäßigkeit entscheidet, das Gericht als über die Zweckmäßigkeit entscheidende Instanz[91]. Dabei kann die Prüfung der Zweckmäßigkeit sowohl vom Inhalt der Maßnahme (objet) als auch von dem ihr zugrundeliegenden Sachverhalt (motifs) her kommend erfolgen, weil die Zweckmäßigkeit aus dem Zusammenhang von Entscheidungsinhalt und Sachverhalt zu beurteilen ist. Daher kann die gerichtliche Kontrolle entweder als Prüfung der „opportunité" oder als Prüfung der Tatsachen erscheinen[92].

Demnach kann der Bereich der „opportunité" nicht mit dem Bereich des Ermessens zusammenfallen. Das Ermessen entspricht vielmehr dem Bereich freier Entscheidung im Rahmen der Norm, während die Zweckmäßigkeit einen Gegenstand solcher freien Entscheidung bilden kann. Das Ermessen betrifft nicht den Vorgang der Tatsachenfeststellung, sondern die Entscheidungsphase. Der von der gerichtlichen Kontrolle ausgenommene Bereich betrifft nicht die „opportunité" schlechthin, sondern ist der Bereich des Ermessens[93]. *Dubisson*[94] weist richtig darauf hin, daß die vom Conseil d'Etat häufig verwendete Formel, die „opportunité" könne nicht überprüft werden, in Wirklichkeit einen freien Ermessensspielraum für die Verwaltung anerkenne[95].

Die Auflösung des angeblichen Gegensatzes von „légalité" und „opportunité" macht auch die Theorie von der „moralité administrative" als einer besonderen, neben der „légalité" bestehenden Schranke des Verwaltungshandelns, die ebenfalls gerichtlich kontrolliert werden könne, überflüssig. Wie bereits dargelegt[96], verkennt die Annahme eines besonderen Bereichs einer „moralité administrative" die Rolle des Richterrechts. Der Ausgangspunkt, daß die gerichtliche Kontrolle sich nicht in der Prüfung der „légalité" erschöpfe und der Richter die Verwaltungsmaßnahme noch an anderen, wesensverschiedenen Maßstäben — eben den Grundsätzen einer „bonne administration" — messe, ist nicht haltbar. Auch die Regeln der „moralité administrative" schafft der Richter ständig neu und gibt sie gegebenenfalls auf, so daß die Theorie von der

---

[91] Vgl. *Dubisson* S. 36 f., 59, 156; *Vedel I* S. 94; *Auby-Drago* Bd. 3 S. 81; *di Qual* S. 123, 126, 129 f.; *Nizard* S. 33.

[92] Vgl. *Venezia* S. 60.

[93] Vgl. *Dubisson* S. 38, 156; *Venezia* S. 60; *Auby-Drago* Bd. 3 S. 81; *di Qual* S. 126; auch *Vedel I* S. 53; *Castagné* S. 191, 197.

[94] S. 128.

[95] Deutlich z. B. *CE* vom 7. 7. 1916 Dreifuss, Rec. S. 277; *CE* vom 16. 5. 1941 Koch, Rec. S. 84.

[96] s. o. S. 106.

„moralité administrative" ebenfalls die richterliche Kontrolle nicht sicher begrenzen kann[97]. Andererseits gehört die „opportunité" (Zweckmäßigkeit) zu dem Bereich der „moralité administrative", weil auch die „moralité administrative" das innere Verhältnis von Inhalt und Zweck einer Maßnahme betrifft und die Zweckmäßigkeit ein Grundsatz der (so verstandenen) „bonne administration" ist. Eine Abgrenzung und ein Gegensatz zwischen der „opportunité" (als Grenze der richterlichen Kontrolle) und der „moralité administrative" (als Gegenstand der Überprüfung) ist daher unmöglich[98]. So verletzt zwar ein Verwaltungshandeln, das allein aus persönlichem, rein privatem Interesse erfolgt, die „moralité administrative"; ein gleiches kann jedoch nicht für den anerkannten Fall eines „détournement de pouvoir" gelten, wenn wohl im besten allgemeinen (fiskalischen) Interesse — also entsprechend den Regeln der so verstandenen „moralité administrative" —, aber nicht im Hinblick auf den mit der einzelnen Befugnis verfolgten Gesetzeszweck gehandelt wurde[99]. Wenn die Verwaltungsgerichte auch noch die allgemeine „moralité administrative" kontrollieren sollten, würde jeder Ermessensspielraum für die Verwaltung verschwinden (können), weil der Begriff der „moralité administrative" — und daher auch eine daran anknüpfende Kontrolle durch die Gerichte — schrankenlos ist[100]. Die gerichtliche Kontrolle bleibt und ist hinreichend zu erklären als eine Überprüfung nur der Gesetzmäßigkeit einer Maßnahme, wenn auch einer ständig besser verstandenen und ausgedehnten Gesetzmäßigkeit[101].

Die Annahme eines Gegensatzes zwischen kontrollfreier „opportunité" und überprüfbarer „légalité" vermag daher nicht, auch nicht in der abgewandelten Form der Theorie von der „moralité administrative", als Abgrenzungskriterium für den Bereich des Ermessens zu dienen.

IV. Unbestimmte Rechtsbegriffe

Wenn der Bereich des Ermessens unter Bezug auf die Unbestimmtheit der rechtlichen Regelung abgegrenzt werden soll, stellt sich in diesem Zusammenhang auch die Frage nach der Bedeutung der „unbestimmten Rechtsbegriffe". Im französischen Verwaltungsrecht werden ihre Problematik und Einordnung ganz überwiegend durch die Rechtsprechung des Conseil d'Etat zur Tatsachenkontrolle bestimmt.

---

[97] Vgl. *Eisenmann I* S. 173 f.

[98] Vgl. *Dubisson* S. 41; *di Qual* S. 126, 129, 132.

[99] Vgl. *Goldenberg* S. 116 f.

[100] Vgl. *Bonnard I* S. 365; *Vidal* S. 314; *Dubisson* S. 137.

[101] Vgl. *Bonnard I* S. 366; *de Soto I* S. 346; *Vedel I* S. 102 f.; *Auby-Drago* Bd. 2 S. 423; *di Qual* S. 433; *Dubouis* S. 278 ff.

1. Als Ermessensbegriffe (?)

Nach der einen Ansicht wird in all den Fällen einer unbestimmten, ungenauen Ausdrucksweise des Gesetzes, wenn also „vage“, unbestimmte Begriffe in der Norm verwendet werden, der Verwaltung stets die Möglichkeit einer freien Wahl im Sinne von Ermessen eingeräumt. Es handele sich daher bei den unbestimmten Rechtsbegriffen um „Ermessensbegriffe“, bei denen die Verwaltung sehr weitgehend zu einer selbständigen Entscheidung befugt sei (une très large liberté d'appréciation). Bei solchen Begriffen könne eine gerichtliche Überprüfung nur beschränkt im Fall eines offensichtlichen Verstoßes gegen das Gesetz erfolgen[1].

Wenn bei der Subsumtion eines konkreten Sachverhalts unter (nur) mehr oder weniger bestimmte Begriffe häufig schwierige Beurteilungen getroffen werden müssen, die von subjektiven Wertungen abhängen, so müssen diese subjektiven Beurteilungen nach *Welter*[2] der Verwaltung überlassen werden, die allein imstande sei, den jeweiligen Sachverhalt angemessen einzuschätzen. Ein „Ermessen“ in der streng rechtlichen Bedeutung dieses Begriffs bestehe zwar in solchen Fällen nicht, es handele sich aber zumindest um eine „discrétionnalité technique“, eine Art (gesetzes-)technisch bedingter Wahlfreiheit. In gleichem Sinne heißt es bei *Eisenmann*, daß das unvollkommen bestimmte Wesen eines jeden Begriffs — in einer Ermächtigungsnorm — ein Ansatzpunkt für eine gewisse Wahlfreiheit (facteur de discrétionnalité) sei[3], weil dann die Verwaltung die — geforderten — tatsächlichen Voraussetzungen ihrer Maßnahme (motifs) frei auswählen könne, d. h. bestimmen könne, in welcher konkreten Situation sie ihre Befugnis anwende. Insoweit sei diese Entscheidung in den jeweils verschiedenen konkreten Umständen der subjektiven Beurteilung des Handelnden überlassen, so daß auch bei den unbestimmten Begriffen die Verwaltung ein Ermessen habe, das weitgehend unüberprüfbar sei. Nicht ganz so eindeutig bezeichnen *Goldenberg*[4] und *Venezia*[5] eine Norm, in der die Tatbestandsvoraussetzungen durch einen unbestimmten Rechtsbegriff definiert werden, als ein Mittelding: zwischen Bindung der Verwaltung, die dann nur einen fest bestimmten Sachverhalt als Voraussetzung ihres Handelns heranziehen dürfe, und Ermessensfreiheit, bei der die Verwaltung in ihrer Entscheidung nicht an tatsächliche Voraussetzungen gebunden sei. Bei Verwendung unbestimmter Rechtsbegriffe ist — dieser Ansicht zufolge — das

---

[1] Vgl. *Duguit I* (2. Aufl.) Bd. 1 S. 92; auch *Duez I* S. 204 f.; *Letourneur V* S. 57, 61; *Castagné* S. 194 ff.

[2] S. 46, 64, 338.

[3] *II* S. 451 ff.; auch *Waline I* S. 217; *Wei Teng-lin* S. 25 f., 62; *Dubisson* S. 32 f., 49 f.

[4] S. 217.

[5] S. 25.

Gesetz mehrdeutig und kann in verschiedener Weise interpretiert werden. Es bestehe eine Wahl unter verschiedenen Auslegungen, die — zumindest praktisch — ein Ermessen bedeute.

Die Ausübung dieses „Ermessens" — nämlich die jeweils richtige Auslegung und Anwendung des mehrdeutigen, unbestimmten Begriffs festzulegen — wird nach der einen Meinung durch die Entscheidungen des Conseil d'Etat nach rechtspolitischen Gesichtspunkten aufgeteilt zwischen der Verwaltung einerseits und der Rechtsprechung andererseits[6]. In diesem Sinne unterscheidet *Stassinopoulos*[7] unter den unbestimmten Begriffen zwischen denjenigen, die als Ausnahmefälle der Richter auslegen müsse, und solchen, die allein von der Verwaltung zu präzisieren seien und daher „Ermessensbegriffe" darstellten, wie es die Regel sei. Ein objektives Kriterium zur Abgrenzung der beiden Begriffsarten gebe es nicht, weil allein die gerichtliche Kontrolle die Grenze bestimme und verschiebe.

Dagegen überantworteten ältere Autoren[8], die gleichfalls die Existenz von mehreren Wahlmöglichkeiten bei der Auslegung unbestimmter Begriffe hervorhoben, die daraus folgende Entscheidungsbefugnis grundsätzlich dem Richter. Das Gericht müsse auch die Anwendung unbestimmter Rechtsbegriffe zumindest im Hinblick auf die tatsächlichen Bedingungen des (gesetzmäßigen) Handelns der Verwaltung überprüfen.

Alle diese Ansichten gehen in gleicher Weise davon aus, daß es bei unbestimmten Rechtsbegriffen nicht nur eine richtige Auslegung des Begriffs und damit nicht nur eine richtige Lösung des Einzelfalls gibt, sondern daß verschiedene Auslegungen und Anwendungen nebeneinander (zunächst) gleich berechtigt und gleich richtig sind. Danach haben die unbestimmten Begriffe eigentlich keinen Inhalt, weil sie alle möglichen Inhalte haben könnten. Solche Begriffe würden wegen ihrer Unbestimmtheit, die die Prämisse der Subsumtion noch offen lasse, keine normative Bindungskraft entfalten (dénormativisées) und könnten keine unmittelbare Wirkung erzeugen. Ihr Inhalt müsse durch eine — subjektiv beeinflußte — Auswahl unter mehreren Bedeutungsmöglichkeiten festgelegt werden. Diese Auswahl könne mit der üblichen wissenschaftlichen Gesetzesauslegung, die ein rein intellektueller Vorgang sei, nicht verglichen werden, weil eben kein fester Inhalt für die Auslegung bestehe. Die Inhaltsbestimmung für die unbestimmten Begriffe müsse durch eine Auswahl unter den verschiedenen sozialen Interessen, auf

---

[6] Vgl. *Goldenberg* S. 34 ff., 191; auch *Wei Teng-lin* S. 62; *Odent I* S. 880 f.

[7] S. 142, 151, 186 ff.; ähnlich *di Qual* S. 107, 137.

[8] *Le Fur* Bd. 1 S. 399; Bd. 2 S. 7; auch *Chalvon-Demersay* S. 87, 103 f.

welche das Gesetz in diesen Fällen verweise, getroffen werden. Das bedeute aber ein Ermessen[9].

2. Theoretisch nur eine richtige Lösung in der Subsumtion

Von einer anderen Meinung wird demgegenüber geltend gemacht, daß es auch bei unbestimmten Rechtsbegriffen wenigstens theoretisch nur eine einzige richtige Auslegung und Lösung geben könne. Daher würden unbestimmte Begriffe als solche kein Ermessen einräumen, es sei lediglich die bzw. eine Prämisse des juristischen Syllogismus besonders schwierig festzustellen, nämlich — zumindest teilweise — der Inhalt der Norm. Die mehr oder weniger große Schwierigkeit der Lösung der durch die unbestimmten Begriffe aufgeworfenen Fragen könne jedoch kein Kriterium für die Abgrenzung zwischen Gesetzesbindung und Ermessensfreiheit sein, weil die Schwierigkeit der Einschätzung eines Sachverhalts von einer Freiheit der Einschätzung zu unterscheiden sei[10].

Schließlich ist — unter diesem Aspekt — in irgendeiner Richtung jeder Begriff bestimmt und unbestimmt zugleich: bestimmt, weil der Gesetzgeber durch Verwendung eines jeden Begriffs immer etwas Bestimmtes bezeichnen will, so daß jeder im Gesetz genannte Begriff zumindest durch die intendierte Bedeutung definiert wird; unbestimmt, weil jeder Begriff abstrakt bleibt und von den konkreten Tatsachen getrennt ist, vielmehr erst die Tatsachen durch die rechtliche Qualifizierung des Sachverhalts (innerhalb der Subsumtion) in den Rahmen des Begriffs eingefügt werden müssen. Selbst wenn die Auslegung zu einem festen Begriffsinhalt geführt hat, ist auch ein solcher immer noch abstrakt-allgemein und wird erst in der Subsumtion durch die rechtliche Qualifizierung der konkreten Tatumstände in eine Beziehung zu jenen gebracht, d. h. konkret bestimmt. Tatsachen und Begriff müssen konfrontiert und zur Deckung gebracht werden, zwischen den abstrakten Begriffen der Norm und dem konkreten Sachverhalt bedarf es stets der Vermittlung durch den Rechtsanwender[11].

Demgegenüber meinte *Chalvon-Demersay*[12], daß die Tatsachenfeststellung nicht zur Subsumtion gehöre, sondern außerhalb des Rechts stehe; man müsse lediglich von dem festgestellten Sachverhalt ausgehen, um den juristischen Syllogismus zwischen Gesetzestext, Sachverhalt und

---

[9] Vgl. *Goldenberg* S. 51 f., 252 f.; *Eisenmann II* S. 453; *Dubisson* S. 32 f., 49 ff.; *Stassinopoulos* S. 151, 156; B. *Gény* S. 289; *di Qual* S. 107, 137; *Letourneur V* S. 61.

[10] Vgl. *Michoud* S. 12, 33, 37; *Giraud* S. 203; *Vedel I* S. 26.

[11] Vgl. Fr. *Gény* Bd. 1 S. 119, 212, Bd. 2 S. 182 f.; *Marty* S. 194 f., 203 f.; *Eisenmann II* S. 451; *Venezia* S. 25 f.; s. o. S. 34 f.

Maßnahme vollziehen zu können. Jedoch ist die Feststellung eines bestimmten Sachverhalts untrennbar von seiner rechtlichen Einordnung, von der Subsumtion: Damit innerhalb der Subsumtion Sachverhalt und Gesetzesbegriff zur Deckung gebracht werden können, müssen stets zwei Schemata entwickelt werden. Von der Norm her muß durch Konkretisierung dem abstrakten Begriff eine praktische Regel mit genauerem, weniger allgemeinem Inhalt entnommen werden. Der Sachverhalt muß durch Eliminierung unwesentlicher Besonderheiten, die unter dem jeweils maßgebenden gesetzlichen Gesichtspunkt belanglos sind, abstrahiert werden. Dabei wird der Begriffsinhalt entfaltet im Hinblick auf den konkret zu beurteilenden Sachverhalt und andererseits der Sachverhalt abstrahiert mit Blick auf den anzuwendenden Begriff. Durch solche Konkretisierung des Begriffsinhalts und entsprechende Abstraktion des Sachverhalts entstehen erst zwei gleichartige Schemata, die zur Deckung gebracht werden können. Je nach Lage des Falles und nach den zu verwendenden Begriffen können verschiedene Zwischenstufen der Konkretion bzw. Abstraktion erforderlich werden, um die Deckungsgleichheit beider Seiten zu erreichen, ohne daß jedoch der Vorgang der Subsumtion dadurch verändert würde[13].

Daher muß der Verwaltungsrichter auch (relativ) unbestimmte Begriffe auslegen und anwenden, um an dem durch Auslegung bestimmten Begriffsinhalt den konkreten Sachverhalt zu messen, d. h. dessen rechtliche Einordnung feststellen zu können (qualification juridique), bzw. um von diesem Begriffsinhalt aus das Vorliegen der ihn ausfüllenden Tatsachen im konkreten Fall (matérialité des faits) prüfen zu können. Es kommt zusätzlich lediglich die Ausdeutung des Begriffsinhalts hinzu. Allerdings können bei solcher Feststellung eines konkret bezogenen Inhalts des „unbestimmten" Begriffs in verstärktem Maße komplexe Sachverhaltselemente sowie subjektive Vorstellungen und Wertungen einfließen. Daher variiert auch die mögliche Weite der Auslegung entsprechend dem (relativen) Grad der Bestimmtheit der Begriffe: sie ist enger bei weitgehend ausgefüllten Begriffen, weiter bei ziemlich vagen Formeln. Bei (relativ) unbestimmten Begriffen hat der Rechtsanwender innerhalb des weiten Rahmens des Begriffsinhalts einen erheblichen Spielraum für die Konkretisierung im Detail, einen Beurteilungsspielraum[14]. Doch bedeutet dieser Spielraum kein Ermessen. Auch wenn ein unbestimmter Begriff erst entfaltet werden muß und sein Inhalt durch stets neue Elemente ergänzt wird, handelt es sich lediglich um eine aus-

---

[12] S. 100 ff.

[13] Vgl. *Marty* S. 203 f.; *Vedel I* S. 21 f., 26; *Gazier* S. 80; *Alibert* S. 30; *Rivero IV* S. 131, 142 f.; *Venezia* S. 25 f., 30; *di Qual* S. 85, 167 f.

[14] Vgl. Fr. *Gény* Bd. 1 S. 277 Anm. 5, 282, Bd. 2 S. 75; *Michoud* S. 12; *Marty* S. 210 ff.; *Letourneur II* S. 161; *Rivero IV* S. 143; B. *Gény* S. 289.

füllende Konkretisierung des Begriffsinhalts in dem durch das Gesetz bereits bestimmten Rahmen, die zumindest ebenso gut wie durch die Verwaltung vom Richter vorgenommen werden kann und muß[15].

3. Die Rechtsprechung

Die einschlägige Rechtsprechung des Conseil d'Etat zur Kontrolle bei unbestimmten Rechtsbegriffen ist dagegen uneinheitlich und schwankend, weil in gleicher Weise schwankend und unklar der Umfang der Tatsachenkontrolle für diese Fälle ist. Es gibt keine grundsätzliche Lösung dieses Problems in der Rechtsprechung, die sich vielmehr sehr ungleichmäßig entwickelt hat, wenn sie auch in diesem Jahrhundert verstärkt zu einer Nachprüfung hin tendiert[16]. Überwiegend kontrollieren heute die Verwaltungsgerichte — unabhängig von dem Grad der (Un-) Bestimmtheit des Begriffs — auch in umfassender Weise die Subsumtion des konkreten Sachverhalts unter den unbestimmten Begriff, d. h. die konkrete Existenz der im Gesetz mit einem unbestimmten Begriff bezeichneten Tatbestandsvoraussetzung, indem sie den unbestimmten Begriff in Anwendung auf den konkreten Fall auslegen und das Bestehen des von diesem Begriff geforderten Sachverhalts überprüfen[17].

Die Auslegung eines unbestimmten Begriffs, die den Begriffsinhalt präzisiert, jedoch immer noch abstrakt bleibt, wird als solche im Rahmen der Kontrolle der sogenannten „Rechtsvoraussetzungen" überprüft, im Hinblick auf einen Rechtsirrtum oder auf einen völligen Mangel einer Rechtsgrundlage[18]. Unter diesem Gesichtspunkt wird auch bei unbestimmten Begriffen grundsätzlich immer deren von der Verwaltung angenommene Auslegung kontrolliert, jedenfalls soweit nicht das Gericht zugleich mit einem Verzicht auf die Tatsachenkontrolle im engeren Sinne auch von der Überprüfung der Auslegung absieht.

a) Tatsachenkontrolle und Beurteilungsspielraum

Die praktische Subsumtion wird von den Verwaltungsgerichten im Rahmen der Tatsachenkontrolle überprüft, die — vorwiegend innerhalb des „recours pour excès de pouvoir" — gerade im Hinblick auf die un-

---

[15] Vgl. Fr. *Gény* Bd. 2 S. 75, 188; *Marty* S. 269 ff.; *Waline II* S. 622 f.; *di Qual* S. 137, 169; *Fromont* S. 608.

[16] Vgl. *Goldenberg* S. 218 ff.; *Rivero IV* S. 143; *di Qual* S. 137; *Steindorff II* S. 111.

[17] Vgl. *Romieu* S. 1 ff.; *Réglade* S. 427 ff.; *Letourneur II* S. 163 f.; *Odent I* S. 880 f.; *de Soto II* S. 821; M. *Bernard I* S. 57.

[18] s. o. S. 100.

bestimmten Rechtsbegriffe sehr unterschiedlich ist[19]. Im Normalfall der Tatsachenkontrolle prüft der Richter die von der Verwaltung vollzogene Subsumtion des konkreten Sachverhalts unter die im Gesetz genannten Begriffe in vollem Umfang nach, sowohl hinsichtlich der wirklichen Existenz bestimmter tatsächlicher Umstände wie auch deren rechtliche Einordnung als die geforderten Tatbestandsvoraussetzungen.

Wird diese Normalkontrolle auch bei unbestimmten Rechtsbegriffen durchgeführt, so gelangt der Richter infolge der bis ins einzelne vordringenden Würdigung des konkreten, komplexen Sachverhalts — vor allem bei relativ stärker unbestimmten Begriffen (conditions de fait nondéfinies) — in einem unmerklichen Übergang auch zu einer Kontrolle der sogenannten besonderen „Einschätzung des Sachverhalts" (appréciation des faits)[20]. Damit stellt sich die Frage, ob es im französischen Verwaltungsrecht bei der Anwendung unbestimmter Rechtsbegriffe ebenfalls einen der Verwaltung überlassenen Beurteilungsspielraum gibt, wie ihn die herrschende Meinung für das deutsche Recht annimmt: Danach wird wohl die Auslegung eines unbestimmten Rechtsbegriffs, die den allgemeinen Sinngehalt des Begriffs in abstracto ermitteln soll, sowie die Feststellung der materiellen Existenz der zugrundegelegten Tatsachen gerichtlich nachgeprüft, nicht jedoch die Anwendung des Begriffs auf den konkreten Sachverhalt, d. h. die praktische Subsumtion der Tatsachen unter den unbestimmten Rechtsbegriff; diese konkrete Einschätzung des Sachverhalts fällt in den Beurteilungsspielraum der Verwaltung und muß (lediglich) sachgerecht erfolgen, d. h. darf den abstrakten Typusbereich des Begriffs nicht verlassen[21].

Die französische Lehre kennt die Rechtsfigur des „pouvoir" oder der „liberté d'appréciation des faits" sowie die Kategorie der „valeur des motifs". Während mit „pouvoir d'appréciation" insbesondere früher noch undifferenziert global ein Spielraum bezeichnet wurde, der bei unbestimmten Begriffen insgesamt, ohne Trennung von Begriffsauslegung und Anwendung auf einen konkreten Sachverhalt, bestehen sollte[22], hat der Ausdruck „appréciation des faits" einen präziseren, ein-

---

[19] s. o. S. 101; *Fournier-Braibant* Nr. 573; *Auby-Drago* Bd. 3 S. 41 f.; *di Qual* S. 107, 143, 175; *Steindorff II* S. 111; *Fromont* S. 608.

[20] Vgl. *Auby-Drago* Bd. 3 S. 42, 78, 79 f.

[21] Vgl. *Bachof* S. 98 ff.; *Jesch* S. 221 ff., 225, 230 ff.; *Wolff* S. 147 ff.; aber auch *Kellner* S. 859 ff.; *Rupp* S. 177 ff., 206 ff., 212 ff.

[22] Vgl. oben S. 110; *Duguit I* (2. Aufl.) Bd. 1 S. 92; *Le Fur* Bd. 1 S. 399, Bd. 2 S. 7; Mißverständlich, weil ungewöhnlich gebraucht *Lagrange (I* Rspr. Bd. 1 S. 67, Recueil Bd. 1 S. 63) „pouvoir d'appréciation" im Gegensatz zu „pouvoir discrétionnaire": „pouvoir d'appréciation" steht bei ihm für ein rechtlich begrenztes Ermessen, das sonst gerade mit „pouvoir discrétionnaire" bezeichnet wird, während „pouvoir discrétionnaire" von ihm offenbar als Ermessen ohne Grenzen angesehen wird, was dem Ausdruck „pouvoir arbitraire" entsprechen würde.

geschränkten Sinn: Als besondere „Einschätzung des Sachverhalts" wird die stark subjektiv beeinflußte Beurteilung komplexer Situationen bezeichnet, die bei der Anwendung relativ unbestimmter Begriffe erforderlich ist. Im Vergleich zu nicht gar so unbestimmten Begriffen bedeutet diese „appréciation des faits" für den Rechtsanwender einen größeren Spielraum. Weil sie in hervorragendem Maße subjektiv bedingt ist, wird sie als ein besonderer Teil der Subsumtion und damit auch bei der gerichtlichen Tatsachenkontrolle angesehen, der eigentlich nicht zum Normalfall der Tatsachenkontrolle gehöre, sondern nur im Fall der Maximalkontrolle vorgenommen werden solle[23]. Das Problem dieser besonderen „Einschätzung des Sachverhalts" wird gelegentlich auch unter dem Stichwort einer besonderen „valeur des motifs" behandelt, die normalerweise nicht von dem Verwaltungsgericht nachgeprüft werde[24]. Die „valeur des motifs" bezeichnet ebenfalls die weitgehend subjektiv gefärbte, praktische Subsumtion eines komplexen Sachverhalts in concreto unter einen unbestimmten Rechtsbegriff.

Ein Beispiel für eine solche „appréciation des faits" bzw. für die „valeur des motifs" in einem konkreten Fall kann aus dem Polizeirecht genommen werden, in dem die Existenz einer Gefahr für die öffentliche Ordnung festgestellt werden muß, zu deren Bekämpfung die ergriffene Maßnahme notwendig sein muß. Mit der Entscheidung *Benjamin*[25] wurde ein Versammlungsverbot aufgehoben, das dem Umfang und der Bedeutung der im konkreten Fall zu befürchtenden Störungen der öffentlichen Ordnung nicht angemessen war, weil weniger starke Maßnahmen ausgereicht hätten. Dabei wird getrennt zwischen einer Feststellung der konkreten Tatsachen, die sich auf die rein objektiven Vorgänge bezieht, und einer subjektiv bestimmten „Einschätzung" der „valeur des motifs", ob diese Vorgänge eine solche Gefahr für die öffentliche Ordnung bedeuten, daß die Intensität der ergriffenen Maßnahme gerechtfertigt ist, d. h. ob diese Maßnahme notwendig ist. Damit betrifft die besondere „Einschätzung des Sachverhalts" auch die Frage, ob die ergangene Maßnahme im einzelnen der konkreten Situation angemessen ist[26]. Ein anderes Beispiel für den Bereich der besonderen Einschätzung der „valeur des motifs" nennt *Vedel*[27]: Bei der Prüfung, ob die Häuserfront eines Platzes eine schutzwürdige Denkmalsansicht biete (perspectives monumentales), betreffe die Tatsachenfeststellung (im Sinne von „existence matérielle des

---

[23] Vgl. *Auby-Drago* Bd. 3 S. 81, 83; *Rivero IV* S. 140, 143 f.; *Letourneur V* S. 59 ff.

[24] Vgl. *Wei Teng-lin* S. 89; *Auby-Drago* Bd. 2 S. 423; *di Qual* S. 203; *Castagné* S. 159 f.

[25] *CE* vom 19. 5. 1933, Rec. S. 541.

[26] Vgl. *Auby-Drago* Bd. 3 S. 83; auch *Bonnard I* S. 370; *Venezia* S. 91.

[27] *II* S. 666; vgl. *Venezia* S. 31, 91.

faits") lediglich die konkrete Existenz der Häuserfront. Das Urteil darüber, ob der Anblick dieser Häuserfront denkmalswürdig sei oder nicht, werde als subjektive Einschätzung der „valeur des motifs" angesehen. *Vedel* selber allerdings spricht insoweit von einer „rechtlichen Beurteilung der Qualifizierung des Sachverhalts" (appréciation juridique de la qualification des faits), die Teil der zur praktischen Subsumtion gehörenden rechtlichen Einordnung der Tatsachen — mit Bezug auf den unbestimmten Begriff — ist.

Bei unbestimmten Rechtsbegriffen (wie „ordre public", „nécessité", „perspectives monumentales") wird damit die praktische Subsumtion aufgespalten: Neben der Feststellung des wirklichen Bestehens der Tatsachen (existence matérielle des faits) und deren rechtlicher Einordnung (existence légale des faits = qualification juridique), die dann allerdings nur eine abstrakt-generelle ist, soll die „Einschätzung des Sachverhalts", der „valeur des motifs", noch einen besonderen zusätzlichen Aspekt der Subsumtion und Tatsachenfeststellung bilden. Diese besondere Einschätzung meint dabei jenen Teil der rechtlichen Qualifizierung eines Sachverhalts, der noch ein besonderes, weitgehend subjektiv gefärbtes Urteil über bestimmte Qualitäten des Sachverhalts erfordert. Damit ist unter einem anderen Gesichtspunkt jener Teil der Subsumtion gemeint, der den zugrundeliegenden Sachverhalt als komplexe Gesamtsituation konkret unter den unbestimmten Begriff einordnet[28]. Insofern vollendet erst die besondere Einschätzung der „valeur des motifs" die praktische Subsumtion unter unbestimmte Rechtsbegriffe, indem sie über eine bloß abstrakt-generelle Subsumtion eines typisierten und daher hypothetischen Sachverhalts hinausgeht.

Die vorangehende (generelle) rechtliche Einordnung des Sachverhalts bezieht sich lediglich auf typische Einzelelemente des Sachverhalts als Bestandteile einer Fallgruppe, die als solche in abstracto dem unbestimmten Begriff untergeordnet wird: bei der „qualification juridique" wird also bloß abstrakt die Existenz einer Häuserfront oder die Tatumstände, die ein polizeiliches Einschreiten auslösen, jeweils als Unterfall der dem unbestimmten Rechtsbegriff zugeordneten generellen Fallgruppe festgestellt. Dabei wird demnach nur hypothetisch-abstrakt ein einzelnes Tatsachenelement, außerhalb des Zusammenhangs der konkreten Gesamtsituation, darauf hin geprüft, ob es generell, „an sich" geeignet sei, die durch einen unbestimmten Begriff beschriebenen gesetzlichen Tatbestandsvoraussetzungen zu erfüllen. Die besondere „Einschätzung des Sachverhalts" geht über diese hypothetische Subsumtion im Rahmen von Fallgruppen hinaus: Wegen der Komplexität des unbestimmten Begriffs und der Vielschichtigkeit des durch einen solchen Begriff ange-

---

[28] Vgl. *Bonnard I* S. 370; *Venezia* S. 91; auch *Letourneur II* S. 162.

sprochenen Sachverhalts ist für die vollkommene praktische Subsumtion ein Rückgriff auf die Gesamtsituation erforderlich. Erst die Berücksichtigung aller konkreten Einzelumstände in ihrem Zusammenhang läßt den komplexen Sachverhalt konkret unter den unbestimmten Rechtsbegriff einordnen. Dies geschieht mittels der besonderen Einschätzung der „valeur des motifs", die damit nicht nur die rechtliche Einordnung eines objektiv feststehenden Sachverhalts betrifft, sondern zwangsläufig zugleich auch die objektive Feststellung des derart komplexen Sachverhalts selbst[29]. In diesem Verständnis entspricht die „appréciation des faits" weitgehend dem deutschen Begriff des Beurteilungsspielraums[30].

Darüber hinaus wird in der französischen Diskussion deutlich, daß die so verstandene besondere „Einschätzung des Sachverhalts" häufig auch die Frage nach der Verhältnismäßigkeit der tatsächlich getroffenen Entscheidung berührt. Die Beurteilung der Gesamtsituation im Hinblick darauf, ob eine bestimmte Maßnahme notwendig ist, betrifft den Zusammenhang zwischen Sachverhalt und konkret ausgesprochener Rechtsfolge (als dem Inhalt der Verwaltungshandlung), der in gleicher Weise für die Frage relevant ist, ob die ergangene Maßnahme im einzelnen gegenüber dem konkreten Sachverhalt angemessen ist. Die Subsumtion der gegebenen Gesamtsituation unter den unbestimmten Rechtsbegriff trifft also zugleich ein Urteil über die Angemessenheit der im Einzelfall ausgesprochenen Rechtsfolge gegenüber dem Sachverhalt (proportionnalité de la mesure aux motifs = opportunité). Dies gilt insbesondere, wenn aufgrund des durch einen unbestimmten Begriff umschriebenen Sachverhalts mehrere Handlungsweisen der Verwaltung (Rechtsfolgen) möglich werden, ohne daß die den unbestimmten Rechtsbegriff enthaltende Norm die der konkreten Gesamtsituation jeweils angemessene Rechtsfolge genau festgelegt hat[31].

Weil innerhalb der eine Einheit bildenden praktischen Subsumtion ein logisch untrennbarer Zusammenhang zwischen Auslegung des unbestimmten Begriffs, rechtlicher Einordnung des Sachverhalts und letztlich auch der Tatsachenfeststellung besteht, läßt sich schwer ein exakter Bereich der besonderen Einschätzung der „valeur des motifs" abgrenzen. *Bonnard*[32] bezeichnet die konkrete Beschaffenheit der zugrundeliegenden

---

[29] Vgl. *Venezia* S. 80; *di Qual* S. 177; *Steindorff II* S. 112; s. auch *Jesch* S. 192, 196.

[30] So wird bei *Lagrange* „pouvoir d'appréciation" oder „marge d'appréciation" (*III* Recueil Bd. 9 S. 374 f.) mit „Beurteilungsspielraum" übersetzt (*III* Rspr. Bd. 9 S. 397 f.).

[31] Z. B. für ein bestimmtes pflichtwidriges Verhalten eines Beamten (faute) nicht die dafür angemessene Disziplinarstrafe genannt hat; vgl. *Fournier-Braibant* Nr. 583; *Auby-Drago* Bd. 3 S. 66; *di Qual* S. 86, 175 ff.; *Castagné* S. 159 f.; *Bonnard V* S. 141; s. dazu S. 155 f.

[32] *I* S. 370.

Umstände sowie deren Bedeutungsschwere (degré de gravité) als „valeur des motifs“ und nennt als Beispiel die Erfordernisse der öffentlichen Ordnung (nécessités de l'ordre public). *Waline*[33] dagegen rechnet den Ausnahme- oder Regelcharakter eines Sachverhalts (caractère normal ou exceptionnel) noch zu der (generellen) rechtlichen Einordnung der Tatsachen (qualification juridique) und behält lediglich die Beurteilung zukünftiger Ereignisse, wie die Abschätzung von Gefahren, der besonderen „Einschätzung des Sachverhalts“ vor. Daran wird deutlich, daß lediglich aus praktischen Gründen innerhalb der Subsumtion als einer Einheit differenziert wird, nämlich im Anschluß an die Entwicklung der Tatsachenkontrolle durch den Conseil d'Etat. Diese Differenzierung ist daher nicht streng logisch durchzuführen oder abzugrenzen[34].

Die Feststellung, daß das französische Verwaltungsrecht eine dem „Beurteilungsspielraum“ entsprechende Rechtsfigur kennt, bedeutet aber noch nicht, daß diese besondere Einschätzung der „valeur des motifs“ bei der Anwendung unbestimmter Rechtsbegriffe ohne gerichtliche Kontrolle der Verwaltung überlassen bliebe. Vielmehr wird praktisch schon fast in der Regel auch bei unbestimmten Rechtsbegriffen die sogenannte Normalkontrolle dahin durchgeführt, daß das konkrete Vorliegen der mit solchen Begriffen bezeichneten Tatbestandsvoraussetzungen vollkommen bis ins einzelne vom Richter nachgeprüft wird. Dabei gelangt der Richter in einem unmerklichen Übergang auch zu einer Kontrolle der besonderen „appréciation des faits“, die er vor allem aber im Fall der Maximalkontrolle — bei den allgemeinen Polizeibefugnissen — erklärtermaßen vornimmt[35]. Das setzt andererseits voraus, daß der Richter zur Kontrolle dieser „Einschätzung des Sachverhalts“ den Inhalt des unbestimmten Begriffs auslegt, um von daher die Anforderungen an den konkreten Sachverhalt bestimmen zu können. Es besteht Einigkeit darüber, daß in diesen Fällen die Tatsachenkontrolle am weitesten geht, indem das Gericht hier die eigene Einschätzung des Sachverhalts an die Stelle der Beurteilung seitens der Verwaltung setze (substituer sa propre appréciation à celle de l'administration)[36].

In manchen Fällen unbestimmter Rechtsbegriffe dagegen beschränkt sich das Verwaltungsgericht darauf, lediglich das reale Bestehen der angeführten Tatsachen (existence matérielle des faits) sowie im Sinne einer abstrakt-hypothetischen Subsumtion deren Zugehörigkeit zu einer Fall-

---

[33] *I* S. 214, 216 ff.

[34] Vgl. *di Qual* S. 183; *Laun III* S. 33; *Steindorff I* S. 56, 68; *Hamson* S. 209; auch *Auby-Drago* Bd. 3 S. 42, 78 ff.; *de Laubadère* S. 486.

[35] Vgl. *Auby-Drago* Bd. 3 S. 78, 79 f., 81 ff.; *Rivero IV* S. 140, 143 f.; *Letourneur V* S. 59 ff.

[36] Vgl. *Alibert* S. 295; *Wei Teng-lin* S. 89; *Odent I* S. 613; *Bonnard V* S. 141; *Auby-Drago* Bd. 2 S. 423; M. *Bernard I* S. 57; *Theis* S. 15.

gruppe, die dem unbestimmten Begriff untergeordnet werden kann (entrant dans le champ d'application de la loi), zu kontrollieren. Das gilt für die als Übergangsstufe aufgefaßte Kontrolle der besonderen Polizeibefugnisse zur Beschränkung der individuellen Freizügigkeit (contrôle moyen)[37], aber ebenso auch im Fall der Minimalkontrolle auf den Gebieten der Ausländerpolizei, des Paßwesens, des öffentlichen Dienstes und bei manchen sehr technischen Begriffen[38]. Denn auch in Fällen der letztgenannten Minimalkontrolle — nämlich zunächst bei komplizierten technischen Begriffen — beginnt der Conseil d'Etat in allerjüngster Zeit, wenigstens abstrakt-hypothetisch die Subsumtion zu überprüfen, indem er untersucht, ob die Subsumtion des konkreten Sachverhalts unter den unbestimmten Begriff — im Hinblick auf die Einschätzung des Sachverhalts — einen offenbaren Irrtum (erreur manifeste) erkennen läßt bzw. die Grenzen des Begriffsbereichs einhält[39].

Mittels der abgestuften Tatsachenkontrolle entscheidet letztlich der Richter, ob die besondere Einschätzung der „valeur des motifs" als „Beurteilungsspielraum" — d. h. das konkrete Vorliegen der durch unbestimmte Rechtsbegriffe bezeichneten Tatbestandsvoraussetzungen bis ins einzelne — nachgeprüft oder der Verwaltung überlassen wird[40].

b) *Kontrolle unbestimmter Rechtsbegriffe*

In der überwiegenden Mehrzahl der Fälle kontrolliert der Conseil d'Etat auch die unbestimmten Rechtsbegriffe. So überprüfte er auf dem Gebiet des allgemeinen Polizeirechts umfassend die mit unbestimmten Begriffen umschriebenen Tatbestandsvoraussetzungen, insbesondere die Existenz von — genügend intensiven — „Störungen der öffentlichen Ordnung" oder einer „Gemeingefahr" sowie die „Notwendigkeit" polizeilicher Maßnahmen wie Versammlungsverbote oder Beschlagnahme einer Zeitung[41]. Dabei wird der rechtspolitische Impuls dieser so ausge-

---

[37] Vgl. *Auby-Drago* Bd. 3 S. 73 f.; *di Qual* S. 166; *Letourneur V* S. 60; *Galmot* S. 584 ff.

[38] Vgl. *Auby-Drago* Bd. 3 S. 66, 69 ff.; *di Qual* S. 86 f., 118, 154 ff.; *Rivero IV* S. 143 f.; *Castagné* S. 156 f.

[39] Vgl. *CE* vom 15. 2. 1961 Lagrange, Rec. S. 121; *Galabert-Gentot* S. 552 ff.; *Kornprobst II* passim, bes. S. 123; *Letourneur V* S. 56 f.; s. auch unten S. 136 zu Anm. 39.

[40] Vgl. *di Qual* S. 107.

[41] *CE* vom 19. 2. 1909 Olivier, Rec. S. 181; *CE* vom 26. 5. 1911 Ferry, Rec. S. 638; *CE* vom 1. 5. 1914 Didier, Rec. S. 515; *CE* vom 10. 8. 1917 Baldy, Rec. S. 637; *CE* vom 6. 12. 1918 Bouré, Rec. S. 1096; *Tribunal des Conflits* vom 8. 4. 1935 L'Action française, Rec. S. 1227; *CE* vom 19. 10. 1935 Vromet, Rec. S. 995; *CE* vom 7. 6. 1939 Vercherin, Rec. S. 375; *CE* vom 27. 11. 1959 Ministre de l'Intérieur c. sieur Salem, Rec. S. 632.

dehnten Kontrolle besonders deutlich, die inspiriert ist von dem Bemühen des Conseil d'Etat, die individuellen Freiheitsrechte möglichst zu schützen. Z. B. wird in der Entscheidung *Benjamin*[42] die Überprüfung der Notwendigkeit eines Versammlungsverbots damit gerechtfertigt, daß die Verwaltung bei den „Maßnahmen, die zur Aufrechterhaltung der Ordnung erforderlich sind, die Ausübung ihrer Befugnisse mit dem Respekt für die gewährleistete Versammlungsfreiheit ausgleichen muß".

Weiter wird gerichtlich nachgeprüft: ob „außergewöhnliche Umstände" vorliegen, bei denen die Verwaltungsbefugnisse einen größeren Umfang haben könnten[43]; im Baurecht, ob eine Häuserfront einen „denkmalswürdigen" Anblick bietet[44]; die „Gemeinnützigkeit" einer Enteignung zu Zwecken des Straßenbaus oder allgemein der Arbeiten an öffentlichen Sachen (travaux publics)[45]; die „Notwendigkeit" der Beschlagnahme von Grundstücken für den Bau von Wohnbaracken (wenngleich der Conseil d'Etat die Beschlagnahme grundsätzlich für notwendig hielt, war sie nach seinen Feststellungen doch nicht hinsichtlich der gesamten betroffenen Fläche erforderlich für die beabsichtigten Bauten, so daß sie für den restlichen Teil wegen mangelnder Angemessenheit bzw. Verhältnismäßigkeit rechtswidrig war)[46]; ob Ausnahmen von der allgemeinen Sonntagsruhe „der Allgemeinheit schaden" können (préjudiciable au public)[47]; ob ein „Bedürfnis" für die Zulassung von Gewerbebetrieben besteht und ob diese „echte Vorteile" bieten[48]; ob eine Gewerkschaft — nach ihrer zahlenmäßigen Stärke und den sonstigen Umständen — zu den „repräsentativsten" Organisationen gehört[49]; ob an einem Ort eine „große Wohnungsnot" — als Voraussetzung staatlicher Ausgleichszahlungen an die Gemeinde — herrscht[50] und ob eine Wohnung „angemessen" ist (anderenfalls die Gemeindebeamten ein Wohngeld beanspruchen können)[51]; im Beamtenrecht bei Entlassung oder Wiedereinstellung die „körperliche Arbeitsfähigkeit" (aptitude physique) oder „berufliche

[42] *CE* vom 19. 5. 1933, Rec. S. 541; s. o. S. 116 Anm. 25.

[43] s. o. S. 73 ff.; *CE* vom 4. 2. 1921 Lelièvre, Rec. S. 129; *CE* vom 3. 5. 1946 Dame veuve Goguet, Rec. S. 126.

[44] *CE* vom 4. 4. 1914 Gomel, Sirey 1917 III S. 25; *CE* vom 10. 8. 1917 Pillot, Rec. S. 647.

[45] *CE* vom 11. 2. 1910 Laurent-Champrosay, Rec. S. 116; *CE* vom 6. 8. 1910 de Maraumont, Rec. S. 717; *CE* vom 8. 5. 1914 Rivière, Rec. S. 556.

[46] *CE* vom 17. 10. 1947 Dupuis de Cultures, Rec. S. 379; *CE* vom 4. 12. 1925 Leroy, Rec. S. 982.

[47] *CE* vom 30. 11. 1906 mehrere Urteile, Rec. S. 862 ff.; *CE* vom 8. 3. 1907 Jagot, Rec. S. 247; auch *CE* vom 4. 3. 1966 Manufacture de produits chimiques de Tournan, RDP 1966 S. 618 f.

[48] *CE* vom 25. 11. 1932 Société Mielle, Cailloux et Cie., Rec. S. 992; anders *CE* vom 19. 2. 1965 Lagrange, RDP 1965 S. 1017 f.

[49] *CE* vom 7. 11. 1947 CFTC, Rec. S. 415.

[50] *CE* vom 14. 5. 1948 Commune de Veules-les-Roses, Rec. S. 212.

[51] *CE* vom 8. 8. 1921 Sauvat, Rec. S. 845.

Leistungsfähigkeit“ (aptitude professionnelle) von Beamten[52] sowie die bei Wiedereinstellung der unter Vichy entlassenen Beamten zu rekonstruierende „durchschnittliche, gewöhnliche Karriere“ vergleichbarer, nicht entlassener Beamten[53].

Die ständige gerichtliche Kontrolle solcher unbestimmter Begriffe hat zudem zur Folge, daß der Inhalt dieser Begriffe stets bestimmter, konkreter wird. Denn die Subsumtion eines konkreten Sachverhalts unter einen (relativ) unbestimmten Begriff bewirkt zugleich eine gewisse Sinngebung für diesen Begriff. Durch die häufige Anwendung entstehen allgemeinere Richtlinien für die Auslegung und bilden sich typische Fallgruppen heraus, so daß der Begriffsinhalt allmählich präzisiert wird. Die Präzedenzwirkung der bereits entschiedenen Fälle, d. h. der Anwendung des unbestimmten Begriffs auf einzelne konkrete Sachverhalte, schränkt den „Beurteilungsspielraum“ — von Gericht und Verwaltung — bei der zukünftigen Anwendung dieses Begriffs ein, so daß der Begriff langsam zu einem (relativ) bestimmten werden kann[54].

c) Keine Kontrolle unbestimmter Rechtsbegriffe

Andererseits gibt es eine Reihe von Fällen, in denen der Conseil d'Etat es abgelehnt hat, den Sachverhalt im einzelnen darauf hin zu überprüfen, ob eine mit einem unbestimmten Rechtsbegriff umschriebene Tatbestandsvoraussetzung in concreto erfüllt ist, oder überhaupt den Begriff auszulegen. So untersucht er bei der Ausweisung eines Ausländers nicht, ob — wie es die einschlägigen Bestimmungen erfordern — eine „Bedrohung der öffentlichen Ordnung“ vorliegt, weil insofern die Einschätzung des Sachverhalts nicht nachzuprüfen sei[55]. Die Befugnis, einen Paß auszustellen, steht zwar nach dem Gesetz im Ermessen der Behörde, die Möglichkeit der Ablehnung eines entsprechenden Antrags ist jedoch durch die rechtsschöpferische Rechtsprechung des Conseil d'Etat auf die Fälle eingeschränkt worden, in denen der Aufenthalt des Antragstellers im Ausland die „öffentliche Sicherheit“ gefährden könnte; das Vorliegen dieser durch Richterrecht geforderten Tatbestandsvoraussetzung aber

[52] *CE* vom 28. 6. 1946 Paoli, Rec. S. 186; *CE* vom 19. 12. 1947 Sajous, Rec. S. 476; *CE* vom 3. 6. 1953 Girard, Rec. S. 259; *CE* vom 19. 2. 1954 Couture, Rec. S. 116; *CE* vom 2. 8. 1924 Laurens, Rec. S. 777; *CE* vom 5. 12. 1951 Macon, Rec. S. 569; dazu M. *Bernard I* S. 61; — nachdem eine gegenteilige Rechtsprechung aufgegeben worden ist, *CE* vom 18. 5. 1917 Tisseire, Rec. S. 396; *CE* vom 15. 10. 1918 Desrumeaux, Rec. S. 931; *CE* vom 31. 10. 1930 Richard, Rec. S. 886.

[53] *CE* vom 13. 5. 1949 Ducasse, Rec. S. 220; auch *CE* vom 26. 12. 1925 Rodière, Rec. S. 1065.

[54] Vgl. *Marty* S. 205, 214; *Stati* S. 146 ff.; *Al-Sanhoury* S. 71; *Waline II* S. 623; *Chatelain* S. 279; *Dupeyroux II* S. 357, 360 ff.; auch *Goldenberg* S. 256 f.

[55] *CE* vom 24. 10. 1952 Eckert, Rec. S. 467.

prüft das Gericht nicht nach, weil darüber allein die Verwaltung zu entscheiden habe[56]. Im Bereich der „Leistungsverwaltung" wurde nicht kontrolliert, ob der Bürger über „ausreichende Eigenmittel" nicht verfügt und deswegen zum Empfang von öffentlichen Fürsorgeleistungen berechtigt ist[57], und ob ein Arbeitsloser „freiwillig" seinen früheren Arbeitsplatz aufgegeben hat, wodurch ein Anspruch auf Arbeitslosenunterstützung ausgeschlossen würde[58]. Ebensowenig überprüfte der Conseil d'Etat, ob bestimmte Ausgabenposten für die Unterhaltung der Schulen „notwendig" waren und deswegen im Gemeindehaushalt enthalten sein mußten[59], noch die Beurteilung der Genehmigungsbehörde in der Frage, ob ein „gewichtiger Kündigungsgrund" im Fall eines Belegschaftsvertreters (délégué du personnel) vorlag[60].

Im Beamtenrecht werden weder bei der Einstellung die „Eignung" von Bewerbern (valeur, aptitude professionnelle) noch die „Noten und Beurteilungen" durch Vorgesetzte gerichtlich nachgeprüft (bei letzteren allerdings stets und genau die Existenz der sie tragenden Tatsachen)[61]. Dafür ist das Urteil *Loubeyre*[62] bezeichnend, in dem der Conseil d'Etat zwar untersucht, ob bestimmte Krankheiten mit einem öffentlichen Amt vereinbar seien, nicht aber die berufliche Eignung des Kandidaten. Bei der Einstufung der Staatsangestellten in verschiedene Berufskategorien wurde nicht nachgeprüft, ob eine bestimmte Tätigkeit in die Kategorie der „techniciens" falle — weil nach Ansicht des Gerichts eine normative Definition dieses Begriffs fehlte; der Conseil d'Etat lehnte hier die Auslegung des unbestimmten Begriffs ab und konnte dann den konkreten Sachverhalt nicht an einem festgestellten Begriffsinhalt messen[63]. Wenn Beamte in neue Ämter umgesetzt werden, prüft der Conseil d'Etat nicht die (vorgeschriebene) Gleichwertigkeit der neuen Tätigkeit — soweit nicht ein offenbarer Irrtum hinsichtlich der Gleichwertigkeit vorliegt[64]. Unkontrolliert blieb weiterhin, ob „besondere Auszeichnungen" (tîtres exceptionnels) — als Voraussetzung für eine Beförderung — vorlagen[65]. Auch die „Giftigkeit" verbotener Stoffe wird nicht überprüft[66].

---

[56] *CE* vom 14. 5. 1948 Imbach, Rec. S. 215; *CE* vom 11. 5. 1960 Car, Rec. S. 319.

[57] *CE* vom 11. 5. 1923 Duchesne, Rec. S. 389; *CE* vom 18. 5. 1923 Commune de Montreuil-aux-Lions, Rec. S. 410.

[58] *CE* vom 9. 7. 1959 Gardin, Rec. S. 832.

[59] *CE* vom 12. 4. 1924 Département Haute Savoie, Rec. S. 401.

[60] *CE* vom 12. 11. 1949 Société nancéenne d'alimentation, Rec. S. 483.

[61] *CE* vom 10. 7. 1930 Alexandre, Rec. S. 711; *CE* vom 24. 2. 1932 Filippi, Rec. S. 226; *CE* vom 14. 12. 1955 Coulon, Rec. S. 587; *CE* vom 28. 11. 1951 Braun, Muller, Vonthron, Rec. S. 559; *CE* vom 4. 2. 1955 Massoni, Rec. S. 71; *CE* vom 1. 10. 1965 Ministre des Armées c. sieur Vidalon, RDP 1966 S. 373.

[62] *CE* vom 25. 7. 1952, Rec. S. 397.

[63] *CE* vom 10. 12. 1952 Maréchal, Rec. S. 566.

[64] *CE* vom 1. 3. 1961 Soyer et Bodey, RDP 1961 S. 900.

[65] *CE* vom 23. 6. 1922 Guilloud, Rec. S. 532.

[66] *CE* vom 27. 4. 1951 Société Toni, Rec. S. 236.

In der Entscheidung *Jeannin*[67] — betreffend die Errichtung eines Schießübungsplatzes, die laut Gesetz nur erfolgen durfte, wenn sie den Umständen nach, wegen der „gegenseitigen Risiken einer Nachbarschaft" erforderlich war — hat der Conseil d'Etat die Gründe angedeutet, warum er in diesen Fällen die unbestimmten Rechtsbegriffe nicht in seine Kontrolle einbezogen hat: „Es steht dem Conseil d'Etat nicht zu, seine Einschätzung zu diesem Punkt an die Stelle derjenigen der Regierung zu setzen, die in einer Materie, die Geheimnisse der Staatsverteidigung betrifft, allein berechtigt ist, über die Existenz und Bedeutung gegenseitiger Risiken einer Nachbarschaft zu urteilen."

d) Ergebnis

Also um die Handlungsfreiheit der Verwaltung nicht zu sehr einzuengen, unterläßt der Conseil d'Etat in den genannten Fällen eine Kontrolle der Anwendung der unbestimmten Begriffe. Diese „Ausnahmen" (von der regelmäßig vollkommenen Kontrolle der Subsumtion) sind nicht nach logischen Gesichtspunkten abzugrenzen, sondern ergeben sich aus der ungleichmäßig entwickelten und sehr empirischen Rechtsprechung des Conseil d'Etat.

Außerdem geben oft auch mehr technische Gründe den Ausschlag, nämlich der Schwierigkeitsgrad der Nachprüfung eines unbestimmten Begriffs. Häufig wird infolge der Komplexität des entsprechenden konkreten Sachverhalts ein gewisser „Rest" nachbleiben, der als reine Tatsachenwertung nicht mehr in juristische Begriffe aufgelöst werden kann. Das Gericht beschränkt sich dann auf eine vorsichtige Prüfung im Sinn einer globalen Aufsicht und läßt in schwierigeren Fällen eine Art Vermutung für die Einschätzung und Subsumtion durch die Behörde sprechen, um der besseren Sachkenntnis der Verwaltung gerecht zu werden. Infolge der tatsächlichen Schwierigkeiten, die eine bis ins letzte gehende richterliche Kontrolle bei manchen sehr dehnbaren, unbestimmten Rechtsbegriffen bereitet, gibt es in der Praxis immer Grenzfälle, in denen der Richter theoretisch hätte prüfen sollen, es praktisch aber unterläßt[68].

Aus solcher Praxis entsteht dann ein ungeprüfter Raum der Entscheidungsfreiheit („Beurteilungsspielraum") für die Verwaltung, der ebenfalls als „Ermessen" angesehen wird. Das gleiche gilt in den Fällen, in denen der Conseil d'Etat aus rechtspolitischen Gründen auf eine Kontrolle verzichtet, um der Verwaltung einen gewissen Spielraum zu lassen, d. h. ein Ermessen zuzugestehen[69]. Bei unbestimmten Rechtsbegriffen

---

[67] *CE* vom 10. 1. 1936, Rec. S. 40.

[68] Vgl. *Goldenberg* S. 29, 217; *Lavau* Nr. 16; *Venezia* S. 30, 101, 132; *Odent I* S. 609; *Letourneur V* S. 59 f.; auch *Vedel I* S. 81, 314.

wird also in einigen Fällen der Verwaltung praktisch eine Ermessensfreiheit zugestanden, indem das Gericht auf die Nachprüfung der durch solche Begriffe umschriebenen Tatbestandsvoraussetzungen verzichtet, obwohl theoretisch die Verwaltung an diese Voraussetzung — wenn auch durch einen unbestimmten Begriff — gebunden wäre[70].

V. Sitz des Ermessens im „acte"

Um den materiellen Bereich des Ermessens festzustellen, ist der konkrete Zustand der rechtlichen Regelung für die verschiedenen Einzelelemente der Verwaltungshandlung darauf hin zu betrachten, ob und in welchem Umfang die bezüglich jedes Elements zu treffende besondere Entscheidung frei oder gebunden ist.

1. Zuständigkeit

Für die formellen Elemente „Zuständigkeit" und „Formen" gilt Folgendes:

Nach allgemeiner Meinung kann hinsichtlich der Zuständigkeit einer Behörde (compétence), daß also diese eine bestimmte Behörde zu handeln befugt und verpflichtet ist, kein Ermessen bestehen. Die Fragen der Zuständigkeit sind durch strikt bindende Normen geregelt, die überhaupt den Aufbau der gesamten Verwaltungsrechtsordnung garantieren. Die Kompetenz der handelnden Behörde ist einerseits zwingende Voraussetzung jeder Verwaltungstätigkeit, spricht andererseits aber auch zugleich eine bindende Verpflichtung der Behörde aus: ohne einen Spielraum ist das Organ zur Ausübung seiner jeweiligen Zuständigkeit verpflichtet und kann nicht frei darüber verfügen im Sinne einer Wahl nach Ermessen[1].

---

[69] Vgl. *Marty* S. 213; *Michoud* S. 12; *Vedel I* S. 81 ff.; *Auby-Drago* Bd. 3 S. 70 f.; *de Laubadère* S. 486; *Bonnard V* S. 141; *Fournier-Braibant* Nr. 576, 587 ff.; *Lavau* Nr. 16; *Venezia* S. 28; *Stassinopoulos* S. 150.

[70] Vgl. *di Qual* S. 135; *Fournier-Braibant* Nr. 576, 587 ff.; *Stassinopoulos* S. 150; auch *Petot* S. 386 f.

[1] Vgl. *Michoud* S. 16; *Réglade* S. 415; *Giraud* S. 311; *Duguit I* (2. Aufl.) Bd. 2 S. 290; *Carré de Malberg I* S. 503 f.; *Waline* I S. 215, und *IV* (9. Aufl.) S. 450 f.; *Vedel II* S. 296; *Jèze III* S. 59, und *IV* S. 4; *Duez II* S. 30; *Goldenberg* S. 150; *Rivero II* S. 287 f.; *Chatelain* S. 277; *Eisenmann II* S. 344, und *III* S. 36 f.; *Venezia* S. 17; *Auby-Drago* Bd. 2 S. 541 f.; auch M. *Bernard I* S. 56. *Di Qual* (S. 69, auch S. 251) spricht hinsichtlich der Zuständigkeit nicht von dem Gegensatz Ermessen—Bindung, weil diese Kategorien sich nur auf Willensäußerungen beim Formen einer Verwaltungshandlung und daher nur auf deren substantielle Elemente, dagegen nicht auf die die Art der Ausübung einer Befugnis betreffenden Elemente beziehen könnten; denn ein unzuständiges

2. Form und Verfahren

Normen über die „Formen“, d. h. die äußerlichen Formen einer Verwaltungshandlung im engeren Sinne (formes) sowie das Verfahren beim Erlaß einer Maßnahme (procédure), sind grundsätzlich zwingend für die Behörden, so daß ein Verstoß gegen derartige Vorschriften als „vice de formes“ regelmäßig zur Anfechtbarkeit (im „recours pour excès de pouvoir“) führt[2]. Allerdings unterscheidet der Conseil d'Etat auch bei den gesetzlichen Formvorschriften zwischen „formes substantielles“, deren Mißachtung die Anfechtbarkeit zur Folge hat, und „formes non-substantielles“, die nicht zur Aufhebung der sie nicht einhaltenden Maßnahme führen. Die Unterscheidung wird vorwiegend unter dem Gesichtspunkt getroffen, ob der konkrete formale Fehler den Inhalt der Maßnahme hätte beeinflussen können. Dabei betreffen heute die „formes substantielles“ überwiegend das Verfahren, die „formes non-substantielles“ die äußerliche Erscheinung der Verwaltungshandlung[3]. Bei den „formes non-substantielles“ handelt es sich (praktisch) um Sollvorschriften, die — mangels Sanktion — ebenso wie bei völligem Schweigen des Gesetzes der Verwaltung auch hinsichtlich der Formen ein „Ermessen“ einräumen[4].

Andererseits kann die Verwaltung nicht ohne weiteres beliebig zwischen mehreren Handlungsweisen, die zu demselben praktischen Ergebnis führen würden, wählen. Eine entsprechende Bindung der Behörde wird durch die Aufhebung wegen „détournement de procédure“ sanktioniert. Ein solcher Fall liegt dann vor, wenn die Verwaltung eine Maßnahme in einem — für sie im konkreten Fall einfacheren — Verfahren erlassen hat, das weder dem objektiven Inhalt noch dem Zweck der Maßnahme entspricht, wenn also die Verwaltung „ein — ihr vom Gesetz zur Verfügung gestelltes — Verfahren anwendet, um ein Ergebnis zu erreichen, das nicht jenes ist, dessentwegen das Verfahren eingerichtet wurde“[5]: z. B. wenn ein Staatsbediensteter statt entlassen, mehrmals hintereinander stets für jeweils einen Monat beurlaubt wird[6], oder wenn die Erfüllung eines öffentlichrechtlichen Vertrags, der mit Privatunternehmern wegen der Gemeindebeleuchtung abgeschlossen wurde, durch

---

Organ könne überhaupt keinen Willen äußern (ähnlich *Kornprobst I* S. 939 f., 958). Das bedeutet aber auch den Ausschluß einer Ermessensfreiheit der Verwaltung hinsichtlich der Zuständigkeit.

[2] Vgl. *Aucoc I* Bd. 1 S. 529; *Michoud* S. 16; *Réglade* S. 415; *Giraud* S. 311; *Goldenberg* S. 155; *Jèze IV* S. 4; *Chatelain* S. 277; *di Qual* S. 69 ff.

[3] Vgl. *Fournier-Braibant* Nr. 453 f.; *Auby-Drago* Bd. 2 S. 583 f.; *CE* vom 3. 3. 1965 Lacome d'Estaleux, RDP 1965 S. 1008 f.; *CE* vom 26. 1. 1966 Prebay, RDP 1966 S. 614.

[4] Vgl. *Eisenmann III* S. 36 ff.; *Venezia* S. 17; *Scelle* S. 270.

[5] *Fournier-Braibant* Nr. 536; *Camus* S. 66.

[6] *CE* vom 23. 7. 1909 Fabrègue, Rec. S. 727.

einseitig-hoheitliche Polizeiverfügung erzwungen werden soll[7]. Da der Ausspruch der wirklichen hoheitlichen Regelung bestimmten Form- und Verfahrensvorschriften unterworfen ist, hat die Verwaltung (insoweit) keine freie Wahl. Vielmehr ist es ein Gesetzesverstoß (ein „détournement de procédure"), wenn diese Regelung in einem anderen — falschen — Verfahren getroffen wird[8], weil nämlich die geforderten Voraussetzungen umgangen, d. h. nicht erfüllt werden (bezüglich Formen und Zuständigkeit)[9].

Die Einordnung dieses Mangels einer Verwaltungshandlung ist allerdings umstritten. Nach *Goldenberg*[10] könnte zwar auch ein solcher Fehler als ein Fall des „détournement de pouvoir" bezeichnet werden, wenn man darunter — im Gegensatz zu der üblichen Bedeutung — allgemein jeden Verstoß gegen die Gesetzmäßigkeit des Verwaltungshandelns verstehen würde. Ein „détournement de pouvoir" in seiner spezifischen Bedeutung liegt jedoch nur dann vor, wenn nicht gegen ausdrückliche gesetzliche Anforderungen, sondern gegen den vom Gesetz verfolgten Zweck verstoßen wird. Das „détournement de procédure" aber betrifft nach *Goldenberg* nicht den Zweck der Maßnahme, da bei beiden Verfahrensweisen (bei der für den wirklichen Inhalt der Regelung gesetzlich vorgesehenen sowie bei der anderen, die im konkreten Fall gewählt wurde) das gleiche Ergebnis erreicht und damit der gleiche Zweck verfolgt werde; vielmehr betreffe das „détournement de procédure" den objektiven Inhalt, die Rechtsnatur der Maßnahme[11]. Im Fall eines „détournement de procédure" fällt jedoch die konkret getroffene Regelung an sich, in ihrem objektiven Inhalt nicht aus dem Anwendungsbereich des Gesetzes heraus, das die gebrauchte Form einer hoheitlichen Regelung gerade zur Verfügung stellt. Aber ein — inhaltlicher — Mangel ergibt sich erst aus der Beziehung zwischen jenem Verfahren für den Erlaß hoheitlicher Regelungen und dem diesbezüglich vom Gesetz verfolgten Zweck, dem eben der im konkreten Fall mit dem eingeschlagenen Verfahren tatsächlich verfolgte Zweck nicht entspricht[12].

---

[7] Aufgehoben durch *CE* vom 5. 1. 1924 Société industrielle du gaz et de l'électricité, Rec. S. 17; im gleichen Sinn *CE* vom 8. 6. 1962 Dibon, Rec. S. 380 (allerdings dort als „détournement de pouvoir" bezeichnet); anders *Cour de Cassation* vom 17. 6. 1933 Anglade, Sirey 1935 I S. 37; sowie *Wei Teng-lin* S. 122. Weitere Beispiele: *CE* vom 5. 5. 1950 Vérot, Rec. S. 263; *CE* vom 16. 4. 1948 Richard, Rec. S. 163; *CE* vom 3. 2. 1956 Keddar, Rec. S. 46; *CE* vom 24. 6. 1960 Société Frampar et Société France édition et publications, Rec. S. 412.

[8] Vgl. *Goldenberg* S. 199 ff.; *Gazier* S. 78, 82; *Auby-Drago* Bd. 3 S. 96; *Camus* S. 66.

[9] *Camus* S. 75, 77 f.; zur Abgrenzung weiter ebd. S. 79, 80.

[10] S. 199 ff.

[11] So auch *Dubisson* S. 86.

[12] Vgl. *Auby-Drago* Bd. 3 S. 96; *Gazier* S. 78, 82; *Camus* S. 69 f., 72, 76 f., insb. Anm. 49.

Die weitgehend strenge Bindung hinsichtlich der formellen Seite der Verwaltungshandlung und einer bestimmten Verfahrensweise soll gewährleisten, daß die Entscheidungen der Behörden auch materiell wirklich dem öffentlichen Interesse entsprechen[13].

3. Handlungszweck

Soweit die Frage nach dem Bereich des Ermessens im Hinblick auf die materiellen Elemente der Verwaltungshandlung — Handlungszweck (but), Sachverhalt (motifs) sowie Inhalt der Maßnahme als Ausspruch einer Rechtsfolge (objet) — zu erörtern ist, muß als Hintergrund die dauernde, aber ungleichmäßige Entwicklung der Rechtsprechung des Conseil d'Etat, insbesondere zur Nachprüfung der Tatsachen, berücksichtigt werden, die im Laufe der Zeit manchmal die Problematik erheblich verändert hat.

Hinsichtlich des Handlungszwecks ist die Verwaltung zumindest insoweit ausnahmslos gebunden, als sie stets den allgemeinen Zweck staatlicher Tätigkeit (but général) verfolgen und im öffentlichen Interesse handeln muß, ohne sich dieser Bindung zugunsten einer „Ermessens"-Freiheit entziehen zu können — anderenfalls die Grenze von der Ermessensbefugnis zur Willkür überschritten würde[14].

Ob darüber hinaus die Behörde auch hinsichtlich des jeweils besonderen Zwecks (but spécial) einer gesetzlichen Handlungsermächtigung stets gebunden ist oder insoweit (relativ) frei entscheiden kann, wird nicht einhellig beantwortet. Eine ältere Meinung behauptet eine strikte Bindung der Verwaltung auch im Subjektiven an den mit der einzelnen Norm verfolgten Zweck, woraus sich eine Einschränkung des Ermessens ergebe[15]. Dagegen haben sich andere Stimmen erhoben, die die Ermessensfreiheit auch auf den speziellen Handlungszweck beziehen, weil die

---

[13] Vgl. *Aucoc I* Bd. 1 S. 529; *Jèze IV* S. 4; *Waline I* S. 218 f.

[14] Vgl. *Michoud* S. 17, 21, 85, 103 ff.; *Duguit I* (2. Aufl.) Bd. 2 S. 295, 301; *Jèze III* S. 61; *Giraud* S. 207; A. *Hauriou* S. 239; *Welter* S. 8; *Vedel I* S. 314, 335, 402, und *II* S. 296; *Waline I* S. 205, und *IV* (9. Aufl.) S. 449, 451; *Venezia* S. 49. *Kornprobst* (*I* S. 938 f.) und *di Qual* (S. 74 f., 109, 132, 432) anerkennen dieses Ergebnis, sehen aber darin keine „Bindung", sondern eine „Schranke" des Ermessens. Vgl. auch *Goldenberg* S. 32 f., 187, der allerdings einen rechtlich relevanten Unterschied zwischen einer Ermessensbefugnis und einer Willkürmacht bestreitet, weil das Gesetz nach der Definition des Ermessens — als Verhalten, das nicht vom Gesetz vorherbestimmt ist — sowohl für die Willkürmacht als auch für das Ermessen „stumm" sei (dabei wird jedoch „Ermessen" global auf die Maßnahme insgesamt, nicht auf deren einzelne Elemente bezogen).

[15] Vgl. *Carré de Malberg III* S. 113; *Réglade* S. 415; *Duguit I* (3. Aufl.) Bd. 1 S. 361 sowie (2. Aufl.) Bd. 2 S. 303; *Bonnard I* S. 373, 391 f.; *Waline I* S. 206, 208, 215, und *IV* (9. Aufl.) S. 451, sowie *VII* S. 661; *Castagné* S. 129 ff.

Verpflichtung, im allgemeinen öffentlichen Interesse zu handeln, jedenfalls ein Ermessen bezüglich des mit einer Maßnahme konkret zu verfolgenden Zwecks nicht ausschließe[16].

a) Zusammenhang zwischen subjektiven und objektiven Elementen

Hier ist der Zusammenhang zwischen dem subjektiven Element „but“ und den objektiven „motifs“ zu betrachten. Die subjektiven und die objektiven Elemente einer Verwaltungshandlung sind in der Realität miteinander verbunden als sich ergänzende Bestandteile, die zwar voneinander verschieden, aber aufeinander bezogen sind und einen gemeinsamen Ausgangspunkt haben. Denn der objektive Sachverhalt wird stets nur in der subjektiven Vorstellung erfaßt. Andererseits kann der subjektiv intendierte Zweck für sich allein, isoliert von den objektiven Umständen, niemals ein Mittel, d. h. die Maßnahme als solche, rechtfertigen; erst aus dem Vorliegen bestimmter objektiver Tatsachen kann — als Folge — ein bestimmter Zweck gerechtfertigt werden. In dieser notwendigen Verknüpfung lösen sich die Gegensätze zwischen objektiven und subjektiven Elementen sowie zwischen vorangehenden, bereits vergangenen und nachfolgenden, zukünftigen Elementen auf[17].

So ist der Zweck des öffentlichen Interesses, der allgemein jeder Verwaltungshandlung zugrundeliegen soll, auch ein objektives Element, da das öffentliche Interesse sich in der Maßnahme objektiv verwirklichen muß. Der Zweck als Bestandteil der Verwaltungshandlung ist nicht nur eine subjektiv-interne Vorstellung des Handelnden, sondern ist weitgehend unabhängig von dem subjektiven Wollen des Urhebers einer Maßnahme: insoweit ergibt er sich erst aus einer Beziehung des jeweiligen Inhalts zum objektiven Sachverhalt. Bezogen auf die objektive Wirklichkeit als Voraussetzung muß im konkreten Fall der Zweck des öffentlichen Interesses festgestellt werden, d. h. ob die Verwaltungshandlung objektiv sich an dem Zweck des öffentlichen Interesses orientiert. In der Beziehung von Maßnahme und Zweck ist demnach nicht (nur) das subjektive Wollen entscheidend; vielmehr muß die Maßnahme objektiv zur Verwirklichung des Zwecks wenigstens geeignet sein. Ungeachtet der subjektiven Zielsetzung des handelnden Organs kommt es in erster Linie darauf an, ob die Verwaltungsmaßnahme „an sich“ dem vorgeschriebenen Zweck entspricht: So hat der Conseil d'Etat anläßlich der Anlage eines öffentlichen Platzes nicht nach den in concreto ver-

---

[16] Vgl. *Vedel I* S. 335; *Bonnard IV* S. 59; *Eisenmann II* S. 442; *Venezia* S. 49; *di Qual* S. 74 ff.; auch *Waline VII* S. 662 f.

[17] Vgl. *Vedel I* S. 165, 321 f., 326, 435; *Welter* S. 20; *Bonnard V* S. 139; *Dubisson* S. 140 ff.; *Vidal* S. 301; *Stern* S. 5 (Vorwort), 31; auch *Duguit I* (2. Aufl.) Bd. 1 S. 214 f.

folgten subjektiven Absichten gefragt, sondern im Rahmen der Feststellung und rechtlichen Einordnung des Sachverhalts geprüft, ob ein solches Unternehmen bereits „an sich", also objektiv von allgemeinem Nutzen sei, ohne daß es auf den subjektiven Zweck ankomme[18].

Wenn daher eine Verwaltungsentscheidung „an sich" dem — gesetzlich vorgesehenen — Zweck dient, ist ihre Finalität allein durch diese objektive Beziehung bereits hinreichend bestimmt: Als nach 1945 für die führungslosen Automobilwerke Berliet ein Zwangsverwalter bestellt worden war, lehnte der Conseil d'Etat die Aufhebung dieser Maßnahme, die wegen der angeblich damit verfolgten Absicht einer Verstaatlichung der Werke angefochten wurde, mit der Begründung ab, daß eine andere Möglichkeit zur Beseitigung des Führungsmangels nicht bestanden habe und deswegen die Behörde angesichts der erheblichen nationalen Bedeutung der Werke ihre Befugnis zu dem Zweck gebraucht habe, für den jene ihr übertragen worden sei — entscheidend war also lediglich der finale Gehalt des objektiven Sachverhalts, unabhängig von einem eventuell subjektiv verfolgten — unzulässigen — Zweck späterer Verstaatlichung[19].

Die Existenz eines bestimmten Sachverhalts als Tatbestandsvoraussetzung einer Maßnahme (motifs) bedingt also objektiv den Zweck: Bestehen die vom Gesetz geforderten Tatsachen, wird zwangsläufig auch der vorgeschriebene Zweck (but légal) erreicht, ungeachtet der subjektiven Vorstellungen der handelnden Behörde. Dies wird besonders deutlich bei der „gebundenen Verwaltung", wenn die Behörde bei Vorliegen bestimmter Umstände in fest bestimmtem Sinn handeln muß und damit den gesetzlich vorgesehenen Zweck erreicht. Verfehlt dagegen die Behörde in tatsächlicher Hinsicht die vom Gesetz geforderten Tatbestandsvoraussetzungen, wird deswegen auch der für die Ausübung der Befugnis vorgesehene Zweck verfehlt[20]. In diesen Zusammenhang gehört die Entscheidung des Conseil d'Etat, daß eine — gemessen am konkreten

---

[18] Vgl. *CE* vom 11. 2. 1910 Laurent-Champrosay, Rec. S. 116; *CE* vom 6. 8. 1910 de Maraumont, Rec. S. 717; *Vedel I* S. 317, 444; *Eisenmann II* S. 402 ff.; *Vidal* S. 294; *Dubisson* S. 83; *Venezia* S. 35; *Waline VII* S. 662 f.; *di Qual* S. 66. Dieser Gesichtspunkt wird von *Kohlmann* (S. 77 f.) nicht genügend berücksichtigt.

[19] *CE* vom 22. 7. 1949 Société des Automobiles Berliet, Rec. S. 368; vgl. *CE* vom 29. 6. 1951 Syndicat de la raffinerie de soufre français, Rec. S. 377; *CE* vom 28. 7. 1952 Dumey, Rec. S. 404; *Fournier-Braibant* Nr. 557, 595.

[20] Vgl. *CE* vom 31. 1. 1902 Grazietti, Sirey 1903 III S. 113; *CE* vom 11. 1. 1935 Gras, Rec. S. 40, dazu *Bonnard V* S. 139 ff.; *CE* vom 17. 5. 1957 Boyer, Rec. S. 320; *CE* vom 9. 3. 1951 Société des concerts du Conservatoire, Rec. S. 151; *CE* vom 2. 10. 1964 Halimi, RDP 1965 S. 133; *Bonnard I* S. 371 ff.; *Vidal* S. 302, 303 Anm. 20; *Eisenmann II* S. 402 ff.; *Letourneur II* S. 82 f.; *Venezia* S. 36; *di Qual* S. 76.; *Castagné* S. 134.

Sachverhalt — zu allgemeine, zu weitreichende Maßnahme niemals dem Zweck des öffentlichen Interesses entsprechen kann[21].

b) *Verobjektivierung des Zwecks*

Es kann eine objektive und eine subjektive Finalität unterschieden werden: Der Zweck einer Verwaltungsbefugnis kann in zwei verschiedenen Verfahren vorgeschrieben und gemessen werden. Entweder wird ein bestimmter Zweck als solcher, als subjektive Absicht gefordert, oder aber die Maßnahme muß objektiv dem Zweck entsprechen. Derart formt sich der subjektive Zweck um in eine objektive Voraussetzung[22]. Der Zusammenhang zwischen subjektiven und objektiven Elementen macht den Handlungszweck (auch) zu einer Kategorie des objektiven Sachverhalts.

Außerdem muß die sehr allgemeine Richtlinie des öffentlichen Interesses stets präzisiert werden, weil sie ohne solche Präzisierung eine Verwaltungsbefugnis nicht wirklich begrenzen kann. Die Präzisierung erfolgt durch das Nennen objektiver Voraussetzungen. Diese Konkretisierung des (individuellen) Zwecks bewirkt eine Objektivierung, indem angezeigt wird, unter welchen objektiven Umständen der bestimmte Zweck erreicht wird. Die Richtlinie des öffentlichen Interesses wird in konkretere Einzelregeln über objektive Voraussetzungen (motifs) zerlegt, indem die vielfältigen Einzelaspekte unterschieden und derart normiert, also auch mit einer objektiven Situation verbunden werden. In Präzisierung der allgemeinen Richtlinie des öffentlichen Interesses wird die jeweils geforderte Finalität durch objektive Tatbestandsvoraussetzungen bestimmt[23]. Daher ist die Richtlinie des öffentlichen Interesses unter zwei verschiedenen Aspekten mit der einzelnen Verwaltungsbefugnis verbunden: entweder in der Gestalt eines — subjektiv zu verfolgenden — Zweckes (but) oder als objektive Voraussetzung (motifs). Dies gilt überhaupt allgemein auch für spezielle(re) Zwecke einzelner Befugnisse, wie z. B. im Polizeirecht die Begriffe „Sicherheit und Ordnung“ sowohl den Zweck des polizeilichen Einschreitens angeben als auch zu den objektiven Tatbestandsmerkmalen gehören. Diese Beziehung bedeutet andererseits, daß richterliche Rechtsschöpfung vom Zweck des Gesetzes her neue objektive Bedingungen der Rechtmäßigkeit einer Verwaltungshandlung formuliert. Dementsprechend hat der Conseil d'Etat in Kontrolle des jeweils gesetzlich vorgeschriebenen Zwecks (but légal) diesen zunehmend verobjektiviert und schließlich genau einzelne dem Zweck entsprechende

[21] *CE* vom 4. 7. 1924 Beaugé, Rec. S. 641; *CE* vom 7. 12. 1934 Gasquet et Barbaud, Rec. S. 1159; *CE* vom 19. 5. 1933 Benjamin, Rec. S. 541; *CE* vom 23. 11. 1951 Société nouvelle d'imprimerie, d'éditions et de publicité, Rec S. 553; *Dubisson* S. 134.

[22] *Eisenmann II* S. 402 ff.; *Dubisson* S. 83; *Venezia* S. 35.

[23] Vgl. *Vedel I* S. 323 ff., 443 ff.; *di Qual* S. 76 ff.

Tatbestandsvoraussetzungen formuliert, deren Erfüllung in concreto das Gericht — im Hinblick auf den Zweck — nachprüft[24].

Aus diesem Zusammenhang heraus ist einerseits die Erörterung der effektiv verfolgten, subjektiven Absicht hauptsächlich bedeutsam für die Feststellung, ob objektiv ein öffentliches Interesse vorliegt; andererseits dient die Tatsachenfeststellung auch der Prüfung des verfolgten Zwecks[25]. Derart kann die Finalität sowohl in sujektiver Beziehung als auch in objektiver Beziehung vom Gericht nachgeprüft werden, wegen „détournement de pouvoir" als Kontrolle des subjektiven Elements (but), sowie wegen „violation de la loi" (im weiteren Sinn) als Kontrolle der objektiven Elemente (motifs). Da ein und derselbe Mangel sowohl als subjektiver wie auch als objektiver, in jeweils verschiedener Bedeutung aufgefaßt werden kann, ist eine feste Abgrenzung der „ouvertures" im „recours pour excès de pouvoir" unmöglich: In einem Disziplinarverfahren ist bei Fehlen eines Disziplinarverstoßes weder der geforderte objektive Sachverhalt gegeben noch kann der vorgesehene Zweck einer Disziplinarmaßnahme erreicht werden. Wenn eine Verwaltungshandlung auf ihren Zweck hin geprüft werden soll, kann erst nach der Tatsachenfeststellung die Entscheidung über den Zweck — auch in subjektiver Hinsicht — getroffen werden. Häufig wird gar nicht der konkret verfolgte subjektive Zweck, sondern nur geprüft, ob objektiv ein öffentliches Interesse besteht. Denn bei korrekter Erfüllung der objektiven Tatbestandsvoraussetzungen wird — zwangsläufig — zumindest objektiv der vorgeschriebene Zweck verfolgt. Ein „détournement de pouvoir" ist nur möglich im Fall eines Mangels im geforderten Sachverhalt, der als solcher auch einen objektiven Nichtigkeitsgrund darstellt. An die Stelle der Kontrolle des subjektiven „but" ist die Prüfung der objektiven Tatbestandsvoraussetzungen getreten[26]. Gerade insoweit ist aber die Beziehung zwischen dem objektiven Sachverhalt und der subjektiven Wertung dieses Sachverhalts, die im Hinblick auf den anzustrebenden Zweck erfolgt, von Bedeutung, weil die Rechtmäßigkeit einer Maßnahme grundsätzlich nach den sogenannten „motifs déterminants", die vom Handelnden her gesehen den Charakter der Maßnahme prägen sollen, beurteilt wird[27].

Andererseits kann eine Befugnis, die an einen bestimmten Zweck gebunden ist, aufgrund eines jeden objektiven Sachverhalts ausgeübt werden, der jenem Zweck entspricht. Damit verweist die Frage nach einem Ermessen bezüglich des Handlungszwecks auf die Ermessensfreiheit bei

---

[24] Vgl. *Venezia* S. 80.

[25] Vgl. *Bonnard I* S. 392; *Vedel I* S. 324 ff., 403; *Chatelain* S. 278 f.; *Réglade* S. 425; *Venezia* S. 36.

[26] Vgl. z. B. *CE* vom 4. 3. 1964 veuve Borderie, Rec. S. 157.

[27] Vgl. *Gandolfi* Nr. 11, 13; s. u. S. 151.

der Bestimmung der tatsächlichen Voraussetzungen des Verwaltungshandelns: Ermessen bezüglich des Handlungszwecks bedeutet die freie Wahl einer objektiven Situation, der die Maßnahme angemessen sein soll. Das Ermessen für den „but“ bedeutet daher in gleicher Weise wie das Ermessen für die „motifs“ die freie Verknüpfung von Sachverhalt und Maßnahme.

c) Zurücktreten des „détournement de pouvoir“

In der neueren Rechtsprechung des Conseil d'Etat werden zahlreiche Fälle eines „détournement de pouvoir“ als Fälle einer „violation de la loi“ (in umfassenderem Sinn) behandelt, so daß der praktische Anwendungsbereich des „détournement de pouvoir“ ständig abnimmt[28]. Die Autonomie des „détournement de pouvoir“ war schließlich historisch bedingt durch die erst allmähliche Vervollkommnung der verwaltungsgerichtlichen Kontrolle, indem die eine Tatbestandsvoraussetzung „but“ eine besondere Behandlung im Hinblick auf ein „détournement de pouvoir“ erfuhr. Logisch handelt es sich jedoch nur um einen Fall des Rechtsirrtums, der — bezogen auf einen konkreten Sachverhalt — den Anwendungsbereich des Gesetzes betrifft. Dementsprechend wird heute das Verfahren zur Kontrolle einer Verwaltungsmaßnahme überwiegend nach praktischen Bedürfnissen gewählt. Immerhin ist der Unterschied zwischen „détournement de pouvoir“ und objektiver Kontrolle von der Rechtsprechung noch nicht ganz aufgegeben worden: Ein „détournement de pouvoir“ wird meist noch bei einem „absichtlichen“ Rechtsirrtum im „bösen Glauben“ sowie bei manchen mit unbestimmten Rechtsbegriffen umschriebenen Tatbestandsvoraussetzungen (bei denen die objektive Nachprüfung gebremst wird) erörtert und angenommen[29].

4. Objektive Tatbestandsvoraussetzungen

a) Grundsätzlich kein Ermessen

Solange sich der Conseil d'Etat bei der Nachprüfung der Tatsachen sehr zurückhielt und dementsprechend durch Unterscheidung zwischen

---

[28] Vgl. *Vedel I* S. 324 ff., 403, 413, 452; *Bonnard V* S. 139, 142 f.; *Chatelain* S. 279; *de Soto II* S. 281; *Jeanneau* S. 37 ff.; *Letourneur II* S. 81 ff., sowie *III* S. 355; *Vidal* S. 294; *Venezia* S. 38, 40, 41 f., 80; *Waline VII* S. 662 f.; *di Qual* S. 66 f., 76 ff.; *Castagné* S. 147 ff.; *Lagrange II* Rspr. Bd. 1 S. 161 f., 179 (Recueil Bd. 1 S. 152 f., 169); *Stern* S. 28 f., 33; vgl. aber einschränkend: *Galabert-Gentot* S. 548 f.

[29] Vgl. *CE* vom 18. 5. 1960 Ville de Royat, RDP 1961 S. 351; *CE* vom 15. 7. 1960 Veyssier, RDP 1961 S. 386; *Chatelain* S. 279; *Fournier-Braibant* Nr. 554; *Vidal* S. 301 f.; *Auby-Drago* Bd. 3 S. 86; *di Qual* S. 66 f.; *Laun IV* S. 135 f., 147; *Becker* S. 35 f.; *Stern* S. 36; dagegen isoliert *Kohlmann* (S. 77 f.) das „détournement de pouvoir“ noch zu sehr, entsprechend dem früheren Zustand.

Tat- und Rechtsfrage bzw. zwischen „opportunité“ und „légalité“ eine Abgrenzung des Ermessensbereichs versucht wurde, galten die „motifs“ als dasjenige Element der Verwaltungshandlung, das den Hort des Ermessens darstelle: „In dem zugrundeliegenden objektiven Sachverhalt (motifs) verschanzt sich das Ermessen[30].“ Mit dem Fortschreiten der Rechtsprechung bis zur — regelmäßig — vollkommenen Tatsachenkontrolle wurde diese globale Aussage immer stärker eingeschränkt und schließlich aufgegeben. Demnach wird jetzt übereinstimmend angenommen, daß die Verwaltung niemals ein Ermessen bei der Feststellung der materiellen Existenz des zugrundeliegenden Sachverhalts hat, die vielmehr im Rahmen der „contrôle minimum“ stets in vollem Umfang gerichtlich nachgeprüft wird[31]. Ebensowenig besteht — mindestens im Grundsatz — ein Ermessen bei der rechtlichen Einordnung der objektiven Tatumstände unter die Norm[32]. Denn die Feststellung und rechtliche Beurteilung des Sachverhalts als solche sind nicht Willensentscheidungen. Die Ermessensfreiheit bezieht sich nicht auf das Erkennen einer konkreten objektiven Situation, sondern in erster Linie auf die Beurteilung der aus einem Sachverhalt abzuleitenden praktischen Konsequenzen; sie betrifft die Phase der Entscheidung, nicht die der Feststellung der Tatsachen[33].

Soweit also die gesetzliche oder die vom Richter geschaffene Norm — daher auch im Fall der richterlichen Kontrolle der „motifs invoqués“, bei der der Richter aus Anlaß der im Einzelfall angeführten objektiven Umstände zunächst rechtsschöpferisch neue abstrakte Tatbestandsvoraussetzungen entwickelt[34] — bestimmte objektive Tatbestandselemente voraussetzt, ist die Ausübung der Befugnis durch die Verwaltung, die mit ihrer Maßnahme die von der Norm vorgesehene Rechtsfolge ausspricht, stets an das Vorliegen eines entsprechenden Sachverhalts gebunden. Insoweit kann kein Ermessen bestehen. Durch die Beziehung zwischen dem Inhalt einer Verwaltungshandlung (Ausspruch einer Rechtsfolge = „objet“) und dem zugrundeliegenden Sachverhalt (motifs) ist die Verwaltung gehindert, eine Maßnahme zu ergreifen, wenn die in der Norm geforderten Tatbestandsvoraussetzungen nicht bestehen. Derart ist der Inhalt einer Maßnahme wesentlich bestimmt und bedingt durch den zugrundeliegenden Sachverhalt[35]. Das gilt auch für den Fall, daß der

---

[30] So M. *Hauriou II* (10. Aufl.) S. 455 f.; *Duguit I* (2. Aufl.) Bd. 2 S. 389; *Réglade* S. 415.

[31] Vgl. *Bonnard I* S. 372 f.; *Waline I* S. 216; *Vedel I* S. 53, und *II* S. 296; *Goldenberg* S. 162; *Auby-Drago* Bd. 3 S. 66 ff.

[32] Vgl. *Bonnard I* S. 372 f.; *Waline I* S. 217; M. *Bernard I* S. 57, 61; *Kornprobst I* S. 940.

[33] Vgl. *Vedel I* S. 53; *Kornprobst I* S. 940; *Timsit II* S. 220; *Castagné* S. 175 f.

[34] s. o. S. 90 ff.

[35] Vgl. *Bonnard I* S. 373, 378, 390, sowie *IV* S. 61; *Vedel I* S. 361; *Eisenmann I* S. 166 f.; *di Qual* S. 82; *Letourneur V* S. 57 ff.

Ausspruch einer Rechtsfolge alternativ auf eine von mehreren in der Norm genannten objektiven Tatbestandsvoraussetzungen gestützt werden kann: Auch in solchem Falle wird nicht ein Ermessen zur Auswahl des zugrundeliegenden Sachverhalts eingeräumt; vielmehr entspricht den alternativ nebeneinander stehenden Tatbestandsvoraussetzungen eine gleiche Anzahl von Befugnissen, die jeweils an eine dieser Voraussetzungen gebunden sind[36].

b) Fälle des Ermessens

Ein Ermessen zu einer Auswahl der „motifs“ als der objektiven Situation, die der zu treffenden Entscheidung zugrundegelegt wird, besteht nur insoweit, als die zum Ausspruch einer Rechtsfolge ermächtigende Norm — weder im Gesetz selbst noch ergänzt durch Richterrecht — keine objektive Tatbestandsvoraussetzung nennt. Wenn also die einschlägige Norm lediglich die Verwaltung ermächtigt, eine bestimmte Maßnahme zu erlassen, oder nur ein bestimmtes Verfahren zur Ausübung einer Befugnis vorschreibt, ohne die effektive Ausübung solcher Befugnis von materiellen Tatbestandsvoraussetzungen oder besonderen Anweisungen abhängig zu machen, so kann dann die Verwaltung auch selber bestimmen und wählen, bei welchem objektiven Sachverhalt sie von einer solchen Befugnis Gebrauch machen will[37]. Wenn jeder Sachverhalt, d. h. alle möglichen objektiven Situationen in gleich richtiger (gesetzlicher) Weise den Erlaß einer bestimmten Maßnahme stützen können, besteht eine Wahlfreiheit, Ermessensfreiheit für die Verwaltung, diese Rechtsfolge (objet) bei einem beliebigen konkreten Sachverhalt (motifs) auszusprechen.

Allerdings bleibt selbst dann noch überprüfbare Bedingung der Rechtmäßigkeit des Verwaltungshandelns, daß die angegebenen, zugrundegelegten konkreten Tatsachen materiell richtig und ohne Rechtsirrtum festgestellt wurden. Insoweit handelt es sich darum, daß das Ermessen korrekt und ordnungsgemäß ausgeübt wird, d. h. daß die Wahl der Maßnahme nicht von falschen (objektiven) Voraussetzungen ausgeht[38]. Lediglich eine Kontrolle der rechtlichen Einordnung des von der Verwaltung

---

[36] Vgl. *Eisenmann II* S. 449 f.; *di Qual* S. 88.

[37] Vgl. *CE* vom 27. 5. 1910 Franciscaines de St. Chinian, Rec. S. 416; *CE* vom 26. 10. 1962 Bonneteau, RDP 1963 S. 139; *CE* vom 1. 2. 1963 Camidessus, A.J.D.A. 1963 S. 429; *Carré de Malberg I* S. 503 f.; *Goldenberg* S. 150 ff., 155; *Wei Teng-lin* S. 25; *Odent I* S. 14; *Eisenmann II* S. 448; *Dubisson* S. 49, 77; insoweit sprechen *Eisenmann* (*III* S. 30 f.) und *di Qual* (S. 140) von „compatibilité“.

[38] Vgl. *Bonnard I* S. 373, 390, und *IV* S. 61; *Vedel I* S. 356, 384; *Goldenberg* S. 150, 213; *Letourneur VI* S. 520 f., sowie *V* S. 56; *Fournier-Braibant* Nr. 582; *di Qual* S. 171.

frei zugrundegelegten Sachverhalts unterbleibt dann, weil insoweit der Maßstab für eine solche Einordnung — voraussetzungsgemäß — fehlt. So heißt es beispielsweise im Urteil des Conseil d'Etat *Companie Electro-Mécanique*[39]: Das Gesetz „unterwirft das Recht, das es dem Präfekten einräumt, die Genehmigung zum Abbruch von Wohnstätten zu erteilen oder zu versagen, keiner Bedingung. Es stattet ihn so mit einer Ermessensbefugnis aus und beschränkt sein Handeln nur durch die Verpflichtung, den vom Gesetzgeber in (diesem Gesetz) verfolgten Zweck zu beachten. Indem der Präfekt die der klagenden Gesellschaft erteilte Abbruchgenehmigung mit der Bedingung versah, daß jene sich verpflichte, eine Wohnfläche neu zu erstellen, die ebenso groß sei wie die durch den Abbruch betroffene, hat er, weit entfernt seine Befugnisse zu überschreiten, sich darauf beschränkt, sie in Übereinstimmung mit der Gesetzgebung auszuüben, die er anwenden muß. (Weiterhin) ist nicht einmal behauptet worden, daß seine Entscheidung auf einer falschen Tatsachenfeststellung oder einem Rechtsirrtum beruhe, noch daß die von ihm vorgenommene Sachverhaltseinschätzung auf einem offenbaren Irrtum beruhe."

Ein gleiches gilt für die Fälle, in denen das Gericht bei unbestimmten Rechtsbegriffen eine Kontrolle der rechtlichen Einordnung (qualification juridique) ablehnt. Von dem Grundsatz, daß hinsichtlich der rechtlichen Einordnung des zugrundeliegenden Sachverhalts unter die im Gesetz genannten Tatbestandsvoraussetzungen die Verwaltung keine Ermessensfreiheit hat, bestehen infolge der unterschiedlichen Ausdehnung der richterlichen Kontrolle dieser rechtlichen Qualifizierung Ausnahmen bei manchen unbestimmten Rechtsbegriffen, bei denen der Richter die Übereinstimmung des objektiven Sachverhalts mit jenen nicht nachprüft und damit — praktisch — der Verwaltung insoweit ein Ermessen einräumt[40]. Dazu gehören insbesondere die — höchstpersönlichen — Entscheidungen über die Beurteilung von Prüfungsergebnissen und ähnliche. Der Conseil d'Etat kontrolliert nicht, ob die Beurteilung der beruflichen Fähigkeiten eines Beamten zutrifft, ob Noten und Prüfungsergebnisse gerechtfertigt sind, ob jemand die für den Erwerb eines Führerscheins geforderte Eignung besitzt, ob die Unterhaltsmittel einer Familie ausreichen (oder durch behördliche Fürsorgeleistungen zu ergänzen sind)[41].

---

[39] Vom 15. 3. 1963, Rec. S. 167.

[40] Vgl. *di Qual* S. 83, 157 ff., 175; s. o. S. 119 f., 122 ff.

[41] Vgl. *Vedel II* S. 292; M. *Bernard I* S. 54; *di Malta* S. 55; *CE* vom 12. 2. 1909 Goyot, Rec. S. 151; *CE* vom 21. 11. 1919 Caussé, Rec. S. 843; *CE* vom 24. 2. 1932 Filippi, Rec. S. 226; *CE* vom 10. 7. 1946 Aiach, Rec. S. 410; *CE* vom 28. 11. 1951 Braun, Muller, Vonthron, Rec. S. 559; *CE* vom 14. 12. 1955 Coulon, Rec. S. 587; *CE* vom 18. 5. 1923 Commune de Montreuil-aux-Lions, Rec. S. 410.

5. Inhalt der Maßnahme

Die Entscheidung über den „objet“, den Ausspruch einer Rechtsfolge, der den Inhalt der zu ergreifenden Verwaltungsmaßnahme darstellt, kann nach allgemeiner Ansicht im Ermessen der Behörden stehen. Es handelt sich dabei um die Bestimmung der Rechtsfolge auf der Grundlage feststehender objektiver Tatbestandsvoraussetzungen in einem konkreten Fall. In dieser Beziehung sehen die für die verschiedenen einzelnen Verwaltungshandlungen jeweils gültigen Normen sehr unterschiedlich eine rechtliche Bindung bzw. Ungebundenheit der Verwaltung vor, deren Wahlfreiheit unter diesem Gesichtspunkt daher vielfach — quantitativ in ihrer Ausdehnung — abgestuft ist[42].

a) Gebundene Befugnis

Den Grenzfall bildet die — in diesem Punkt — (vollkommen) gebundene Verwaltung (compétence liée, pouvoir lié), die bei Vorliegen eines bestimmten Sachverhalts in fest bestimmter Weise tätig werden muß: Die Anwendung einer vom Gesetz eingeräumten Befugnis auf den konkreten Sachverhalt ist strikt vorgeschrieben sowohl hinsichtlich des Tätigwerdens überhaupt als auch hinsichtlich des Inhalts der Maßnahme im einzelnen[43]. Nur für diesen Fall einer absoluten Bindung der Verwaltung, die verpflichtet ist zu handeln und zwar in einer bestimmten Weise zu handeln, wird in der neueren Literatur der Begriff der „compétence liée“ gebraucht, im Gegensatz zu der Bindung allgemein an das „principe de légalité“ für die „actes pour lesquels l'action de l'Administration est subordonnée au respect de certaines conditions imposées par la loi“[44]. Eine solche Bindung kann sich sowohl aus einer im objektiven Recht ausgesprochenen Verpflichtung der Verwaltung als auch aus einem subjektiven (öffentlichen) Recht des Bürgers gegenüber der Verwaltung ergeben. Denn subjektive Rechte der Bürger setzen eine passive Verpflichtung der Verwaltung voraus und schließen daher (insoweit) eine Ermessensfreiheit der Verwaltung aus bzw. begrenzen eine solche. Subjektive individuelle Rechte und gebundene Verwaltung bedingen einander, so daß sich die Bereiche des Ermessens und subjektiver öffent-

---

[42] Vgl. M. *Hauriou VII* S. 113 f.; *Duguit I* (2. Aufl.) Bd. 2 S. 301; *Carré de Malberg I* S. 504; *Waline I* S. 198, 203; *Scelle* S. 270; *Eisenmann II* S. 425; *Dubisson* S. 203.

[43] Vgl. *Duguit I* (2. Aufl.) Bd. 2 S. 301; *Carré de Malberg I* S. 504; *Eisenmann II* S. 389; *Kornprobst I* S. 936 f.; *di Qual* S. 13, 69.

[44] So *Letourneur V* S. 57 ff., vgl. *Kornprobst I* S. 939 f., 958; *Timsit II* passim, bes. S. 218 f., 221; nach *Eisenmann* (*III* S. 35) und *di Qual* (S. 140 ff.) ist die so verstandene „compétence liée“ der Bereich der „conformité“.

licher Rechte gegenseitig ausschließen[45]. So führte *Romieu* in seinen „conclusions" zu mehreren Urteilen des Conseil d'Etat, die die Erteilung von Dispensen von der allgemeinen Arbeitsruhe an Sonntagen betrafen, aus: die gerichtliche Nachprüfbarkeit hänge davon ab, „ob das Gesetz dem Gewerbetreibenden ein Recht auf Befreiung übertragen wollte, wenn er die vom Gesetz genannten Bedingungen für den Dispens erfülle, oder ob das Gesetz der Verwaltung eine echte Ermessensbefugnis geben wollte, so daß der Dispens kein Recht, sondern nur eine Chance oder Möglichkeit darstelle"[46].

b) Wahl unter mehreren Rechtsfolgen

Dagegen besteht ein Ermessen als Wahlfreiheit der Verwaltung, wenn nicht nur ein Inhalt (der Maßnahme) die dem Gesetz entsprechende Lösung darstellt, wenn vielmehr die Verwaltung nach dem Gesetz unter mehreren möglichen Entscheidungen bezüglich des Inhalts ihrer Maßnahme, unter mehreren (gleicherweise rechtmäßigen) Rechtsfolgen wählen kann. Ein solches Ermessen besteht auch dann, wenn die Verwaltung zwar tätig werden muß, aber dabei unter mehreren möglichen Maßnahmen wählen kann[47]. In derartigen Fällen wird das Ermessen lediglich dann ausgeschlossen, wenn die Gerichte auch noch die Angemessenheit der einzelnen Rechtsfolge gegenüber dem Sachverhalt überprüfen (contrôle maximum)[48]. In diesem Sinne hat die Verwaltung meist, selbst bei ansonsten gebundener Befugnis, ein „Auswahlermessen" bezüglich der Wahl der Mittel für ihr Handeln[49].

c) Ermessen bezüglich des Zeitpunkts

Zu der freien Bestimmung der konkreten Rechtsfolge als Inhalt der Verwaltungshandlung gehört auch die freie Wahl des Zeitpunkts des Handelns. Früher wurde angenommen, daß die Verwaltung insoweit immer ein Ermessen habe und nach ihrem Belieben bestimmen könne, wann sie tätig werde, daß sie derart sogar ein zwingendes Gesetz (aus

---

[45] Vgl. J. *Barthélemy II* S. 21 f., 127 f.; *Giraud* S. 210, 301; *Goldenberg* S. 53; *Bonnard IV* S. 56 f.; *Nicolas* S. 365 f.; M. *Bernard I* S. 54, 57; *Kornprobst I* S. 943, 951 ff.; *di Qual* S. 192 f., 410 ff., 437.

[46] S. 1 ff.; weiterhin *CE* vom 26. 1. 1912 Blot, Rec. S. 98; *CE* vom 26. 10. 1956 Association générale des administrateurs civils, Rec. S. 391.

[47] Vgl. M. *Hauriou III* S. 377; *Giraud* S. 194; *Carré de Malberg I* S. 503 f.; *Waline I* S. 221; *Welter* S. 30; *Eisenmann II* S. 389; *Dubisson* S. 49, 155 f., 203; *Fournier-Braibant* Nr. 582 ff.; *di Qual* S. 80, 83, 88.

[48] Vgl. *di Qual* S. 85 ff.

[49] Vgl. *Michoud* S. 51; M. *Hauriou II* (10. Aufl.) S. 352; *Welter* S. 42; *Vedel I* S. 335; *Wei Teng-lin* S. 25.

überwiegenden Gründen des Allgemeinwohls) einschlafen lassen könne — weil auch das Nichtstun im Ermessen der Verwaltung stehe[50]. Jedoch, selbst wenn anerkannt werden muß, daß einer Behörde nur höchst selten der genaue Zeitpunkt ihres Tätigwerdens (generell) vorgeschrieben werden kann, so liegt darin keine Ermächtigung der Verwaltung — schon gar nicht bei im übrigen gebundener Befugnis —, die Durchführung eines Gesetzes nach ihrem Ermessen zu verhindern. Die (systematische) Weigerung der Verwaltung, ein Gesetz überhaupt oder eine einzelne Befugnis anzuwenden, ist rechtswidrig und verpflichtet zum Schadensersatz. Vor allem ist nicht nur die Untätigkeit als solche, sondern auch die ungebührliche Verzögerung des Handelns — bei ansonsten gebundener oder freier Befugnis — rechtswidrig und verpflichtet ebenfalls zum Schadensersatz[51].

d) Entschließungsermessen

Das Ermessen bezüglich der auszusprechenden Rechtsfolge kann weiterhin nicht nur als ein „Auswahlermessen“ zwischen mehreren Mitteln und Inhalten, sondern auch als ein „Entschließungsermessen“ in Form eines „pur pouvoir“ bestehen: wenn die Norm lediglich zu einem bestimmten Handeln ermächtigt, das sogar in sämtlichen Elementen genau vorgeschrieben sein kann, jedoch die Norm — z. B. als „Kann“-Vorschrift — es in das Ermessen der Verwaltung stellt, ob sie (so) handeln will oder nicht, ob diese Rechtsfolge ausgesprochen wird oder nicht. Auch in diesen Fällen hat die Verwaltung ein Ermessen bezüglich der Rechtsfolgen, kann sie frei die Verknüpfung zwischen einem konkreten Sachverhalt und den möglichen Rechtsfolgen bestimmen, die hier in einem (eventuell festgelegten) positiven Tätigwerden oder in einem negativen Unterlassen bzw. Ablehnen des Tätigwerdens bestehen. Die Gerichte können insoweit lediglich die Existenz des objektiven Sachverhalts und sonstiger Tatbestandsvoraussetzungen überprüfen, dürfen jedoch nicht die Wahlfreiheit bezüglich der Entscheidung über Tun und Unterlassen antasten[52].

---

[50] Vgl. J. *Barthélemy I* S. 305 f., 310; *Michoud* S. 11, 15, 54 f.; M. *Hauriou III* S. 377, 447, sowie *X* S. 49 f.; *Réglade* S. 415; *Waline I* S. 220; auch *Montané de la Roque* S. 81; s. o. S. 21 f., 80.

[51] Vgl. *CE* vom 6. 7. 1934 Société van Outryve, Rec. S. 786, 789; *CE* vom 29. 1. 1958 Sancerni, Rec. S. 1052; *Giraud* S. 319; *Duez II* S. 27, 35, 38 Anm. 1; *Fournier-Braibant* Nr. 579, 591, 597; *Kornprobst I* S. 941, 956; *di Qual* S. 195, 363, 368 f.; *Montané de la Roque* S. 124 ff., 318 ff., 323 ff.; *Dubouis* S. 108 ff.; s. auch unten S. 158 f.

[52] Vgl. *Carré de Malberg I* S. 504; *Giraud* S. 194; *Goldenberg* S. 153; *Welter* S. 42; *Vedel I* S. 411; *Scelle* S. 270; *Wei Teng-lin* S. 25; *Eisenmann II* S. 442 ff.; *Dubisson* S. 155 f., 203; *Venezia* S. 46; *Fournier-Braibant* Nr. 579; *di Qual* S. 195; — nur in dieser Beschränkung abgewandelt kann die ältere Ansicht, daß

Eine besondere Stellung nehmen diejenigen Fälle ein, in denen die Verwaltung — ausdrücklich oder durch Verwendung unbestimmter Rechtsbegriffe (als „Ermessensbegriffe") — ermächtigt ist, diejenige Maßnahme zu ergreifen, die ihr am geeignetsten erscheint. In solchen Fällen wird ein Aspekt der Verwaltungshandlung, der auch als objektive Tatbestandsvoraussetzung hätte formuliert und betrachtet werden können, als zum Inhalt der Maßnahme, zur Rechtsfolge gehörig behandelt und in das Ermessen der Behörde gestellt, auf deren Urteil es insoweit ankommt. Demnach hat hier die Verwaltung sowohl ein Entschließungsermessen, ob sie tätig werden soll oder nicht, als auch ein Auswahlermessen zwischen mehreren möglichen Maßnahmen. Der Conseil d'Etat prüft in solchen Fällen nur, ob eventuelle (sonstige) objektive Voraussetzungen für die Ausübung der Befugnis gegeben waren, aber nicht, ob die ergriffene Maßnahme selbst notwendig oder geeignet war[53].

e) Verknüpfung von Rechtsfolge und Sachverhalt

In all diesen Fällen eines Ermessens bezüglich des „objet" besteht eine Wahlfreiheit bei der Bestimmung der konkret auszusprechenden Rechtsfolge aufgrund eines bestimmten Sachverhalts[54]. Das Ermessen hat also (insoweit) seinen Platz bei der freien Verknüpfung des Inhalts einer Maßnahme mit einem konkreten (feststehenden) objektiven Sachverhalt[55]. Da das Ermessen nicht abstrakt-isoliert (bloß) entweder das „objet" oder die „motifs", sondern gerade die (angemessene) Verbindung dieser beiden Elemente betrifft, kommt es jeweils auf den Gesichtspunkt an, nämlich von welchem der beiden Elemente her die Frage nach dem Ermessen gestellt wird: Vom Inhalt der Maßnahme her gesehen stellt

---

generell die Verwaltung nach ihrem Ermessen darüber entscheide, ob sie tätig werden solle oder nicht (*Duguit I*, 2. Aufl., Bd. 2 S. 301; M. *Hauriou II*, 10. Aufl., S. 352; *Réglade* S. 415, 417), noch herangezogen werden.

[53] Vgl. *CE* vom 6. 2. 1948 Cie. Carcassonnaise des transports, Rec. S. 69; *Michoud* S. 34; *Carré de Malberg I* S. 503, sowie *III* S. 111; *Dubisson* S. 49, 155 f.

[54] Die rechtmäßige Ausübung einer Ermessensbefugnis konsumiert die Wahlfreiheit des Ermessens für den konkreten Anwendungsfall; vgl. *CE* vom 1. 7. 1960 Boisdon et Canaby, RDP 1961 S. 384 mit Anm. Auby ebd. Denn das Ermessen besteht nur für den Erlaß der Maßnahme, den Ausspruch der konkreten Rechtsfolge. Ein rückwirkender Widerruf eines rechtmäßigen „acte administratif" ist wegen des Verbots der Rückwirkung („non-rétroactivité"; vgl. dazu *Dupeyroux I* S. 250 ff.; s. u. S. 155 Anm. 13), eine Zurücknahme ex-nunc eines Verwaltungsaktes wegen der durch ihn einmal begründeten individuellen Rechtsposition des Bürgers ausgeschlossen. Daher hat die Behörde im konkreten Fall nach erfolgter Ausübung ihrer Befugnis kein Ermessen mehr bezüglich der Rücknahme ihrer Maßnahme. Lediglich die von der Verwaltung erlassenen Rechtssätze (actes réglementaires) können mit ex-nunc-Wirkung aufgehoben werden und geändert werden, insoweit entsprechend dem ursprünglichen Ermessen. Vgl. *de Laubadère* S. 273 ff.

[55] Vgl. *Venezia* S. 20, 60; *Kornprobst I* S. 939 f.; *di Qual* S. 13, 80.

das Ermessen sich als Urteil über die Zweckmäßigkeit der Maßnahme auf der Grundlage eines feststehenden Sachverhalts dar. Betrachtet vom konkreten Sachverhalt aus liegt das Ermessen in der Einschätzung der Tatsachen, die eine bestimmte Rechtsfolge tragen sollen. Insofern entspricht beim Ermessen der Unbestimmtheit der Rechtsfolge im konkreten Fall eine gewisse Unbestimmtheit der möglichen zugrundeliegenden tatsächlichen Voraussetzungen[56].

---

[56] Vgl. *Venezia* S. 20 f., 60; *Auby-Drago* Bd. 3 S. 66.

E. Gerichtliche Kontrolle der Ermessensgrenzen

I. Gerichtliche Ermessenskontrolle

Das Ermessen der Verwaltungsbehörden, bzw. dessen Handhabung, unterliegt im französischen Recht einer gerichtlichen Kontrolle, die diesbezüglich heute allgemein, wenn auch mit teilweise abweichender Begründung bejaht wird. Dabei wird insbesondere darauf hingewiesen, daß der „recours pour excès de pouvoir" grundsätzlich gegen jede Verwaltungshandlung erhoben werden kann, also auch gegen solche mit Ermessenselementen. Durch die Möglichkeit einer gerichtlichen Überprüfung unterscheidet sich die Ermessensbefugnis (pouvoir discrétionnaire) von den früheren „actes discrétionnaires" (sowie von den „actes de gouvernement"). Denn die Ermessensbefugnis gibt nicht eine Freiheit außerhalb des Gesetzes, sondern eine Freiheit im Rahmen des Gesetzes und seiner Grenzen. Das Ermessen der Verwaltung muß sich innerhalb der gesetzlichen Schranken halten, die entweder (nur) objektives Recht darstellen oder sich aus individuellen subjektiven (öffentlichen) Rechten ergeben. Die Einhaltung solcher Grenzen ist eine nachprüfbare Rechtsfrage. Insoweit eine Ermessensbefugnis derart dem Gesetz unterworfen ist, untersteht sie daher der gerichtlichen Kontrolle, die in dieser Hinsicht nicht von den allgemeinen Grundsätzen der Nachprüfung von Verwaltungshandlungen abweicht. „Die gerichtliche Kontrolle ist bemüht, bei allen Verwaltungshandlungen die Beachtung aller Anforderungen aus dem Grundsatz der Gesetzmäßigkeit festzustellen. Unterschiedlich sind diese Anforderungen selbst[1]."

---

[1] So *Rivero I* S. 325 f. Im gleichen Sinn *Fromont* S. 608: „In Frankreich übt der Richter seine Kontrolle über die Verwaltung aus, ohne dies von einer am Anfang stehenden Entscheidung abhängig zu machen, ob die Verwaltung eine Ermessensbefugnis hatte oder nicht." Vgl. M. *Hauriou IX* S. 41; *Giraud* S. 207, 210, 301, 311, 318; *Waline I* S. 209; *Goldenberg* S. 186 f.; *Chatelain* S. 279 f.; *Lodovici* S. 95, 120, 163; *Jèze V* S. 71; *Stassinopoulos* S. 173; *Venezia* S. 137 ff.; *Fournier-Braibant* Nr. 577, 592; *di Qual* S. 9, 436. *Bonnard* (*III* S. 28) räumt die Möglichkeit einer Anfechtungsklage gegen eine Ermessensbetätigung ein, versteht darunter jedoch nicht eine Rechtsprechungskontrolle des Ermessens (contrôle juridictionnel du pouvoir discrétionnaire), weil dabei keine subjektiven (öffentlichen) Rechte betroffen würden, wie es nach seiner Definition für einen Akt der Rechtsprechung vorauszusetzen wäre. Etwas widersprüchlich erklärt *Wei Teng-lin* (S. 24, 93, 179) einerseits, daß das Ermessen grundsätzlich der gerichtlichen Kontrolle entzogen sei, weil es rechtlich nicht gebunden sei, während er doch eine begrenzende Kontrolle seitens des Conseil d'Etat anerkennt — gemeint ist der Unterschied zwischen der Ermessensfreiheit als solcher und der Ausübung des Ermessens; s. u. S. 143, 161 f.

1. Kontrolle der Grenzen, nicht des Ermessens selbst

Zweck und Leitidee der gerichtlichen Kontrolle über das Verwaltungsermessen ist es, „die normale Ausübung des Ermessens zu gewährleisten" (assurer l'exercice normal du pouvoir discrétionnaire); ausgehend von der Richtlinie des „öffentlichen Interesses" setzt sie ein Maß für die Ermessensausübung[2]. Demnach erstreckt sich die gerichtliche Kontrolle auf die Ausübung des Ermessens sowie auf das Verfahren bei der Ermessenshandhabung, insoweit sie sich im Rahmen der vorgeschriebenen „légalité" als den Grenzen einer Ermessensbetätigung halten muß. Zu diesem Zweck wird nachgeprüft, inwieweit die konkrete Maßnahme gesetzlich gebunden bzw. nicht gebunden ist. Entsprechend der unterschiedlichen Bindung ist auch die gerichtliche Kontrolle der Ermessensbetätigung in ihrer Intensität unterschiedlich[3]. Ein besonderes subjektives öffentliches Recht des einzelnen auf fehlerfreien Ermessensgebrauch wird allerdings im französischen Verwaltungsrecht nicht angenommen noch erörtert. Auch ohne ein solches können die Grenzen des Ermessens aufgrund der allgemeinen Zulässigkeit der Anfechtungsklage durch die gerichtliche Kontrolle bestimmt und nachgeprüft werden, die zudem mittels ständiger Fortbildung des Richterrechts diese Grenzen in concreto noch enger zieht[4].

Bei der gerichtlichen Nachprüfung wird allerdings streng unterschieden zwischen dem Ermessen selbst als Möglichkeit einer freien Wahl, als Wahlfreiheit einerseits und den Bedingungen für die Ausübung des Ermessens, unter denen also überhaupt erst eine Wahlfreiheit eingeräumt wird, andererseits. Die Kontrolle durch das Gericht bezieht sich lediglich auf die Einhaltung der Grenzen und Bedingungen des Ermessens, während die getroffene Wahl als solche nicht der gerichtlichen Prüfung unterzogen wird, so daß die im Ermessen sich ausdrückende Wahlfreiheit grundsätzlich außerhalb der Reichweite gerichtlicher Kontrolle bleibt. In diesem Sinne sind Ermessen als Wahlfreiheit und Kontrolle einer ans Gesetz gebundenen Regelmäßigkeit gegensätzliche Begriffe. Es gehört zum Wesen des so verstandenen, auf die Wahl selbst beschränkten Ermessens (als Freiheit von normativ vorgegebener Bindung), sich einer gerichtlichen Kontrolle bezüglich — insoweit eben nicht vorhandener — bindender Normen zu entziehen: Die Verwaltung entscheidet nur insoweit nach freiem Ermessen, als sie ihre Entscheidung nicht mehr vor Gericht zu rechtfertigen braucht, als sie nicht gerichtlich kontrolliert wird. Daher endet bei gerichtlicher Kontrolle die Nachprüfung einer Verwaltungshandlung dort, wo nach materiellem Recht der Freiheits-

---

[2] Vgl. *Goldenberg* S. 186 f.; *Vedel I* S. 454, 456; *Venezia* S. 130, 138 f.

[3] Vgl. M. *Hauriou IX* S. 41; *Jèze IV* S. 4, und *V* S. 71; *Lodovici* S. 95.

[4] Vgl. *Kohlmann* S. 78; s. auch unten S. 158, 161 f.

bereich des Ermessens beginnt. Das Ermessen als solches, als Wahlfreiheit der Verwaltung, setzt sich objektiv gegenüber dem Richter durch[5].

2. Die Rolle der richterlichen Rechtsfortbildung

Allerdings ist diese Feststellung, daß das Ermessen selbst, als Wahl, nicht gerichtlicher Kontrolle unterliegt, dahin einzuschränken, daß sie nur bei einer statischen Betrachtungsweise gilt. Eine dynamische Betrachtung der gesamten Entwicklung, d. h. unter Berücksichtigung der richterlichen Rechtsfortbildung, läßt einen anderen Aspekt erkennen. Der Conseil d'Etat hat mittels seiner Rechtsprechung, die sich als Kontrolle der Gesetzmäßigkeit (légalité) verstand, auch und fortschreitend immer mehr Teile dieses Ermessensbereichs überprüft. Damit hat er den Bereich der Möglichkeiten freier Wahl nach Ermessen eingeschränkt, indem er — aus rechtspolitischen Gründen — das Verwaltungshandeln an einer von ihm selbst erst geschaffenen Norm mißt, die zwar irgendwie noch vom Gesetzeszweck (but) abgeleitet wird, aber doch neue Tatbestandsvoraussetzungen (motifs) formuliert und zusätzlich fordert[6]. Die historische Entwicklung der Rechtsprechung stellt sich dar als eine ständige Ausdehnung und Intensivierung der gerichtlichen Kontrolle über das Verwaltungshandeln, bzw. über alle Einzelelemente der Verwaltungshandlung. Und insoweit entspricht jeder Ausdehnung der richterlichen Prüfung eine Verringerung des der Verwaltung eingeräumten Bereichs freier Entscheidung nach Ermessen[7].

Andererseits bedeutet — gesehen vom konkreten Einzelfall her (in statischer Betrachtungsweise) — diese Möglichkeit richterlicher Rechtsschöpfung nicht, daß die Verwaltungsrechtsprechung sich beliebig über das (vom Gesetz zugestandene) Ermessen der Verwaltung hinwegsetzen und dieses ohne weiteres begrenzen kann, indem sie fortlaufend irgendwelche neuen Normen schaffen würde. Denn die Verwaltungsgerichte sind grundsätzlich nur rechtsanwendende Organe und daher (theoretisch) an die gesetzlichen Bestimmungen auch dann gebunden, wenn diese der aktiven Verwaltung einen Ermessensspielraum zugestehen[8]. Überhaupt ist das Ermessen ein praktisch-notwendiges Element des Ver-

---

[5] Vgl. *Michoud* S. 29, 105 ff.; *Jèze IV* S. 4; *Bonnard IV* S. 59 f.; *Nicolas* S. 367; *Lodovici* S. 9, 110, 175; *Wei Teng-lin* S. 24; *Eisenmann I* S. 169, und *II* S. 436; *Dubisson* S. 156; *Venezia* S. 132; *Rivero IV* S. 139 f.; *Petot* S. 386 f.; s. *CE* vom 15. 3. 1963 Compagnie Electro-mécanique, Rec. S. 167 (oben S. 136).

[6] Vgl. *Vedel I* S. 102 ff.; *Goldenberg* S. 187; *Chatelain* S. 279 f.; *Wei Teng-lin* S. 93; *Auby-Drago* Bd. 3 S. 40 f., 44; *Rivero IV* S. 139 f.; *Steindorff I* S. 56, 59; *Letourneur V* S. 51, 55, 58.

[7] Vgl. *Lodovici* S. 9; *Venezia* S. 99 f.

[8] Vgl. *di Qual* S. 346 ff.

waltungshandelns insgesamt und setzt sich so gesehen zumindest faktisch gegenüber dem Richter durch[9]. Daher müssen die Kontrollbefugnisse des Richters dort aufhören, wo der von der gesetzlichen oder richterlichen Norm vorgesehene Ermessensbereich beginnt, so daß der Richter nur die (genauen) Grenzen des Ermessens bestimmen darf, ohne an das Ermessen selbst als Wahlfreiheit zu rühren.

Wenn also *Waline*[10] meint, der Richter stelle nur die Grenzen des Ermessens fest, so trifft diese Behauptung bei statischer Betrachtung wohl zu, wird allerdings der komplexen Rechtswirklichkeit insgesamt nicht völlig gerecht. Die Existenz einer Norm, die der Richter anwenden kann, ist zwar immer die Ursache einer Kontrolle über die Ermessensausübung, aber diese Norm kann auch vom Richter selbst geschaffen worden sein bzw. werden. Jedoch auch dann ist nicht die Prüfung des Richters die (unmittelbare) Ursache der Einschränkung des Ermessensbereichs, die vielmehr auf der aus richterlicher Rechtsschöpfung hervorgegangenen Norm beruht, die vom konkreten Kontrollvorgang zu trennen ist und sich verselbständigt. Die Einschränkung des Ermessensbereichs im Zusammenhang mit der richterlichen Rechtsfortbildung führt eben im Einzelfall nicht zu einer Kontrolle der Ermessensfreiheit als solcher, die gerade infolge der richterlichen Rechtsschöpfung insoweit (bereits) aufgehoben worden ist. Selbst in solchem Fall werden nur die — z. T. erst neu geschaffenen — Grenzen und Bedingungen der (verbleibenden) Ermessensfreiheit überprüft[11].

Außerdem ist die richterliche Rechtsfortbildung nicht nur einseitig auf eine Einschränkung des Ermessensbereichs ausgerichtet. Es gibt auch Beispiele für eine Ausdehnung des Ermessensbereichs durch Richterrecht, das eine nach dem Wortlaut des Gesetzes gebundene Verwaltungsbefugnis „entbindet" und der Verwaltung zusätzlich einen Ermessensspielraum zuerkennt. Allerdings ist ein solcher Vorgang selten. Beispielsweise werden in den von der Rechtsprechung des Conseil d'Etat sanktionierten Fällen der „pouvoirs spéciaux de crise" bei außergewöhnlichen Umständen die Befugnisse der Verwaltung von gesetzlich vorgesehenen Tatbestandsvoraussetzungen befreit, wird eine Verpflichtung der Verwaltung umgewandelt in eine Befugnis des „Könnens" und überhaupt ein weites Feld ungebundener, neuer Handlungsmöglichkeiten für die Verwaltung geschaffen[12]. Auch im Steuerrecht gibt es ein Beispiel für die Umwandlung einer gebundenen Befugnis in eine Ermessensbefugnis: Während das Gesetz dem Steuerpflichtigen ausdrücklich ein Recht (droit)

---

[9] Vgl. *Venezia* S. 132 einerseits, *di Qual* S. 433 andererseits.

[10] *I* S. 209.

[11] Vgl. *Lodovici* S. 95, 120; *Eisenmann II* S. 436; *Steindorff I* S. 59.

[12] s. o. S. 73 ff.; *Nizard* S. 131, 271.

auf Erlaß oder Ermäßigung der Grundsteuern zusprach, wenn mangels Nutzung der Gebäude ein Verlust der Einkünfte eingetreten ist, gesteht die Rechtsprechung der Verwaltung zu, nach Ermessen darüber zu entscheiden, ob ein Erlaß bzw. eine Ermäßigung bewilligt werden sollen, d. h. nach der Rechtsprechung besteht auf Erlaß bzw. Ermäßigung kein Anspruch, sondern lediglich eine Chance (faveur)[13]. Schließlich gehört in diesen Zusamenhang der weite Bereich, in dem die Verwaltung zwar theoretisch durch Normen gebunden ist, diese Normen jedoch Tatbestandsvoraussetzungen durch solche unbestimmten Rechtsbegriffe umschreiben, die von den Verwaltungsgerichten nicht überprüft werden. Da eine Befugnis nur wirklich gebunden ist, soweit sie, gerade im Hinblick auf ihre Tatbestandsvoraussetzungen, der gerichtlichen Kontrolle unterliegt, entsteht aus der Ablehnung der Überprüfung seitens der Gerichte praktisch ein Ermessensspielraum für die Verwaltung[14].

3. Die Verfahren der gerichtlichen Ermessenskontrolle

Eine gerichtliche Kontrolle der Ermessenshandhabung kann außer im Wege der Anfechtungsklage gegen die Verwaltungsmaßnahme noch erfolgen: vor den Verwaltungsgerichten im Schadensersatzprozeß (recours de pleine juridiction) und in einem besonderen „contentieux de l'interprétation" sowie vor den Justizgerichten in den Fällen der Einrede der Rechtswidrigkeit einer Verwaltungsmaßnahme (exception d'illégalité) und in den Fällen einer „voie de fait".

a) Verwaltungsgerichtliche Zuständigkeit

Der Schadensersatzprozeß gehört — nach der Einteilung von *Auby-Drago*[15] — zum „contentieux des droits", in dem die individuellen subjektiven Rechte, die durch besondere Einzelmaßnahmen entstanden sind, gegen eine öffentlichrechtliche Körperschaft geltend gemacht werden. In diesem „recours de pleine juridiction" hat das Verwaltungsgericht eine unbeschränkte Richtermacht, d. h. es kann eigene Entscheidungen an die Stelle der Verwaltungsentscheidungen setzen. Hier wird die Verletzung einer individuellen subjektiven Berechtigung gerügt, wie es hauptsächlich auf dem Gebiet der öffentlichrechtlichen Verträge sowie beim Schadensersatz für Verwaltungshandeln geschieht. Eine Staatshaftung tritt

---

[13] Nachdem diese Maßnahmen noch lange als überhaupt nicht anfechtbare „actes discrétionnaires" behandelt worden waren; s. o. S. 61 Anm. 49; vgl. *Chrétien* Nr. 30; *di Qual* S. 181; *CE* vom 10. 2. 1937 Société La Jeanne d'Arc, Rec. S. 176.

[14] s. o. S. 100 f., 119 ff.; vgl. *Fournier-Braibant* Nr. 576, 587 ff.; *di Qual* S. 107, 118.

[15] Bd. 3 S. 147 ff.

lediglich, aber auch immer bei rechtswidrigem Handeln der Verwaltung ein. Um die Rechtswidrigkeit eines konkreten Verwaltungshandelns feststellen zu können, muß als Vorfrage gegebenenfalls auch die Ausübung des Ermessens darauf hin überprüft werden, ob die Verwaltung die Bedingungen und Grenzen ihrer Ermessensfreiheit korrekt eingehalten hat. Daher wird die Ermessenshandhabung im Schadensersatzprozeß von den Verwaltungsgerichten in gleicher Weise geprüft wie im „recours pour excès de pouvoir“[16].

Der „contentieux de l'interprétation“, genauer bezeichnet als „recours en appréciation de validité des actes“, ist ein besonderes Verfahren vor den Verwaltungsgerichten, in dem eine Entscheidung über die Rechtmäßigkeit einer Verwaltungsmaßnahme als bloße Feststellung getroffen wird, ohne daß die Aufhebung einer eventuell rechtswidrigen Maßnahme ausgesprochen wird. Zu einem solchen Verfahren kommt es, wenn sich vor einem ordentlichen (Justiz-)Gericht eine präjudizielle Vorfrage über die Rechtmäßigkeit einer Verwaltungshandlung stellt, die das Justizgericht mangels eigener Kompetenz und wegen ausschließlicher Zuständigkeit der Verwaltungsgerichte nicht selbst entscheiden darf. Es setzt dann aus und verweist seine Prozeßparteien an das zuständige Verwaltungsgericht, das im „recours en appréciation de validité des actes administratifs“ von den Prozeßparteien angerufen wird. Das Verwaltungsgericht kann nur die Rechtmäßigkeit oder Rechtswidrigkeit des „acte“ feststellen, weder ihn aufheben noch einen Schadensersatz zusprechen. Die Verwaltungshandlung bleibt formell Bestandteil der Rechtsordnung, wenn auch wegen der alle Gerichte bindenden Rechtskraftwirkung praktisch die Wirkungen des (rechtswidrigen) „acte“ aufgehoben werden. Da in diesem Verfahren eben die Rechtmäßigkeit des Verwaltungshandelns überprüft wird, ist gegebenenfalls auch eine Ermessensausübung zu kontrollieren[17].

b) Zuständigkeit der Justizgerichte

Die Justizgerichte sind grundsätzlich nicht zuständig, Verwaltungshandlungen (actes administratifs) auszulegen und deren Rechtmäßigkeit zu beurteilen oder gar diese aufzuheben, und müssen insoweit an die

---

[16] Vgl. *Waline I* S. 209 f., *III* S. 27, und *IV* (9. Aufl.) S. 543; *Duez II* S. 30; *Goldenberg* S. 330, 352; *Auby-Drago* Bd. 2 S. 221, Bd. 3 S. 147 f., 158 ff.; *di Qual* S. 527; *Dubouis* S. 282 ff.; *CE* vom 3. 8. 1928 Bacon, Rec. S. 1035; *CE* vom 7. 12. 1934 Gasquet et Barbaud, Rec. S. 1159; *CE* vom 3. 4. 1936 Syndicat d'initiative de Nevers, Rec. S. 453; *CE* vom 22. 5. 1942 Leca, Rec. S. 160; *CE* vom 9. 3. 1951 Société des concerts du Conservatoire, Rec. S. 151; *CE* vom 11. 10. 1961 Andréis, RDP 1962 S. 560.

[17] Vgl. *Auby-Drago* Bd. 2 S. 374, 380 ff., 392 f.; *Braibant I* Nr. 16 f., 19, 29; *Castagné* S. 79 ff.; schon *Laferrière* Bd. 1 S. 18 ff.

Verwaltungsgerichte verweisen (zum „recours en appréciation de validité des actes administratifs")[18]. Nur als Ausnahme sind die Zivilgerichte zuständig für gewisse Verwaltungshandlungen, nämlich soweit es um den Schutz der Ausübung der Freiheitsrechte geht, als deren Hüter die Zivilgerichte in der Tradition gegolten haben. Es handelt sich dabei vorwiegend um besondere Eingriffe in die Freiheit der Person sowie in das Eigentum, annähernd vergleichbar zum Teil mit dem Gebiet des Justizverwaltungsakts einerseits und der freiwilligen Gerichtsbarkeit andererseits im deutschen Recht[19]. Im Rahmen dieser ihrer Zuständigkeit können die Justizgerichte selbständig über die Rechtmäßigkeit einer Verwaltungshandlung, und damit auch einer Ermessensbetätigung, befinden[20].

Außerdem sind die ordentlichen Gerichte (ausschließlich) zuständig, wenn in den Fällen einer „voie de fait" Schadensersatz von der Verwaltung gefordert wird (nicht aber für eine — meist uninteressante — förmliche Aufhebung der betreffenden Maßnahme — insoweit bleibt die Zuständigkeit der Verwaltungsgerichte bestehen). Eine „voie de fait" liegt vor, wenn das rein tatsächliche Verwaltungshandeln, also die materielle Ausführung der in der Verwaltungsrechtshandlung (acte juridique) ausgesprochenen Rechtsfolge, grob fehlerhaft (d. h. meist „gesetzlos" — im Gegensatz zu „nur" „gesetzwidrig") ist und damit individuelle Freiheitsrechte verletzt. Das trifft auch dann zu, wenn eine grob fehlerhafte Verwaltungsrechtshandlung ausgeführt wird, wenn also über eine einfache Rechtswidrigkeit hinaus die Maßnahme offensichtlich nicht mehr auf eine gesetzliche Grundlage zurückgeführt werden kann[21]. Ein solcher Fall der — von den ordentlichen Gerichten selbständig festzustellenden — offenbaren Rechtswidrigkeit („Nichtigkeit"[22]) einer Verwaltungs(rechts)handlung ist auch bei der Ausübung einer Ermessensbefugnis denkbar, so daß insoweit eine Kontrolle durch die Justizgerichte erfolgt.

Die Strafgerichte können die Ermessensausübung durch die Verwaltung nur im Rahmen der zugelassenen Einrede der Rechtswidrigkeit (exception d'illégalité) — nach Art. R 26 Nr. 15 Code pénal, Teil II, (früher Art. 471 Nr. 15 Code pénal) — kontrollieren, nämlich soweit bei Ver-

---

[18] Vgl. *Auby-Drago* Bd. 1 S. 575 ff.; *Tribunal des Conflits* vom 16. 6. 1923 Septfonds, Rec. S. 498.

[19] Vgl. im einzelnen *Auby-Drago* Bd. 1 S. 295, 329, 522 ff.; *Tribunal des Conflits* vom 27. 3. 1953 de la Murette, Rec. S. 626.

[20] Vgl. *Auby-Drago* Bd. 1 S. 93 ff., Bd. 2 S. 220; auch *Amselek* passim.

[21] Vgl. *Laferrière* Bd. 1 S. 479 f.; *Auby-Drago* Bd. 1 S. 553 ff.; *Castagné* S. 65 ff., bes. S. 71 f.; *Puisoye II* passim, bes. S. 55, 57, 58; *Debary* passim, bes. S. 15 ff., 35 ff., 85 ff.; *Tribunal des Conflits* vom 4. 6. 1940 Société Schneider, Rec. S. 248.

[22] Vgl. dazu *Debary* S. 17, 93 ff.

stößen gegen Rechtsverordnungen der Verwaltung deren Rechtswidrigkeit gerügt wird[23]. Eine entsprechende Zuständigkeit fehlte ihnen jedoch bisher hinsichtlich der Einzelakte der Verwaltung („Verwaltungsakte"). Nach der Neufassung des Code pénal von 1958 werden aber auch Zuwiderhandlungen gegen Einzelakte der Verwaltung bestraft. Daher erscheint jetzt eine entsprechende Ausdehnung der strafgerichtlichen Zuständigkeit bei „exception d'illégalité" auch auf solche Einzelakte möglich[24]. Die Cour de Cassation hat bereits in diesem Sinne entschieden[25].

In diesem Rahmen sind die Justizgerichte allmählich, nachdem sie zunächst viel zurückhaltender gegenüber der aktiven Verwaltung gewesen waren und nur einen Teil der von den Verwaltungsgerichten gerügten Mängel berücksichtigt hatten, ebenfalls zu einer umfassenden Kontrolle der Verwaltungshandlungen gelangt, die grundsätzlich der der Verwaltungsgerichte entspricht und auch die Ermessensausübung überprüft[26].

4. „Recours pour excès de pouvoir"

Im „recours pour excès de pouvoir" gelten für die gerichtliche Kontrolle der Handhabung des Ermessens grundsätzlich die allgemeinen Regeln der Anfechtbarkeit. Entsprechend den Klagegründen (ouvertures) können als materiellrechtliche[27] Mängel der konkreten Ermessensbetätigung geltend gemacht werden: „incompétence", „vice de formes ou de procédure", „violation de la règle de droit de fond" und „détournement de pouvoir"[28]. Damit unterliegt der gerichtlichen Kontrolle die Einhaltung der Bedingungen und Grenzen des Ermessens im konkreten Fall, d. h. es wird bezüglich der einzelnen Elemente der Verwaltungshandlung geprüft, ob die normierten Voraussetzungen für eine Ermächtigung der Verwaltung zu ermessensfreiem Handeln vorliegen — soweit überhaupt Voraussetzungen gefordert werden und nicht ein Ermessen als Wahlfreiheit eingeräumt worden ist.

---

[23] Vgl. *Waline IV* (9. Aufl.) S. 544; *Auby-Drago* Bd. 1 S. 579, 581 f.; *Chatelain* S. 136; *Tribunal des Conflits* vom 5. 7. 1951 Avranches et Desmarets, Rec. S. 638.

[24] Vgl. *Auby-Drago* Bd. 1 S. 583; *Castagné* S. 60 ff.

[25] Chambre criminelle vom 21. 12. 1961, J.C.P. 1962 II Nr. 12 680, sowie vom 29. 3. 1962, J.C.P. 1962 II Nr. 12 728 bis, beide mit Anm. Lamarque.

[26] Vgl. *Auby-Drago* Bd. 2 S. 409 ff.; sowie *Castagné* S. 136 ff., 162 ff., 174, 198 f.: lediglich hinsichtlich der Angemessenheit des Inhalts einer Maßnahme gegenüber der zugrundeliegenden Gesamtsituation, soweit der Bereich der „valeur des motifs" berührt wird, erlegen sich die Justizgerichte teilweise noch eine größere Zurückhaltung auf.

[27] Hier als Gegensatz zum Prozeßrecht verstanden.

[28] s. o. S. 99 f., 125 ff.

Diese Kontrolle bezieht sich in formeller Hinsicht darauf, ob die handelnde Behörde zuständig ist und ob sie in den vorgeschriebenen Formen und Verfahren gehandelt hat.

a) „Violation de la règle de droit de fond"

Im Rahmen der „violation de la règle de droit de fond" (im weiteren Sinne) wird das Vorliegen und Einhalten der materiellen Ermächtigung (base légale) zur Ausübung der Ermessensfreiheit geprüft[29], insbesondere ob die Tatbestandsvoraussetzungen vorliegen, d. h. ob der Bereich des Ermessens nicht überschritten worden ist mit der konkret ausgesprochenen Rechtsfolge. Damit wird die Verknüpfung von objektivem Sachverhalt und Inhalt der Maßnahme kontrolliert, soweit sie gesetzlich gebunden ist und nicht dem Ermessensbereich zugehört[30]. Diese Kontrolle der Verknüpfung von Rechtsfolgeausspruch und Sachverhalt, die im Hinblick auf die Rüge einer „violation de la règle de droit de fond" erfolgt, bezieht sich lediglich auf die Grenzen des Ermessens und ist insofern nur eine negativ-abgrenzende Kontrolle, die das Ermessen als vom Gesetz zugestandene Wahlfreiheit nicht antastet. Die Entscheidung der Wahl selbst wird daher trotz der Überprüfung der Ausübung durch den Conseil d'Etat grundsätzlich der aktiven Verwaltung überlassen[31].

Die Achtung der Ermessensfreiheit im „recours pour excès de pouvoir" zeigt sich vor allem an dem Umfang und den Folgen der gerichtlichen Kontrolle[32]: Es kommt vor, daß das Verwaltungsgericht eine Verwaltungsmaßnahme nicht aufhebt, obwohl ein Mangel in der formellen Seite oder — seit 1958 — auch in materieller Hinsicht bezüglich des „but" (détournement de pouvoir) vorliegt und erkannt wird, ohne jedoch zum „Erfolg" zu führen: ein sogenanntes „moyen inopérant". Dabei handelt es sich jedoch ausschließlich um Fälle der gebundenen Verwaltung, in denen die Behörde gerade diese konkrete Maßnahme zu treffen verpflichtet war, unabhängig von dem vorliegenden Mangel[33]. Eine Aufhebung würde nur eine Sanktion gegenüber der Verwaltung darstellen,

---

[29] Vgl. z. B. *CE* vom 1. 10. 1954 Guille, Dalloz 1955 S. 431 ff.; *CE* vom 24. 3. 1950 Syndicat du réseau des transports en commun de la région lyonnaise, Rec. S. 197; *CE* vom 14. 5. 1948 Commune de Veules-les-Roses, Rec. S. 212.

[30] Vgl. *Giraud* S. 311; *Bonnard V* S. 141.

[31] Vgl. *de Soto II* S. 825.

[32] Vgl. *Timsit II* S. 221 f.

[33] Vgl. *Auby-Drago* Bd. 2 S. 494, 546, Bd. 3 S. 46; *di Qual* S. 488 ff., 495; *Auby I* S. 7 ff.; *Letourneur V* S. 53; *CE* vom 26. 5. 1950 Dirat, Rec. S. 322; *CE* vom 3. 4. 1957 Soleil, Rec. S. 236; *CE* vom 20. 3. 1957 Félix, Rec. S. 181; *CE* vom 17. 5. 1957 Boyer, Rec. S. 320; *CE* vom 27. 5. 1960 Bellocq et Baudin, Rec. S. 373; *CE* vom 16. 1. 1959 Ministre de la Santé publique, Rec. S. 43; *CE* vom 2. 10. 1964 Halimi, RDP 1965 S. 133.

ohne sonst eine Bedeutung zu haben wegen der bindenden Verpflichtung der Verwaltung zu eben dieser Maßnahme. Der Einwand, daß der betroffene Dritte ein Interesse an dem zeitlichen Hinausschieben der Maßnahme haben könnte, wird vom Conseil d'Etat nicht zugelassen. Immerhin wird in diesen Fällen, in denen die Verwaltung zum Erlaß der Maßnahme grundsätzlich verpflichtet war, ein Verfahrensverstoß wenigstens insoweit nicht als „moyen inopérant" behandelt, als auf ihm eine unvollständige Prüfung der materiellen Seite beruhte[34].

Andererseits wird regelmäßig eine Verwaltungsmaßnahme bereits dann vom Gericht aufgehoben, wenn von mehreren zur Begründung herangezogenen Aspekten eines konkreten Sachverhalts (motifs) auch nur einer gegen das Gesetz verstößt, d. h. isoliert die Rechtswidrigkeit nach sich ziehen würde. Als Ausnahme von diesem Grundsatz läßt die Rechtsprechung eine Verwaltungshandlung als rechtmäßig bestehen, wenn das eine gesetzwidrige Begründungselement nicht zu den den Charakter der Maßnahme prägenden Tatsachen (motifs déterminants) gehört, sondern sich als unwesentlich (motif surabondant) erweist. Insoweit wird die Verbindung zwischen den angeführten tatsächlichen Gründen aus dem objektiven Sachverhalt und dessen subjektiver Wertung durch die Verwaltung als rechtlich relevant festgestellt. Wann ein Tatumstand zu den wesentlichen oder unwesentlichen Elementen gehört, wird nach dem Einzelfall entschieden. Dabei wird allerdings als Regel beachtet, daß bei einer Ermessensentscheidung der Verwaltung die angegebenen Gründe (motifs invoqués) stets zu den wesentlichen Elementen gehören, die den Charakter der Maßnahme prägen[35].

Wenn nicht mehrere Aspekte des Sachverhalts zur Begründung einer Maßnahme im Tatsächlichen herangezogen wurden, sondern nur ein Grund angegeben wurde, der seinerseits den erforderlichen Tatbestandsvoraussetzungen nicht entspricht, so hat dies nicht zwangsläufig die Aufhebung der Maßnahme zur Folge. Vielmehr kann das Verwaltungsgericht in manchen Fällen durch „Nachschieben" von Gründen (substitution des motifs) die Maßnahme als rechtmäßig aufrechterhalten[36]. Dabei muß zwischen tatsächlichen (motifs de fait) und rechtlichen Gründen (motifs de droit) unterschieden werden. Ist die angegebene Begründung im Tat-

---

[34] Vgl. *Auby-Drago* Bd. 3 S. 47; *Guldner* S. 386 ff.; *di Qual* S. 498; *Auby I* S. 9 f.; *Letourneur V* S. 53 f.

[35] Vgl. *Auby-Drago* Bd. 3 S. 50; *Fournier-Braibant* Nr. 593, 595 f.; *di Qual* S. 501 f.; *Odent I* S. 859; *Gandolfi* Nr. 4, 11 ff., 16, 20; *CE* vom 3. 12. 1948 Société générale d'équipement, Rec. S. 458; *CE* vom 29. 4. 1949 Carrau, Rec. S. 186; *CE* vom 29. 10. 1954 Rougier, Rec. S. 564; *CE* vom 26. 3. 1958 Toledo, Rec. S. 200.

[36] Die Abgrenzung zwischen den Verfahren bei „moyens inopérants" und der „substitution des motifs" ist nicht klar zu ziehen; es handelt sich heute weitgehend um (in Teilbereichen) identische Verfahren, lediglich aus verschiedenen Ursprüngen; vgl. *di Qual* S. 493 Anm. 8, 515; *Auby I* S. 7 f.

sächlichen fehlerhaft, so gestattet die Rechtsprechung ein „Nachschieben" von Sachgründen lediglich in den Fällen der gebundenen Verwaltung (bzw. vollzieht es dann von sich aus): wenn die so erlassene Maßnahme aus anderen Elementen des Sachverhalts gerechtfertigt werden konnte und dergestalt auch erlassen werden mußte, selbst wenn die handelnde Behörde einen unzureichenden Grund angegeben (oder auch subjektiv einen falschen Zweck — „but" — verfolgt) hatte. Eine Maßnahme aufgrund einer Ermessensbefugnis dagegen wird aufgehoben, wenn der für die Ermessensbetätigung angegebene Sachgrund in Wirklichkeit nicht (so) besteht, weil in solchen Fällen ein Nachschieben von Sachgründen (substitution des motifs de fait) den Charakter der Ermessensausübung und die Rechtsnatur der Maßnahme wesentlich verändern und damit das Gericht auf das Gebiet der aktiven Verwaltung übergreifen würde[37]. Wenn demgegenüber *Auby-Drago*[38] unter Hinweis auf einige neuere Entscheidungen des Conseil d'Etat meinen, daß er auch bei Ermessensbetätigung Sachgründe nachschiebe, so zeigt ein Blick auf die angezogenen Urteile, daß nicht neue Sachgründe nachgeschoben, sondern die bekannten, angeführten Gründe rechtlich anders qualifiziert wurden, es sich also um ein Nachschieben von Rechtsgründen handelte[39].

Ein solches Nachschieben von Rechtsgründen (substitution des motifs de droit, substitution de base légale) wird vom Conseil d'Etat allgemein zugelassen: anstelle der rechtlichen Würdigung des (feststehenden) Sachverhalts, die die Behörde bei der Begründung ihrer Maßnahme vorgenommen hatte, die jedoch entweder nicht zutraf oder die erlassene Maßnahme nicht tragen konnte, setzt das Gericht eine andere rechtliche Einordnung des Sachverhalts, die nunmehr geeignet ist, die Maßnahme zu rechtfertigen. Ob das Gericht ein solches „Nachschieben" von Rechtsgründen (das zum Teil sogar zu einer Konversion im engeren Sinne führt) vornimmt, entscheidet es frei nach eigenem Belieben, ohne eine entsprechende Verpflichtung. Jedenfalls ist es auch bei Ermessensbetätigung der Verwaltung möglich und üblich, weil die rechtliche Würdigung des Sachverhalts allein die Ermessenswahl nicht wesentlich beeinträchtigen muß[40].

---

[37] Vgl. *Letourneur II* S. 81 f., sowie *V* S. 54; *Odent I* S. 859, 861; *Auby-Drago* Bd. 3 S. 59 f.; *Kornprobst I* S. 591; *Fournier-Braibant* Nr. 557, 597 f.; *di Qual* S. 507 f.

[38] Bd. 3 S. 51 f.

[39] Vgl. *di Qual* S. 510 ff.

[40] Vgl. *Auby-Drago* Bd. 3 S. 51 f., 60; *Kornprobst I* S. 950; *di Qual* S. 501 ff., 510 ff.; *Drago* S. 33 f.; *Odent I* S. 857; *CE* vom 8. 3. 1957 Rozé, Rec. S. 148; *CE* vom 22. 6. 1955 Société civile des Dervallières, Rec. S. 352; *CE* vom 17. 1. 1955 Lepage, Rec. S. 636; *CE* vom 26. 4. 1950 de Salvert, Rec. S. 713; *CE* vom 20. 11. 1942 Vally, Rec. S. 326; zu wenig differenziert *Stern* S. 32; nicht bei Ermessen nach *Letourneur V* S. 54.

Ebenso respektieren die Verwaltungsgerichte darin das Ermessen der Verwaltung, daß sie schon generell nicht selbst (positive) Verwaltungshandlungen erlassen. Insbesondere nehmen sie dann, wenn die Verwaltung rechtswidrig eine — an sich in ihrem Ermessen stehende — Handlung abgelehnt hatte, die beantragte Handlung nicht selbst vor, sondern verweisen deswegen an die Verwaltung zurück. Auch bindet die Aufhebung einer Verwaltungsmaßnahme, die in rechtswidriger Ausübung eines Ermessens ergangen war, die aktive Verwaltung nicht in jeder Beziehung für die Zukunft und verbietet ihr nicht, die gleiche Maßnahme (Rechtsfolge) erneut, nur unter korrekten Umständen zu treffen[41]. Immerhin läßt der Conseil d'Etat in den „conclusions" seiner Regierungskommissare meist die Ansicht des Gerichts darüber erkennen, wie die Verwaltung im konkreten Fall handeln müßte[42].

b) „Détournement de pouvoir"

Die Kontrolle der subjektiven Seite einer Verwaltungshandlung im Rahmen des „détournement de pouvoir" ist zumindest praktisch auf die Ermessensausübung beschränkt. Denn soweit die Verwaltung gebunden ist, kommt es nicht auf den subjektiv verfolgten Zweck an. Wenn die ergangene Maßnahme objektiv dem Gesetz entspricht und die Verwaltung zum Erlaß eben dieser Maßnahme verpflichtet war, wird eine solche vom Gericht bestätigt, gegebenenfalls unter Nachschieben von Gründen. Bei gebundener Befugnis wird trotz einer Rechtswidrigkeit des subjektiv verfolgten Zieles objektiv der gesetzlich vorgesehene Zweck erreicht, ein „détournement de pouvoir" müßte daher in den Fällen einer gebundenen Befugnis stets als „moyen inopérant" unberücksichtigt bleiben und könnte nicht zu einer gerichtlichen Aufhebung der Maßnahme führen[43]. Daher betrifft der Mangel des „détournement de pouvoir" lediglich — soweit er überhaupt noch herangezogen wird[44] — die Ermessensbetätigung und stellt einen „Ermessensmißbrauch" im Sinne des deutschen Rechts dar[45]. Um auch unter diesem Aspekt die Ermessensfreiheit der

[41] s. o. S. 49; *Auby-Drago* Bd. 1 S. 151, Bd. 3 S. 99; *CE* vom 10. 4. 1964 Clinique du Chablais, RDP 1964 S. 798, mit Anm. Waline ebd. S. 795 ff. Die Entscheidung *CE* vom 26. 6. 1908 Daraux, Sirey 1909 III S. 129 mit Anm. M. Hauriou, lehnte sogar die Aufhebung einer (rechtswidrigen) Ablehnung einer positiven Handlung wegen des Ermessens der Verwaltung ab; jedoch ist diese Entscheidung überwiegend aus der nur zögernd fortschreitenden Entwicklung der Verwaltungsrechtsprechung zu verstehen; vgl. *di Qual* S. 521.

[42] Vgl. *Auby-Drago* Bd. 1 S. 150, Bd. 3 S. 98.

[43] Vgl. *Laferrière* Bd. 2 S. 549; *Aucoc I* Bd. 1 S. 531; *Michoud* S. 99; *Odent I* S. 884; *Auby-Drago* Bd. 3 S. 85; *di Qual* S. 78, 493; *Laun IV* S. 147; s. o. S. 129 ff.

[44] s. o. S. 133.

[45] Nicht „Ermessensüberschreitung", wie *Laun* (*I* S. 118, *IV* S. 150) das „détournement de pouvoir" einordnet; vgl. *Stern* S. 28, 36; *Fromont* S. 609, der gewisse Unterschiede hervorhebt; auch *Kohlmann* S. 77.

Verwaltung nicht unnötig einzuschränken, wird eine auf eine Ermessensbefugnis gestützte Maßnahme, mit der die Behörde subjektiv mehrere Zwecke erreichen wollte (pluralité des buts), von denen aber einer aus dem Rahmen der angewandten Befugnis fällt, jedoch nicht von den Gerichten aufgehoben, wenn wenigstens ein weiterer angestrebter Zweck den Vorschriften entspricht[46].

II. Grenzen des Ermessens

Durch die gerichtliche Kontrolle (besonders) im „recours pour excès de pouvoir" werden somit die Grenzen der Ermessensfreiheit überprüft. Die Grenzen des Ermessens sind vielfältig, sie ergeben sich sowohl aus dem (nur) objektiven Recht als auch aus subjektiven, individuellen Berechtigungen.

1. Allgemeine Rechtsgrundsätze

Von besonderer Bedeutung als Ermessensschranken sind die von der Rechtsprechung des Conseil d'Etat erarbeiteten allgemeinen Rechtsgrundsätze (principes généraux du droit), die die Verwaltung binden[1]. Mit jenen zum Teil identisch sind die Freiheitsrechte, die aus der Menschenrechtserklärung von 1789 übernommen als Grundrechte aufgrund des ausdrücklichen Bezugs in den Präambeln der Verfassungen vom 27. 10. 1946 sowie vom 4. 10. 1958 positives Recht sind und ebenfalls die Verwaltung binden, wie es die Rechtsprechung klargestellt hat[2]. Zu diesen Grundsätzen gehören im einzelnen[3]: der Gleichheitssatz in seinen verschiedenen Ausprägungen[4], wie er jetzt in Art. 2 Abs. 1 Satz 2 der Verfassung vom 4. 10. 1958 postiviert ist, insbesondere hinsichtlich der Gleichheit der hoheitlichen Belastungen und in der Besteuerung sowie

---

[46] Vgl. *Auby-Drago* Bd. 3 S. 88; *Castagné* S. 134 ff.; *CE* vom 30. 10. 1942 Compagnie générale des Eaux, Rec. S. 302; auch *Fournier-Braibant* Nr. 557, 595.

[1] s. o. S. 46 f., 50; *Jeanneau* S. 157; *CE* vom 17. 12. 1948 Azoulay, Rec. S. 474; *Tiedemann* S. 370.

[2] Vgl. *CE* vom 7. 6. 1957 Condamine, RDP 1958 S. 100 mit Anm. Waline ebd. S. 98; *CE* vom 12. 2. 1960 Société Eky, Dalloz 1960 S. 263 mit Anm. L'Huillier ebd.; *Fournier-Braibant* Nr. 327 f.; *Chapus I* S. 121 ff.; *L'Huillier* S. 175; *Tiedemann* S. 369 ff.

[3] Übersicht s. bei *Fournier-Braibant* Nr. 324 ff.; *Letourneur I* S. 24 ff.; *Donnedieu de Vabres* passim; *Jeanneau* passim; *Castagné* S. 121 ff.

[4] Vgl. *Duguit I* (2. Aufl.) Bd. 3 S. 593; *Donnedieu de Vabres* S. 35; *Letourneur I* S. 24 ff.; *Jeanneau* S. 7 ff., 34 ff.; *CE* vom 9. 5. 1913 Roubeau, Rec. S. 521; *CE* vom 3. 7. 1936 Bobard, Rec. S. 721; *CE* vom 9. 3. 1951 Société des concerts du Conservatoire, Rec. S. 151; *CE* vom 27. 7. 1928 Société anonyme des usines Renault, Rec. S. 969.

bei der Benutzung der öffentlichen Einrichtungen (services publics)[5], wobei allerdings eine Ungleichbehandlung bei Vorliegen gewichtiger Gründe zulässig ist, durch die der jeweils zu entscheidende Sachverhalt von anderen (ansonsten vergleichbaren) Situationen unterschieden und daher gegenüber diesen ungleich ist, wie es insbesondere bei einem dringenden öffentlichen Interesse angenommen wird[6]; die verschiedenen Freiheitsrechte wie die Freiheit der Person (jetzt Art. 66 Verfassung 1958), die Glaubens- und Gewissensfreiheit, die Freiheit der Wohnung, Versammlungs- und Vereinigungsfreiheit, Pressefreiheit, die allgemeine Freiheit wirtschaftlicher Betätigung (liberté du commerce et de l'industrie), das Eigentum, die Unterrichtsfreiheit[7]; schließlich noch allgemeine Grundsätze des Verwaltungsverfahrens[8], wie die Garantie, daß jeder sich gegen „Sanktionen" (belastende Verwaltungsakte) vorher verteidigen kann[9], die Verpflichtung zur Beachtung der Rechtskraft gerichtlicher Entscheidungen (chose jugée)[10], die generelle Zulässigkeit der verwaltungsgerichtlichen Anfechtungsklage gegen jede Verwaltungsrechtshandlung[11], die Garantie der unparteiischen Zusammensetzung von Kollegialbehörden[12], sowie das (auch materiellrechtliche) Verbot einer Rückwirkung von Verwaltungsmaßnahmen (non-rétroactivité des actes), soweit nicht gesetzlich eine Ausnahme zugelassen ist[13].

2. Verhältnismäßigkeit

Als eine Schranke der Ermessenswahl wird im französischen Verwaltungsrecht weitgehend auch die Verhältnismäßigkeit des Verwaltungs-

---

[5] Vgl. *CE* vom 18. 5. 1928 Laurens, Rec. S. 645; *CE* vom 1. 7. 1936 Veyre, Rec. S. 713; *CE* vom 23. 11. 1936 Abdoulhoussen, Rec. S. 1015; *CE* vom 1. 2. 1946 Sornin de Leysat, Rec. S. 35; *CE* vom 25. 6. 1948 Société du Journal „Aurore", Rec. S. 289; *CE* vom 16. 12. 1949 Simonet, Rec. S. 553.

[6] Vgl. *CE* vom 3. 7. 1936 Bobard, Rec. S. 721; *CE* vom 22. 3. 1950 Société des ciments français, Rec. S. 175; *CE* vom 29. 6. 1951 Syndicat de la raffinerie de soufre français, Rec. S. 377; *CE* vom 13. 7. 1951 Thiriez, Rec. S. 411; *CE* vom 15. 7. 1959 Chambre syndicale des bureaux d'études techniques et omnium technique, Rec. S. 409; *CE* vom 14. 2. 1964 Société d'oxygène et d'acétylène d'Extrême Orient, Rec. S. 107; *Letourneur I* S. 28; *Jeanneau* S. 34 ff.; *di Qual* S. 331.

[7] Vgl. z. B. *CE* vom 7. 12. 1934 Gasquet et Barbaud, Rec. S. 1159; *CE* vom 14. 2. 1945 Bessan, Rec. S. 32; *CE* vom 23. 11. 1951 Société nouvelle d'imprimerie, d'éditions et de publicité, Rec. S. 553; *Jeanneau* S. 41 ff.; *Donnedieu de Vabres* S. 32 ff.; *Letourneur I* S. 24 ff.; *Auby-Drago* Bd. 3 S. 19.

[8] Vgl. *Letourneur I* S. 24 ff.; *Jeanneau* S. 69 ff., 92; *Auby-Drago* Bd. 3 S. 17.

[9] s. u. S. 161; *Donnedieu de Vabres* S. 36.

[10] s. o. S. 49.

[11] s. o. S. 61; *Donnedieu de Vabres* S. 43.

[12] s. u. S. 161 Anm. 37.

[13] Vgl. *Auby-Drago* Bd. 3 S. 18; *Waline V* S. 711; *Letourneur IV* passim; *Dupeyroux I* passim, bes. S. 65 ff., 83 ff., 191 ff.; *CE* vom 20. 7. 1951 Ducommun, Rec. S. 422; *CE* vom 9. 2. 1952 Comité intersyndical du commerce des combustibles de Paris, Rec. S. 248.

handelns anerkannt, wenn auch nicht mittels einer entsprechenden selbständigen Rechtsfigur, sondern in unterschiedlichen Verfahrenstechniken. So wird die Verhältnismäßigkeit einer Maßnahme (mit-)geprüft, wenn im Fall der (Maximal- oder Normal-)Kontrolle des zugrundeliegenden Sachverhalts, die sich auf die besondere „Einschätzung des Sachverhalts" (valeur des motifs) bei unbestimmten Rechtsbegriffen erstreckt, auch die Angemessenheit der ausgesprochenen Rechtsfolge im Verhältnis zur komplexen Gesamtsituation in die gerichtliche Überprüfung einbezogen wird[14].

Andererseits werden Verwaltungshandlungen direkt wegen Übermaßes des Eingriffs aufgehoben. So kann ein Bürgermeister zwar die notwendigen Maßnahmen zur Sicherung der öffentlichen Ordnung treffen, jedoch nicht eine Vorschrift erlassen, die in ihrer (zu) allgemeinen Formulierung unterschiedslos allen Badenden das Ent- oder Bekleiden am Strand verbietet[15]. Eine solche Abwägung der Verhältnismäßigkeit wird vor allem bei Eingriffen durch Polizeigewalt in den Freiheitsbereich der Bürger vorgenommen, bei denen die — ungeschriebene Tatbestandsvoraussetzung der — Notwendigkeit einer Maßnahme von dem adäquaten Verhältnis zwischen der Rechtsfolge und dem Sachverhalt (bzw. Zweck der Maßnahme) abhängt[16]. Beispielsweise verpflichtet das generelle Verbot durch den Bürgermeister, Fleisch von Tieren, die nicht auf dem städtischen Schlachthof geschlachtet und kontrolliert worden waren, in der Stadt zu verkaufen, zum Schadensersatz, weil ein solches absolutes Verbot nicht die einzige geeignete Maßnahme zum Schutz der öffentlichen Hygiene, unter Ausschluß jeder minder schweren Maßnahme, ist und wegen dieses Übermaßes die Grenzen der Verwaltungsbefugnis überschreitet[17].

Außerdem wird — vorwiegend in Schadensersatzprozessen — unter dem Gesichtspunkt eines Rechtsmißbrauches (abus de droit) die Verhältnismäßigkeit der Maßnahme geprüft. Ein solcher Rechtsmißbrauch wird bei einem offensichtlichen Mißverhältnis zwischen dem Inhalt der getroffenen Entscheidung und dem zugrundeliegenden Sachverhalt (oder

---

[14] Vgl. *di Qual* S. 86 f., 177, 182 f., 203 f.; *Auby-Drago* Bd. 3 S. 79 f., 81 ff.; *Vidal* S. 300, 303; *de Laubadère* S. 485; *Castagné* S. 159 f.; *CE* vom 19. 5. 1933 Benjamin, Rec. S. 541; s. o. S. 101, 115 ff., 118.

[15] *CE* vom 4. 7. 1924 Beaugé, Rec. S. 641.

[16] Vgl. *Corneille II* S. 637, 640; *Waline I* S. 223; *Rivero IV* S. 145 f.; *de Laubadère* S. 485; *CE* vom 5. 6. 1908 Marc, Rec. S. 611, 623, mit conclusions Teissier, ebd. S. 613; *CE* vom 17. 7. 1928 Société anonyme des usines Renault, Rec. S. 969; *CE* vom 6. 1. 1933 Ratto, Rec. S. 13; *CE* vom 17. 10. 1947 Dupuis de Cultures, Rec. S. 379; *CE* vom 23. 11. 1951 Société nouvelle d'imprimerie, d'éditions et de publicité, Rec. S. 553; *CE* vom 27. 11. 1959 Ministre de l'Intérieur c. sieur Salem, Rec. S. 632; *CE* vom 15. 10. 1965 Préfet de Police c. sieur Alcaraz, Rec. S. 516.

[17] Vgl. *CE* vom 7. 12. 1934 Gasquet et Barbaud, Rec. S. 1159.

dem zu verfolgenden Zweck) angenommen (disproportion flagrante entre l'objet de l'acte et ses motifs ou son but)[18]. Im Gegensatz zu dem „détournement de pouvoir" in subjektiver Hinsicht kommt es in den Fällen eines solchen Rechtsmißbrauches nicht auf die subjektive Seite an, weil bei letzteren die Behörde subjektiv den vorgeschriebenen Zweck wohl verfolgte. Der Mangel liegt vielmehr darin begründet, daß die Maßnahme übermäßig oder sogar ohne eigentlichen Nutzen für den vorgesehenen Zweck ist, d. h. objektiv aufgrund der Beziehung zwischen Inhalt und zugrundeliegendem Sachverhalt der gesetzliche Zweck nicht erreicht wird (werden kann). Im Sinne der objektiven Finalität ist die Maßnahme unter den konkreten Umständen ungeeignet, den vorgeschriebenen Zweck zu erreichen, ist sie objektiv dem Zweck nicht angemessen und objektiv (offensichtlich) unzweckmäßig. Entsprechend der Objektivierung des Verhältnisses von Zweck (but) und konkretem Sachverhalt (motifs) wird in diesen Fällen nicht mehr die Beziehung zwischen dem Zweck der Handlung und der ausgesprochenen Rechtsfolge, sondern die Beziehung zwischen dem konkreten Sachverhalt und der Rechtsfolge herangezogen, um festzustellen, ob der vorgesehene Zweck von der ergangenen Maßnahme etwa deswegen verfehlt wird, weil die getroffene Entscheidung dem konkreten, zu regelnden Sachverhalt objektiv unangemessen ist. Jedoch kann wiederum, wenn eine Maßnahme derart (offensichtlich) unzweckmäßig, für den gesetzlichen Zweck objektiv nutzlos ist, vermutet werden, daß auch subjektiv die handelnde Behörde eigentlich andere Zwecke verfolgte[19]. *Wei Teng-lin*[20] will in solchem Rechtsmißbrauch (abus de droit) allerdings keinen Verstoß gegen die Gesetzmäßigkeit (légalité), sondern nur einen gegen die „moralité administrative" sehen. Es dürfte sich jedoch bei dem Gebot der Verhältnismäßigkeit um einen allgemeinen Grundsatz des Verwaltungsrechts handeln, der als solcher auch zum Bereich der „légalité" gehört[21].

Dieses Prinzip erfährt insoweit eine Einschränkung, daß dann, wenn die Rechtsprechung bei unbestimmten Rechtsbegriffen auf eine vollständige Tatsachenkontrolle verzichtet, meist auch eine Prüfung der Angemessenheit von Rechtsfolge und konkreter Gesamtsituation unterbleibt[22]. So hat der Conseil d'Etat in der Entscheidung *Dame veuve*

---

[18] Vgl. *Wei Teng-lin* S. 134, 143; *Goy* S. 7 ff., 23 f.; *CE* vom 22. 11. 1929 Companie des Mines de Siguiri, Sirey 1930 III S. 17 ff.; *CE* vom 21. 6. 1935 Barneyrat, Rec. S. 705; *Tribunal des Conflits* vom 8. 4. 1935 L'Action française, Rec. S. 1227.

[19] Vgl. *Dubouis* S. 27 ff., 39 ff., 51 ff., 60 f., 331 f., 373 ff., 384 ff., 425 ff., 436; *Bonnard VI* S. 17 ff.; *Wei Teng-lin* S. 106 f., 113, 116 ff., 134, 141 ff.; *Detton* S. 89; *Goy* S. 12 f., 16; *Auby-Drago* Bd. 3 S. 86; *di Qual* S. 66 f.; *CE* vom 6. 1. 1933 Ratto, Rec. S. 13; *CE* vom 4. 7. 1924 Beaugé, Rec. S. 641.

[20] S. 124, 141.

[21] Vgl. *Dubouis* S. 437 ff.

[22] s. o. S. 101, 118 ff.; *Auby-Drago* Bd. 3 S. 66, 70 f.; *di Qual* S. 87; *Rivero IV* S. 145 f.; *de Laubadère* S. 485.

Monluc[23] nicht kontrolliert, „ob die Bedeutung der von der Verwaltungsbehörde verhängten Sanktion (Entzug einer Konzession) der Schwere der Tatumstände, die sie veranlaßt haben, angemessen (proportionnée) ist".

3. Verfahrensregeln

Besondere Schranken beziehen sich auf die Ausübung der Ermessensfreiheit und das dabei zu beobachtende Verfahren.

a) Verpflichtung zur Ausübung des Ermessens

In erster Linie ist die Verwaltung verpflichtet, ihr Ermessen auch tatsächlich auszuüben, d. h. in jedem anliegenden Einzelfall wirklich zwischen den durch die Wahlfreiheit eröffneten Entscheidungsmöglichkeiten zu wählen: „Eine Ermessensbefugnis ermächtigt zwar die Behörde, in ihrem Zuständigkeitsbereich die einschlägigen Fragen in der Weise, die sie für die beste hält, zu lösen ... ; aber sie ermächtigt diese nicht, sich jene Fragen nicht zu stellen[24]." Denn ganz allgemein verpflichtet die Befugnis einer Behörde diese zugleich zu deren Anwendung, die Behörde kann nicht auf die Ausübung ihrer (Ermessens-)Kompetenz verzichten[25]. Dem entspricht ein Recht des Bürgers auf Ausübung des Ermessens[26]. Die Verwaltung handelt daher rechtswidrig, sie unterliegt einem — als „violation de la règle de droit" (im weiteren Sinne) angreifbaren — Rechtsirrtum, wenn sie in einer konkreten Angelegenheit ihr Ermessen verkennt und sich fälschlich für gebunden hält. Es liegt ein „excès de pouvoir négatif" vor, eine Ermessensunterschreitung, durch die eine vom Gesetz als Ermessensbefugnis eingerichtete Kompetenz denaturiert wird, — eine Art „incompétence négative", die jedoch vorwiegend als materieller Mangel anzusehen ist[27]. So hat der Conseil d'Etat einen Rechtsirrtum gerügt, als die Verwaltung sich bei Vorliegen der gesetzlichen Tatbestandsvoraussetzungen zur Erhebung einer Verjährungseinrede verpflichtet und sich gebunden glaubte, während richtiger-

---

[23] Vom 11. 7. 1952, Rec. S. 378.

[24] So *Rivero II* S. 287 f.

[25] s. o. S. 125; *Duez II* S. 30; *Rivero II* S. 287; *Waline VI* S. 41; *di Qual* S. 251; auch *Jèze III* S. 59; *CE* vom 23. 11. 1883 Société des mines d'or de la Guyane, Rec. S. 832; *CE* vom 2. 5. 1890 Moinet, Rec. S. 436.

[26] Vgl. *Venezia* S. 138 ff., 144.

[27] Vgl. schon *Laferrière* Bd. 2 S. 519; *Michoud* S. 80 f.; *Giraud* S. 312; *Waline I* S. 218 f.; *Fournier-Braibant* Nr. 540; *Venezia* S. 141 ff.; *Auby-Drago* Bd. 2 S. 542 ff., Bd. 3 S. 63 f.

weise bei Vorliegen des Tatbestands die Verwaltung nach ihrem Ermessen die Verjährungseinrede erheben (oder es unterlassen) konnte[28].

b) Prüfung des Einzelfalls

Bei der tatsächlichen Ausübung des eingeräumten Ermessens ist die Verwaltung noch vielen Bindungen hinsichtlich des Verfahrens unterworfen, das insoweit von der Wahl selbst, d. h. von der Entscheidung über die Zweckmäßigkeit, streng zu trennen ist. Solche Verfahrensvorschriften sollen garantieren, daß die Ermessenswahl zwischen den möglichen Rechtsfolgen einzig unter dem Gesichtspunkt des öffentlichen Interesses getroffen wird[29]. Der Bürger hat einen Rechtsanspruch darauf, daß die Verwaltung diese Verfahrensregeln bei der Ausübung ihres Ermessens einhält. Es handelt sich um Bedingungen der Rechtmäßigkeit einer Ermessensbetätigung, die vom Gericht nachzuprüfen sind, ohne daß dadurch die — auch gegenüber dem Richter bestehende — Wahlfreiheit angetastet würde[30].

Zu diesen Verfahrensregeln gehört neben Bestimmungen über die Formen, über die Zuständigkeit und besondere Verfahrensweisen vor allem die Verpflichtung der Verwaltung, sich stets in die Lage zu versetzen, ihr Ermessen auch wirklich angemessen, bestens ausüben zu können, d. h. zutreffend und umfassend die Zweckmäßigkeit ihres konkreten Handelns beurteilen zu können[31]. Daher setzt eine Ermessensbetätigung eine sorgfältige Prüfung des konkreten Sachverhalts und der jeweils betroffenen Interessen voraus. Das Ermessen würde willkürlich ausgeübt, wenn eine Entscheidung über die Zweckmäßigkeit ohne Bezug auf den konkreten Sachverhalt getroffen würde, da der Zweck der Maßnahme sich auch aus dem Verhältnis zu dem zu regelnden Sachverhalt ergibt. Die Verwaltung muß die besonderen Umstände des Einzelfalls in jeweils abgewogenem Maße (de façon nuançée) berücksichtigen, wenn sie ihr Ermessen ausübt. Sie ist verpflichtet, vor ihrem Handeln den einzelnen konkreten Sachverhalt besonders zu würdigen und dementspre-

---

[28] So *CE* vom 18. 4. 1958 Guern, Rec. S. 214; vgl. *CE* vom 23. 7. 1909 Société nationale d'éducation de Lyon, 2. Sache, Rec. S. 737 f. — s. o. S. 92 f.; *CE* vom 30. 3. 1938 Boinet, Sirey 1938 III S. 119; *CE* vom 18. 6. 1944 Bouey, Rec. S. 171; *CE* vom 25. 6. 1948 Société d'exploitation des Eaux et Thermes d'Enghien, Rec. S. 301; *CE* vom 1. 12. 1950 Escalon, Rec. S. 589; *CE* vom 20. 6. 1952 Legros, Rec. S. 327; *CE* vom 10. 4. 1957 Garapin, Rec. S. 257; *CE* vom 10. 1. 1958 Bourgin, Rec. S. 25.

[29] Vgl. *Jèze IV* S. 4.

[30] Vgl. *Romieu* S. 1 ff.; *Jèze IV* S. 4; M. *Bernard I* S. 54, 56; *Venezia* S. 138 f.; *CE* vom 10. 7. 1930 Alexandre, Rec. S. 711; *CE* vom 28. 11. 1951 Braun, Muller, Vonthron, Rec. S. 559; *CE* vom 23. 12. 1955 Lévy, Rec. S. 608.

[31] Vgl. *Waline I* S. 218 f.; *Jèze IV* S. 4; *Venezia* S. 138 f.

chend ihre Entscheidung zu treffen. Diese Verpflichtung besteht ohne ausdrückliche gesetzliche Vorschrift, sie ergibt sich allgemein daraus, daß anderenfalls das Wesen der Ermessensbefugnis als einer Möglichkeit, frei über die Verknüpfung der einzelnen Rechtsfolge mit dem konkreten Sachverhalt zu entscheiden, verfälscht würde[32]. Demnach darf eine Beamtenernennung erst in dem Augenblick, da die zu besetzende Stelle vakant ist, ausgesprochen werden, weil erst dann die Zweckmäßigkeit der neuen Besetzung beurteilt werden kann[33]. Im gleichen Sinne hob der Conseil d'Etat die Verweigerung einer Wegeerlaubnis, die nach Ermessen erteilt werden konnte, auf, weil die Behörde, „anstatt den Sachverhalt in dieser Angelegenheit zu würdigen, sich darauf beschränkt hat, die Erlaubnis mit dem Hinweis abzulehnen, daß das öffentliche Interesse entgegenstünde; aber dieser Hinweis ist bloß eine abstrakte Grundsatzerklärung und kann unter den gegebenen Umständen den wirklichen Charakter der angegriffenen Ablehnung nicht ändern", nämlich daß die Entscheidung ohne Rücksicht auf den konkreten Sachverhalt ergangen war[34].

Dementsprechend darf die Verwaltung bei Ermessen ihre einzelne Entscheidung nicht aus einer vorgefaßten, generellen Regel ableiten, d. h. nicht aufgrund einer allgemeinen Grundsatzentscheidung sich binden und daraufhin eine Ermessensbetätigung im Einzelfall ablehnen. Maßnahmen, die nach dem Gesetz auf der Grundlage einer konkreten Zweckmäßigkeitserwägung getroffen werden sollen, würden einen anderen Charakter bekommen, wenn seitens der Verwaltung noch eine besondere generelle Grundsatzregelung (als „règlement") zwischen das zum Ermessen befugende Gesetz und die einzelne Maßnahme geschoben und die konkret zu treffende Ermessensentscheidung dadurch auf lediglich abstrakter Ebene bereits vorentschieden würde. Ein solches Handeln der Verwaltung würde einen Rechtsirrtum darstellen. Daher können (generelle) Verwaltungsvorschriften wohl einen Maßstab für die Ermessensausübung bilden, aber nicht von der Prüfung der Meriten des konkreten Sachverhalts entbinden[35]. So hob der Conseil d'Etat die Entlassung eines Beamten — die aus Gründen des allgemeinen Verhaltens des Beamten nach Ermessen möglich war, im Entscheidungsfall aber ausgesprochen

---

[32] Vgl. *Giraud* S. 207; *Wei Teng-lin* S. 144; *Mestre* S. 1; *Venezia* S. 138 f., 141 f.; M. *Bernard I* S. 54, 56; *Megret* S. 77 ff. mit Nachweisen über die Rechtsprechung; *Auby-Drago* Bd. 3 S. 64; *Hamson* S. 42; *CE* vom 18. 5. 1925 Chenu, Rec. S. 493; *CE* vom 9. 7. 1943 Tabouret et Laroche, Rec. S. 182 — s. o. S. 93; *CE* vom 4. 2. 1955 Massoni, Rec. S. 71; *CE* vom 12. 11. 1955 Boussières et Bauchy, Rec. S. 538; *CE* vom 4. 1. 1964 Ferrary, Rec. S. 3; *CE* vom 7. 4. 1965 Société l'Affichage Giraudy, RDP 1966 S. 349 f.

[33] Vgl. *Teissier* S. 460 f.

[34] So *CE* vom 4. 8. 1922 Société du Bourbonnais, Rec. S. 732.

[35] Vgl. *Fournier-Braibant* Nr. 541; *Auby-Drago* Bd. 3 S. 64; *Hamson* S. 42; *CE* vom 4. 2. 1921 Société du Bourbonnais, Rec. S. 148.

wurde, nur weil der Betroffene eine generelle Altersgrenze (von 55 Jahren) überschritten hatte — auf: denn „die Verwaltung hat sich darauf beschränkt, gegenüber dem Kläger eine Grundsatzentscheidung (décision de principe) anzuwenden, ohne seine individuelle Lage zu prüfen und ohne zu untersuchen, ob in seinem Fall das Alter eine weitere Beschäftigung verbot“[36].

c) *Andere Verfahrensregeln*

Weitere Verfahrensregeln, die bei der Ermessensbetätigung beachtet werden müssen, sind: der allgemeine Verwaltungsrechtsgrundsatz der unparteiischen Zusammensetzung einer entscheidenden Kollegialbehörde oder Kommission, besonders in Prüfungsangelegenheiten, bei denen keine objektiv bereits voreingenommene Person mitwirken darf[37]; die als „procédure essentielle“ auch ohne Gesetz bestehende Pflicht der Verwaltung, den Betroffenen bei der überwiegenden Mehrheit der belastenden Verwaltungsakte vorher anzuhören, soweit es sich nämlich um sogenannte (repressive) „sanctions“ — und nicht bloß „einfache“ Polizeimaßnahmen — handelt (deren Begriff höchst unscharf abzugrenzen ist)[38]; die Pflicht, bestimmte Stellungnahmen (avis) anderer Stellen einzuholen[39].

4. Keine Kontrolle der Ermessenswahl

Trotz solcher Überprüfung der Schranken für die Ausübung des Ermessens bleibt die Ermessensentscheidung selbst als eine ausschließlich von der Verwaltung zu treffende, freie Wahl grundsätzlich der gerichtlichen Kontrolle entzogen. Die Ermessensentscheidung wird von den Verwaltungsgerichten nicht auf ihre Zweckmäßigkeit (opportunité) geprüft, so daß die gerichtliche Feststellung des konkreten Vorliegens der gesetzlichen Tatbestandsvoraussetzungen einer Ermessensbefugnis die Ermessenswahl frei und unüberprüft läßt[40]. Daher wird die Ansicht ver-

---

[36] So *CE* vom 24. 7. 1942 Piron, Rec. S. 233 — s. o. S. 93 —, dazu *Mestre* S. 1.

[37] Vgl. M. *Bernard I* S. 54, 56; *Jeanneau* S. 69 ff.; *Fournier-Braibant* Nr. 507, 519; *Auby-Drago* Bd. 2 S. 601; *CE* vom 29. 4. 1949 Bourdeaux, Rec. S. 188; *CE* vom 19. 1. 1951 Facchietti, Rec. S. 33; *CE* vom 24. 6. 1953 Wirtz, Rec. S. 314; *CE* vom 18. 5. 1923 Commune de Montreuil-aux-Lions, Rec. S. 410; *CE* vom 10. 2. 1922 Aldeguer, Rec. S. 127 — s. o. S. 47; *CE* vom 5. 10. 1955 Bernard, Rec. S. 463; *CE* vom 9. 7. 1956 Gouverneur général de l'Algérie, Rec. S. 315; s. o. S. 155.

[38] Vgl. *CE* vom 17. 1. 1930 Ribeyrolles, Rec. S. 76; *CE* in drei Entscheidungen vom 26. 10. 1945 Mattei/Aramu/Belloir, Rec. S. 213 f.; *CE* vom 22. 5. 1946 Maillou, Rec. S. 146 — s. o. S. 47; *Morange* S. 125 f.; *Donnedieu de Vabres* S. 36; *Letourneur I* S. 24 ff.; *Jeanneau* S. 69 ff.; *Auby-Drago* Bd. 2 S. 608 ff., 613 f.; *Fournier-Braibant* Nr. 741 ff.; *Odent II* S. 44 ff.; s. o. S. 155.

[39] Vgl. *CE* vom 14. 12. 1955 Coulon, Rec. S. 587.

treten, daß eine Anfechtungsklage, mit der — lediglich — der gute bzw. schlechte Gebrauch (bon ou mauvais usage) des Ermessens geltend gemacht wird, wegen der Art dieser Rüge wenigstens insoweit unzulässig sei. Demnach wäre jeder „recours pour excès de pouvoir", dessen Rüge (moyen) sich auf mangelnde „opportunité" einer Ermessensentscheidung beschränkt, schon als unzulässig (irrecevable) abzuweisen. Dafür spricht, daß der „recours pour excès de pouvoir" ein ausschließlich auf die Rechtswidrigkeit beschränktes Rechtsmittel ist, das charakterisiert ist durch die (beschränkte Anzahl von) vorzubringenden Rügen, die sich nämlich auf eine Verletzung der rechtlichen Bindungen beziehen müssen — wie sie hinsichtlich des eigentlichen Ermessensbereichs schon per definitionem ausgeschlossen ist[41]. Diese an sich logische Folgerung wird jedoch von der Rechtsprechung nicht gezogen. Vielmehr weist der Conseil d'Etat bei einer solchen von vornherein, aus ihrem Wesen heraus unzulässigen Rüge die Anfechtungsklage nicht als insoweit unzulässig, sondern als unbegründet (mal-fondé) ab. Dies erklärt sich hauptsächlich daraus, daß in der Regel in solchen Fällen neben den unzulässigen Rügen auch noch an sich zulässige, aber sachlich nichtbegründete Rügen vorgebracht werden[42].

5. Beschränkung auf einzige rechtmäßige Lösung

Eine im allgemeinen bestehende Ermessensfreiheit kann sich ausnahmsweise in einem besonderen Einzelfall auf eine einzige Lösung beschränken, die bei den konkreten Umständen von den ansonsten zur Verfügung, zur Wahl stehenden Möglichkeiten einzig und allein rechtmäßig ist. Eine solche Beschränkung eines an sich eingeräumten Ermessensspielraums auf eine einzige richtige Entscheidung tritt in gewisser Hinsicht dann ein, wenn im Rahmen der Tatsachenkontrolle im Hinblick auf die besondere „Einschätzung des Sachverhalts" bzw. der „valeur des motifs" mittels einer Würdigung der konkreten Gesamtsituation auch die Angemessenheit der einzelnen Maßnahme überprüft wird. Soweit darin — über eine Nachprüfung der mit unbestimmten Rechtsbegriffen umschriebenen Tatbestandsvoraussetzungen hinaus — auch die (im Gesetz selbst nicht erwähnte: angemessene) Verknüpfung von Rechtsfolge und Sachverhalt kontrolliert wird, handelt es sich um eine Kontrolle

---

[40] Vgl. *Bonnard IV* S. 59; *Jèze IV* S. 4; *Dubisson* S. 128, 156; auch M. *Hauriou VII* S. 113; *CE* vom 6. 8. 1915 Leraillé, Rec. S. 288; *CE* vom 7. 4. 1916 Azière, Rec. S. 153; *CE* vom 6. 6. 1928 Giaccobi„ Rec. S. 698.

[41] Vgl. *Duez I* S. 198; *Auby-Drago* Bd. 2 S. 425 f., Bd. 3 S. 81 f., 82 Anm. 1; *Michoud* S. 108 f.

[42] Vgl. *CE* vom 4. 5. 1951 Dewailly, Rec. S. 242; *CE* vom 14. 3. 1952 Chillou de Saint Albert, Rec. S. 162; *CE* vom 9. 7. 1959 Gardin, Rec. S. 832; *CE* vom 21. 12. 1960 Théroud, Rec. S. 723.

eines vom Gesetzestext her eingeräumten Ermessens. Jedoch kann unter einem anderen Gesichtspunkt entgegnet werden, daß durch richterliche Rechtsschöpfung in diesen Fällen das Ermessen insoweit bereits vorher aufgehoben worden ist (oder wird) und die Angemessenheit der Verknüpfung von Sachverhalt und Rechtsfolge von einer Norm des Richterrechts gefordert wird[43].

Aber es gibt — insbesondere im Polizeirecht — auch eindeutige Fälle, in denen die Ermessenswahl unter an sich mehreren gleich rechtmäßigen Maßnahmen sich wegen der besonderen Umstände des Einzelfalles auf eine einzige Lösung verengt, die allein rechtmäßig ist. Allerdings ist das Problem erst in jüngster Zeit unter dieser Fragestellung erörtert worden. So hat der Conseil d'Etat in seinem Urteil *Doublet*[44] ausgeführt: „Die Weigerung, mit der der Bürgermeister den beantragten Einsatz der ihm übertragenen Polizeigewalt ablehnte, war nur dann rechtswidrig, wenn er angesichts der Intensität der Gefahr, die sich aus einer für die öffentliche Ordnung, Sicherheit und Sauberkeit besonders gefährlichen Lage ergab, seine gesetzlichen Pflichten dadurch verkannte, daß er die für die Abwendung dieser schweren Gefahr unumgänglichen Maßnahmen nicht anordnete." Bei einer besonders gefährlichen Situation wird also die Ermessensbefugnis der Polizeibehörden zu einer Verpflichtung zum Einschreiten: wenn durch Untätigbleiben die Behörde nicht mehr den elementaren Anforderungen des Schutzes der öffentlichen Ordnung gerecht und daher ihre Aufgabe verfehlen würde, weil diese durch kein anderes geeignetes Mittel zu bewältigen wäre[45]. Das Verfehlen der einzig richtigen Lösung bei einer derartigen Schrumpfung des Ermessens wird häufiger in Schadensersatzprozessen sanktioniert[46].

Ein weiteres Beispiel für eine Einschränkung des Ermessensbereichs auf nur eine Alternative als die allein rechtmäßige betrifft die Konsequenzen, die die Rechtskraft verwaltungsgerichtlicher Urteile für die aktive Verwaltung hat. Grundsätzlich kann die Verwaltung wählen, wie sie in Vollziehung eines Urteils die Wirkungen der rechtswidrigen Maßnahme beseitigt. In manchen Fällen jedoch gibt es nur eine einzige Lösung und ist die Verwaltung an diese gebunden. So hat ein rechtswidrig entlassener Beamter nach erfolgreicher Anfechtung zwar regelmäßig keinen Anspruch auf Wiedereinsetzung in sein früheres Amt. Aber eine Bindung der Verwaltung dahin, in solchen Fällen wieder das alte Amt zu über-

---

[43] s. o. S. 101, 114 ff., 118, 156; *di Qual* S. 85 ff., 177, 182 f., 203 f.

[44] Vom 23. 10. 1959, Rec. S. 540.

[45] Vgl. M. *Bernard II* S. 1238 ff.; *Waline VIII* S. 808; *Auby II* S. 11; *de Laubadère* S. 203; *di Qual* S. 487.

[46] Vgl. *CE* vom 11. 5. 1951 Commune de Saacy-sur-Marne, Rec. S. 257; *CE* vom 10. 7. 1953 Dumoulin, Rec. S. 366; *CE* vom 29. 11. 1963 Escarot, Rec. S. 596.

tragen, tritt dann ein, wenn die „Natur der Sache“ es erfordert, z. B. bei einem Richter wegen dessen Unabsetzbarkeit oder im Fall eines einzigen entsprechenden Amtes[47].

6. Selbstbindung der Verwaltung

Der Bereich freier Ermessensentscheidung kann auch durch die fortlaufende Ausübung einer bestimmten Ermessensbefugnis eingeschränkt werden. Eine solche „Bindung“ des Ermessens entsteht einmal aus einer ständigen Rechtsprechung zu einer häufig angewandten Ermessensbefugnis, indem die Rechtsprechung die Gesichtspunkte herausarbeitet und präzisiert, die für eine Betätigung des Ermessens insoweit von Bedeutung sind. Werden entsprechende Grundsätze und Richtlinien stets von neuem angewandt, konkretisieren sie sich anhand der jeweils entschiedenen Sachverhalte. Aufgrund der praktischen Präzedenzwirkung der gerichtlichen Entscheidungen werden sie maßgebend für spätere Fälle, bis schließlich die richterliche Rechtsschöpfung daraus neue, zusätzliche Tatbestandsvoraussetzungen formuliert hat, die den ursprünglichen Ermessensbereich einschränken[48].

Aber auch die aktive Verwaltung selbst schränkt den ihr eingeräumten Ermessensbereich ein. Da gerade bei Ermessensbefugnissen die Gefahr besteht, daß die Behörden gleichgelagerte Sachverhalte abweichend beurteilen und entscheiden[49], legt die Verwaltung intern allgemeine Richtlinien (directives) für die Ermessensausübung fest, an denen die Entscheidung des Einzelfalles auszurichten ist. Die Verwaltung bindet sich also durch solche generellen Richtlinien, den Einzelfall der Anwendung einer Ermessensbefugnis in bestimmter Weise zu entscheiden. Derartige selbstauferlegte Regeln für die Ermessenshandhabung stellen eine interne Selbst-Beschränkung des Ermessens (auto-limitation) dar[50]. Solche Richtlinien können in Verordnungen (règlements)[51] sowie in (nur) internen Dienstanweisungen und Dienstvorschriften (circulaires, instructions, notes de service) enthalten sein. Wenn auch die verwaltungsinterne Bindung solcher Richtlinien unbestritten ist[52], so ist doch die Frage ihrer Außenwirkung gegenüber dem Bürger noch nicht voll-

---

[47] Vgl. *CE vom* 1. 12. 1961 Bréart de Boisanger, Rec. S. 676: „administrateur général de la Comédie Française“; *di Qual* S. 341 f., 344.

[48] s. o. S. 49 f., 131; *Goldenberg* S. 40 ff.; *Venezia* S. 166; *Al-Sanhoury* S. 71.

[49] Vgl. *Giraud* S. 209; *Goldenberg* S. 40 f.

[50] Vgl. M. *Hauriou I* S. 268 ff., 272, sowie *XI* S. 33; *Al-Sanhoury* S. 23 ff.; *Stati* S. 45, 54; A. *Hauriou* S. 239; *Wei Teng-lin* S. 162 Anm.; *Eisenmann II* S. 467 ff.; *Odent I* S. 452 f.; *Hamson* S. 42.

[51] Vgl. *Alibert* S. 266.

[52] s. o. S. 62.

kommen geklärt, soweit es nicht echte Rechtsnormen einer Verordnung (règlement) sind.

Handelt es sich um eine Rechtsverordnung — oder ist die Richtlinie einer solchen gleichzuachten —, so stellt sich nicht mehr das eigentliche Problem der Selbstbindung der Verwaltung. Es handelt sich dann um den Vorrang der generellen Norm gegenüber der (abgeleiteten) Einzelfallentscheidung. Daher kann die Verwaltung solche Richtlinien in Verordnungsform zwar stets ändern, aber nicht für einen einzelnen Fall, sondern wiederum nur allgemein. Für den Einzelfall bleibt die Verwaltung an ihre allgemeinverbindliche Richtlinie gebunden, solange die Verordnung nicht durch eine andere ersetzt bzw. aufgehoben worden ist[53].

Sind die Richtlinien dagegen nicht in Verordnungen, sondern in internen Dienstanweisungen enthalten, die auch nicht ausdrücklich besondere Rechte außenstehender Dritter begründen, so entfalten diese Richtlinien keine Außenwirkung und werden nicht als Rechtsnormen behandelt, deren Beachtung der Bürger im Klageweg erzwingen könnte. Auf solche nur internen Richtlinien kann sich der Bürger gegenüber der aktiven Verwaltung nicht berufen. Es wird grundsätzlich keine Bindung der Verwaltung an ihre eigene Praxis anerkannt, höchstens ein „détournement de pouvoir" kann unter solchen Umständen eventuell dargetan werden[54]. Diese Ablehnung einer entsprechenden Selbstbindung hat mit ihren Grund darin, daß die Verwaltung verpflichtet ist, ihr Ermessen erst anläßlich des konkreten Einzelfalls auszuüben unabhängig von einer vorher gefaßten generellen Entscheidung[55], so daß eine solche allgemeine Richtlinie die Verwaltung auch nicht binden dürfte[56].

Andererseits kann nicht übersehen werden, daß dem Bürger von der Verwaltung stets die Richtlinie, die in der für die Beamten bindenden Dienstanweisung enthalten ist, entgegengehalten wird[57]. Auch wird bei Verstoß gegen eine bindende Anweisung Schadensersatz zuerkannt[58].

---

[53] Vgl. *Alibert* S. 266; *Auby-Drago* Bd. 3 S. 27 f.; *CE* vom 17. 6. 1926 Ligen et autres, Rec. S. 578; *CE* vom 17. 12. 1948 Société Ungemach, Rec. S. 476.

[54] Vgl. *Charlier I* Nr. 47 ff.; *Alibert* S. 263; *Odent I* S. 452 f.; *Lévantal* S. 102 f.; *Auby-Drago* Bd. 3 S. 15; *de Laubadère* S. 255, 257; *CE* vom 26. 1. 1912 Blot, Rec. S. 98; *CE* vom 21. 5. 1920 Jacquot, Rec. S. 543; *CE* vom 20. 5. 1955 Poirier, Rec. S. 272; *CE* vom 13. 3. 1964 Dubreuil, RDP 1965 S. 131 f.; s. o. S. 65 ff. Anderer Ansicht, aber ohne Begründung für die behauptete Bindung: M. *Hauriou I* S. 271 f., sowie *XI* S. 33; *Wei Teng-lin* S. 162 Anm.; J. *Barthélemy II* S. 172.

[55] s. o. S. 159 ff..

[56] Vgl. *CE* vom 9. 3. 1966 Meyer, RDP 1966 S. 615; *Auby-Drago* Bd. 3 S. 64; *Hamson* S. 42.

[57] Vgl. *Charlier I* Nr. 36; *Fournier-Braibant* Nr. 89; *Auby-Drago* Bd. 2 S. 480 ff.

[58] Vgl. *Charlier I* Nr. 61, 63.

Wenn diese Dienstanweisungen auch keine unmittelbaren (rechtlichen) Außenwirkungen haben (sollen), so wird doch infolge ihrer zumindest mittelbaren, praktischen Wirkungen der Grundsatz der Gleichbehandlung aller Bürger verletzt, wenn die Verwaltung in gleichen Fällen ihr Ermessen unterschiedlich ausübt, indem sie bestehende Richtlinien im Einzelfall nicht einhält[59]. Jedoch auch diesen Grund erkennt der Conseil d'Etat nicht als ausreichend für eine Selbstbindung der Verwaltung an ihre eigenen, internen Richtlinien an[60].

Im Einzelfall allerdings kann sich die Verwaltung in ihrer Ermessenshandhabung durch eigenes vorangegangenes Tun binden. Dies hat der Conseil d'Etat wenigstens gelegentlich anerkannt, ohne diesen Aspekt zu verallgemeinern: Nachdem die Verwaltung konkludent ihren Willen, eine Befugnis gegenüber einer bestimmten Person nicht auszuüben, eindeutig kundgetan hatte, handelte sie später rechtswidrig, als sie unerwartet doch diese Befugnis ausübte und dadurch den Betroffenen, der auf den früher kundgegebenen Willen der Verwaltung vertraut hatte, schwer schädigte; angesichts der bisherigen Praxis der Verwaltung durfte jene nicht so plötzlich einschreiten[61]. Ebenso bindet die Wahl einer bestimmten Verfahrensweise die Verwaltung dahin, in dem begonnenen Verfahren bis zum Abschluß fortzufahren, wie es der Conseil d'Etat im Urteil *Chevet*[62] ausgesprochen hat: auch wenn das eingeleitete Disziplinarverfahren eine Wendung zugunsten des Betroffenen nimmt, darf die vorgesetzte Behörde nun nicht mehr von einem anderen Verfahren Gebrauch machen, das sie im allgemeinen und auch hier von vornherein hätte anwenden können und das allein eine Disziplinarmaßnahme gerechtfertigt hätte.

---

[59] Vgl. *Charlier I* Nr. 44; J. *Barthélemy II* S. 172.

[60] *CE* vom 20. 5. 1955 Poirier, Rec. S. 272. Eine Ausnahme bildet die Entscheidung *CE* vom 29. 6. 1951 Syndicat de la raffinerie de soufre français, Rec. S. 377, in der praktisch eine Bindung der Verwaltung an eigene Richtlinien unter dem Gesichtspunkt des Gleichheitsgrundsatzes bejaht wurde. Vgl. auch *Charlier I* Nr. 32.

[61] So *CE* vom 22. 11. 1929 Companie des Mines de Siguiri, Sirey 1929 III S. 17 ff. mit Anm. Bonnard.

[62] Vom 6. 5. 1925, Rec. S. 1117.

Literaturverzeichnis

Als besondere französische Abkürzungen wurden verwendet:

A. J. D. A. Actualité Juridique — Droit Administratif

J. C. P. Juris Classeur Périodique (La Semaine Juridique)

RDP Revue du Droit Public et de la Science Politique en France et à l'Etranger

Die Entscheidungen des Conseil d'Etat (CE) und des Tribunal des Conflits werden überwiegend nach der amtlichen Sammlung „Collection Lebon", die seit 1955 den Titel führt: „Recueil des décisions du Conseil d'Etat statuant au contentieux et du Tribunal des Conflits et des jugements des Tribunaux Administratifs (Collection Lebon, Panhard, Chalvon-Demersay)", zitiert (Rec.).

Al-Sanhoury, Les restrictions contractuelles à la liberté individuelle de travail dans la jurisprudence anglaise. Thèse Lyon 1925.

Alibert, Raphael, Le contrôle juridictionnel de l'administration au moyen du recours pour excès de pouvoir. Paris 1926.

Amselek, Paul, Le vicissitudes de la compétence juridictionnelle en matière d' atteintes administratives à la liberté individuelle. RDP 1965 S. 801 ff.

Auby, J.-M. (I), Les moyens inopérants dans la jurisprudence administrative. A. J. D. A. 1966 S. 5 ff.

— (II), Anmerkung zu Conseil d'Etat vom 2. 12. 1960 Franc, Dalloz 1962 S. 7 ff.

Auby, J.-M. — *Drago*, R., Traité de Contentieux Administratif. 3 Bde. Paris 1962.

Aucoc, Léon (I), Conférences sur l'administration et le droit administratif faites à l'Ecole des Ponts et Chaussées. 3. Aufl. Bd. 1 (Organisation et Attributions des Pouvoirs Publics), Paris 1885.

— (II), Conclusions zu Conseil d'Etat vom 13. 3. 1867 Bizet, Dalloz 1867 III S. 98 f.

Bachof, Otto, Beurteilungsspielraum, Ermessen und unbestimmter Rechtsbegriff im Verwaltungsrecht. JZ 1955 S. 97 ff.

Barthélemy, Joseph (I), De la liberté du gouvernement à l'égard des lois dont il est chargé d'assurer l'application. RDP 1907 S. 295 ff.

— (II), Essai d'une théorie des droits subjectifs des administrés dans le droit administratif français. Paris 1899.

Becker, Peter, Der Einfluß des französischen Verwaltungsrechts auf den Rechtsschutz in den Europäischen Gemeinschaften. Hamburg 1963.

Bernard, Antoine, Conclusions zu Conseil d'Etat vom 6. 10. 1961 Union nationale des associations de Parents d' Elèves de l'Enseignement libre, RDP 1961 S. 1271 ff.

Bernard, Michel (I), Le contrôle du Conseil d'Etat sur l'appréciation par l'Administration de l'aptitude professionnelle ou physique des fonctionnaires. In: Etudes et Documents du Conseil d'Etat 1957 S. 53 ff.
— (II), Conclusions zu Conseil d'Etat vom 23. 10. 1959 Doublet, RDP 1959 S. 1235 ff.

Berthélemy, H., Traité élémentaire de droit administratif. 6. Aufl. Paris 1910.

Bonnard, Roger (I), Le pouvoir discrétionnaire des autorités administratives et le recours pour excès de pouvoir. RDP 1923 S. 363 ff.
— (II), La théorie de la formation du droit par degrés dans l'oeuvre d'Adolf Merkl. RDP 1928 S. 668 ff.
— (III), La conception matérielle de la fonction juridictionnelle. In: Mélanges Carré de Malberg, Paris 1933, S. 1 ff.
— (IV), Le contrôle juridictionnel de l'administration. Paris 1934.
— (V), Le détournement de pouvoir. (Notes de jurisprudence). RDP 1938 S. 138 ff.
— (VI), Anmerkung zu Conseil d'Etat vom 22. 11. 1929 Cie. Mines de Siguiri, Sirey 1930 III S. 17 ff.

Braibant, Guy (I), Recours en interprétation et recours en appréciation de validité. In: Encyclopédie Juridique Dalloz, Répertoire de Droit Public et Administratif, hrgb. von Odent — Waline, Bd. 2 (Paris 1959) S. 741 ff.
— (II), L'arrêt „Syndicat général des ingénieurs conseils" et la théorie des principes généraux du droit. In: Etudes et Documents du Conseil d'Etat 1962 S. 67 ff.

Camus, Geneviève, Réflexions sur le détournement de procédure. RDP 1966 S. 65 ff.

Capitant, René, De la nature des actes de gouvernement. In: Etudes juridiques offertes à Léon Julliot de la Morandière, Paris 1964, S. 99 ff.

Carré de Malberg, Raymond (I), Contribution à la Théorie générale de l'Etat spécialement d'après les données fournies par le Droit constitutionnel français. Bd. 1, Paris 1920.
— (II), La loi, expression de la volonté générale. Paris 1931.
— (III), Confrontation de la Théorie de la formation de droit par degrés avec les idées et les institutions consacrées par le droit positif français relativement à sa formation. Paris 1933.

Castagné, Jean, Le contrôle juridictionnel de la légalité des actes de police administrative. Paris 1964.

Célier, Conclusions zu Conseil d'Etat vom 28. 3. 1947 Gombert, Sirey 1947 III S. 89 ff.

Chalvon-Demersay, E., De l'examen du fait par le Conseil d'Etat statuant en matière de recours pour excès de pouvoir. Thèse Paris 1922.

Chapus, René (I), De la soumision au droit des règlements autonomes. Dalloz 1960 Chronique S. 119 ff.
— (II), L'acte de gouvernement, monstre ou victime? Dalloz 1958 Chronique S. 5 ff.
— (III), De la valeur juridique des principes généraux du droit et des autres règles jurisprudentielles du droit administratif. Dalloz-Sirey 1966 Chronique S. 99 ff.

Charlier, R.-E. (I), Circulaires, instructions de service et autres prétendues mesures d'ordre intérieur administratives. J. C. P. 1954 I Nr. 1169.

Charlier, R.-E. (II), Service Public. In: Encyclopédie Juridique Dalloz, Répertoire de Droit Public et Administratif, hrgb. von Odent — Waline, Bd. 2 (Paris 1959) S. 867 ff.

Chatelain, De la compétence discrétionnaire du gouvernement dans l'application des lois et des jugements. Thèse Paris 1942.

Chrétien, Maxime, Le recours pour excès de pouvoir en matière fiscale. J. C. P. 1946 I Nr. 571.

Corneille, (I), Conclusions zu Conseil d'Etat vom 14. 1. 1916 Camino, RDP 1917 S. 448 ff.

— (II), Conclusions zu Conseil d'Etat vom 10. 8. 1917 Baldy, Rec. S. 637 ff.

Debary, Michel, La voie de fait en droit administratif. Paris 1960.

Detton, Conclusions zu Conseil d'Etat vom 21. 6. 1935 Barneyrat, Sirey 1935 III S. 89 f.

Donnedieu de Vabres, Jacques, La protection des droits de l'homme par les juridictions administratives en France. In: Etudes et Documents du Conseil d'Etat 1949 S. 30 ff.

Drago, Roland, Le défaut de base légale dans le recours pour excès de pouvoir. In: Etudes et Documents du Conseil d'Etat 1960 S. 27 ff.

Dubisson, Michel, La distinction entre la légalité et l'opportunité dans la théorie du recours pour excès de pouvoir. Thèse Paris 1955 (gedruckt 1957).

Dubouis, Louis, La théorie de l'abus de droit et la jurisprudence administrative. Paris 1962.

Duez, Paul (I), Les actes de gouvernement. Paris 1935.

— (II), La responsabilité de la puissance publique. 2. Aufl. Paris 1938.

Duguit, Léon (I), Traité de droit constitutionnel. 2. Aufl. 3 Bde. Paris 1923 — 3. Aufl. Paris Bd. 1, 1927, Bd. 2, 1928.

— (II), L'acte administratif et l'acte juridictionnel. RDP 1906 S. 413 ff.

Dupeyroux, Olivier (I), La règle de la non-rétroactivité des actes administratifs. Paris 1954.

— (II), La Jurisprudence, source abusive de droit. In: Mélanges Maury, Paris 1960, Bd. 2 S. 349 ff.

Eisenmann, Charles (I), Centralisation et Décentralisation. Paris 1948.

(II), Cours de droit administratif. (Cours de Doctorat) Paris 1949/50.

— (III), Le droit administratif et le principe de légalité. In: Etudes et Documents du Conseil d'Etat 1957 S. 25 ff.

— (IV), Gerichtsfreie Hoheitsakte im heutigen französischen Recht. JböR Bd. 2 nF (1953) S. 1 ff.

Ettori, Conclusions zu Conseil d'Etat vom 26. 4. 1929 Union des voies ferrées et transports automobiles, Sirey 1930 III S. 50 ff.

Fleiner, Fritz, Institutionen des Deutschen Verwaltungsrechts. 8. Aufl. Tübingen 1928 (Neudruck Aalen 1960).

Fournier, Jacques, Conclusions zu Conseil d'Etat vom 26. 6. 1959 Syndicat général des Ingénieurs-Conseils, RDP 1959 S. 1004 ff.

Fournier, Jacques — *Braibant*, Guy, Recours pour excès de pouvoir. In: Encyclopédie Juridique Dalloz, Répertoire de Droit Public et Administratif, hrgb. von Odent — Waline, Bd. 2 (Paris 1959) S. 673 ff.

Fromont, Michel, Le contrôle juridictionnel des actes administratifs en Allemagne. A. J. D. A. 1964 S. 604 ff.

Galabert — Gentot, Chronique générale de jurisprudence administrative française. A. J. D. A. 1962 S. 545 ff.

Galmot, Conclusions zu Conseil d'Etat vom 22. 4. 1966 Tochou sowie Ministre de l'Intérieur contre sieur Mony, RDP 1966 S. 584 ff.

Gandolfi, A., Les motifs déterminants dans le recours pour excès de pouvoir. J. C. P. 1964 I Nr. 1835.

Gazier, François, Essai de présentation nouvelle des ouvertures du recours pour excès de pouvoir en 1950. In: Etudes et Documents du Conseil d'Etat 1951 S. 77 ff.

Gény, Bernard, De la méthode et de la technique du droit privé positif à celle du droit administratif. In: Le Conseil d'Etat, Livre jubilaire, Paris 1952, S. 277 ff.

Gény, François, Méthode d'interprétation et sources en droit privé positif. 2. Aufl. 2 Bde. Paris 1932.

Giraud, Emile, Etude sur la notion de pouvoir discrétionnaire. Revue générale d'administration 1924 S. 193 ff., 298 ff.

Goldenberg, Le Conseil d'Etat juge du fait. Thèse Paris 1932.

Goy, Raymond, L'abus du droit en droit administratif français. RDP 1962 S. 5 ff.

Guionin, Conclusions zu Conseil d'Etat vom 12. 1. 1951 Union commerciale de Bordeaux-Bassens, Dalloz 1951 S. 335 f.

Guldner, Conclusions zu Conseil d'Etat vom 7. 6. 1957 Brissaud, Rec. S. 386 ff.

Hamson, C. J., Pouvoir discrétionnaire et contrôle juridictionnel de l'administration. Paris 1958.

Hauriou, André, Le pouvoir discrétionnaire et sa justification. In: Mélanges Carré de Malberg, Paris 1933, S. 231 ff.

Hauriou, Maurice (I), Police juridique et fond du droit. Revue trimestrielle de droit civil 1926 S. 265 ff.

— (II), Précis de droit administratif et de droit public. 10. Aufl. Paris 1921 — 11. Aufl. 2 Bde. Paris 1927 — 12. Aufl. besorgt von André Hauriou, Paris 1933.

— (III), Précis de droit constitutionnel. 2. Aufl. Paris 1929.

— (IV), La théorie de l'institution et de la fondation. In: La Cité moderne et les transformations du droit (Cahiers de la Nouvelle Journée Nr. 4) Paris 1925, S. 1 ff. Übersetzt: Die Theorie der Institution und der Gründung. In: Die Theorie der Institution und zwei andere Aufsätze von M. Hauriou, hrgb. von Schnur, Berlin 1965, S. 27 ff.

— (V), Anmerkung zu Conseil d'Etat vom 16. 5. 1890 Galy-Gasparon, Sirey 1892 III S. 97 f.

— (VI), Anmerkung zu Conseil d'Etat vom 17. 1. 1896 Boisselier sowie vom 22. 5. 1896 Coste, Sirey 1897 III S. 97 ff.

— (VII), Anmerkung zu Conseil d'Etat vom 31. 1. 1902 Grazietti, Sirey 1903 III S. 113 f.

— (VIII), Anmerkung zu Conseil d'Etat vom 4. 4. 1914 Gomel, Sirey 1917 III S. 25 ff.

— (IX), Anmerkung zu Conseil d'Etat vom 7. 7. 1916 Dreifuss, Sirey 1917 III S. 41 f.

Hauriou, Maurice (X), Anmerkung zu Conseil d'Etat vom 28. 6. 1918 Heyriès, Sirey 1922 III S. 49 f.
— (XI), Anmerkung zu Conseil d'Etat vom 17. 7. 1925 Association amicale du personnel de la Banque de France, Sirey 1925 III S. 33 ff.
— (XII), Anmerkung zu Conseil d'Etat vom 22. 1. 1926 Lefranc, Sirey 1927 III S. 25 ff.
— (XIII), Anmerkung zu Conseil d'Etat vom 27. 3. 1925 Mariani, Sirey 1927 III S. 57.

Jeanneau, Benoît, Les principes généraux du droit dans la jurisprudence administrative. Paris 1954.

Jesch, Dietrich, Unbestimmter Rechtsbegriff und Ermessen in rechtstheoretischer und verfassungsrechtlicher Sicht. AöR Bd. 82 (1957) S. 163 ff.

Jèze, Gaston (I), De la vérification des motifs des actes administratifs. RDP 1917 S. 443 ff.
— (II), Essai d'une théorie générale sur l'influence des motifs déterminants sur la validité des actes juridiques en droit public français. RDP 1928 S. 377 ff.
— (III), Essai de théorie générale de la compétence pour l'accomplissement des actes juridiques en droit public français. RDP 1923 S. 58 ff.
— (IV), Appréciation par les gouvernants et leurs agents, de l'opportunité d'agir. RDP 1943 S. 1 ff.
— (V), Contrôle de la légalité et contrôle de l'opportunité. RDP 1944 S. 63 ff.
— (VI), Anmerkung zu Conseil d'Etat vom 8. 8. 1919 Toesca, RDP 1919 S. 505 ff.

Kellner, Hugo, Der sogenannte Beurteilungsspielraum in der verwaltungsgerichtlichen Prozeßpraxis. NJW 1966 S. 857 ff.

Kelsen, Hans (I), Allgemeine Staatslehre, Berlin 1925.
— (II), Reine Rechtslehre. 1. Aufl. Leipzig-Wien 1934 — 2. Aufl. Wien 1960.

Kohlmann, Günter, Das subjektiv-öffentliche Recht auf fehlerfreien Ermessensgebrauch. Berlin 1964.

Kornprobst, Bruno (I), La compétence liée. RDP 1961 S. 935 ff.
— (II), L'erreur manifeste. Dalloz-Sirey 1965 Chronique S. 121 ff.

L'Huillier, Jean, La délimitation des domaines de la loi et du règlement dans la Constitution du 4 octobre 1958. Dalloz 1959 Chronique S. 173. ff.

Laband, Paul, Das Staatsrecht des Deutschen Reiches. 5. Aufl. Bd. 2, Tübingen 1911.

Laferrière, E., Traité de la Juridiction Administrative et des Recours Contentieux. 2. Aufl. Paris-Nancy 1896.

Lagrange, Maurice (I), Schlußanträge Rechtssache Nr. 1/54 EuGH Rspr. Bd. 1 S. 37 ff. (Recueil Bd. 1 S. 35 ff.).
— (II), Schlußanträge Rechtssache Nr. 3/54 EuGH Rspr. Bd. 1 S. 151 ff. (Recueil Bd. 1 S. 143 ff.).
— (III), Schlußanträge Rechtssache Nr. 13/63 EuGH Rspr. Bd. 9 S. 389 ff. (Recueil Bd. 9 S. 367 ff.).

Latournerie, Conclusions zu Conseil d'Etat vom 5. 7. 1929 Ministre du Travail, RDP 1931 S. 319 ff.

de Laubadère, André, Traité élémentaire de droit administratif. 3. Aufl. (Bd. 1) Paris 1963.

Laun, Rudolf von (I), Das freie Ermessen und seine Grenzen. Leipzig-Wien 1910.
— (II), Kategorische und disjunktive Normen. AöR Bd. 34 (1915) S. 162 ff.
— (III), Le pouvoir discrétionnaire. Rapport présenté à la session de 1934 de l'Institut International de Droit Public. Paris 1934.
— (IV), Bemerkungen zum freien Ermessen und zum détournement de pouvoir im staatlichen und im Völkerrecht. In: Festschrift Herbert Kraus, Kitzingen 1954, S. 128 ff.

Lavau, Georges-E., Le prétendu pouvoir discrétionnaire d'exclure un candidat d'un concours administratif. J. C. P. 1953 I Nr. 1128.

Le Fur, Louis, La protection juridictionnelle des franchises locales contre les empiètements des agents centralisés. Revue générale d'administration 1911 Bd. 1 S. 5 ff., 129 ff., 385 ff., Bd. 2 S. 5 ff.

Lefébure, Marcus, Le pouvoir d'action unilatérale de l'administration en droit anglais et français. Paris 1961.

Lesage, Michel, Les interventions du législateur dans le fonctionnement de la justice. Paris 1960.

Letourneur, Maxime (I), Les „principes généraux du droit" dans la jurisprudence du Conseil d'Etat. In: Etudes et Documents du Conseil d'Etat 1951 S. 19 ff.
— (II), L'appréciation du fait par le Conseil d'Etat de France. Recueil de jurisprudence du droit administratif et du Conseil d'Etat, Brüssel 1952, S. 81 ff., S. 161 ff.
— (III), Die Staatsräte (Conseils d'Etat) als Organe der Verwaltungsrechtsprechung. In: Staatsbürger und Staatsgewalt, Jubiläumsschrift hrgb. von Külz — Naumann, Karlsruhe 1963, Bd. 1 S. 337 ff.
— (IV), Le principe de la non-rétroactivité des actes administratifs. In: Etudes et Documents du Conseil d'Etat 1955 S. 37 ff.
— (V), L'étendue du contrôle du juge de l'excès de pouvoir. In: Etudes et Documents du Conseil d'Etat 1962 S. 51 ff.
— (VI), Conclusions zu Conseil d'Etat vom 28. 5. 1954 Barel, Rec. S. 308 ff.

Lévantal, Léo, L'annulation pour excès de pouvoir des circulaires administratives. Dalloz 1954 Chronique S. 99 ff.

Levêque, François, Les actes d'administration discrétionnaire. Thèse Paris 1916.

Lodovici, L'évolution de la notion de pouvoir discrétionnaire. Thèse Lille 1937.

di Malta, Pierre, Essai sur la notion de pouvoir hiérarchique. Paris 1961.

Marty, La distinction du fait et du droit. Essai sur le pouvoir de contrôle de la Cour de Cassation sur les juges du fait. Thèse Toulouse 1929.

Mayer, Otto, Theorie des französischen Verwaltungsrechts. Straßburg 1886.

Megret, Jacques, De l'obligation pour l'Administration de procéder à un examen particulier des circonstances de l'affaire, avant de prendre une décision même discrétionnaire. In: Etudes et Documents du Conseil d'Etat 1953 S. 77 ff.

Merkl, Adolf, Allgemeines Verwaltungsrecht. Wien-Berlin 1927.

Mestre, Achille, Anmerkung zu Conseil d'Etat vom 24. 7. 1942 Piron, Sirey 1943 III S. 1 f.

Michoud, J., Etude sur le pouvoir discrétionnaire de l'Administration. Paris 1913.

Mignon, Maxime, Une emprise nouvelle du principe de légalitè: Les actes de gouvernement. Dalloz 1951 Chronique S. 53 ff.

Montané de la Roque, Pierre, L'inertie des pouvoirs publics. Paris 1950.

Morange, Georges, Le principe des droits de la défense devant l'Administration active. Dalloz 1956 Chronique S. 121 ff.

Nicolas, Observations au sujet du pouvoir discrétionnaire de l'Administration. In: Recueil Lambert, 1938, Bd. 2 S. 361 ff.

Nizard, Lucien, La jurisprudence administrative des circonstances exceptionnelles et la légalité. Paris 1962.

Odent, Raymond (I), Contentieux administratif. Cours Paris 1957/58.
— (II), De la décision Trompier-Gravier à la décision Garysas. In: Etudes et Documents du Conseil d'Etat 1962 S. 43 ff.

Petot, Jean, Quelques remarques sur les notions fondamentales du droit administratif français. RDP 1965 S. 369 ff.

de la Pradelle, Paul de Geouffre, Juridiction administrative et droit international. In: Etudes et Documents du Conseil d'Etat 1962 S. 13 ff.

Puisoye, Jacques (I), Pour une conception plus restrictive de la notion d'acte de gouvernement. A. J. D. A. 1965 S. 211 ff.
— (II), La voie de fait administrative. Sirey 1962 S. 53 ff.

di Qual, Lino, La compétence liée. Paris 1964.

Réglade, Marc, Du prétendu contrôle juridictionnel de l'opportunité en matière de recours pour excès de pouvoir. RDP 1926 S. 413 ff.

Renault, Jules, Des actes discrétionnaires. Thèse Paris 1899.

Rivero, Jean (I), Les mesures d'ordre intérieur administratives. Thèse Paris 1934.
— (II), Existe-t-il un critère du droit administratif? RDP 1953 S. 279 ff.
— (III), Cours de droit administratif comparé. (Le contrôle juridictionnel de la légalité des actes de l'administration) Cours de Doctorat Paris 1955/56.
— (IV), La distinction du droit et du fait dans la jurisprudence du Conseil d'Etat français. In: Le Fait et le Droit. Etudes de logique juridique. (Travaux du Centre National de Recherches de Logique) Brüssel 1961 S. 130 ff.
— (V), Jurisprudence et Doctrine dans l'élaboration du droit administratif. In: Etudes et Documents du Conseil d'Etat 1955 S. 27 ff.

Roche, Jean, Réflexions sur le pouvoir normatif de la jurisprudence. A. J. D. A. 1962 S. 532 ff.

Rodô, L. López, Le pouvoir discrétionnaire de l'administration. Evolution doctrinale et jurisprudentielle. RDP 1953 S. 572 ff.

Romieu, Conclusions zu mehreren Entscheidungen des Conseil d'Etat vom 30. 11. 1906, Dalloz 1907 III S. 1 ff.

Rupp, Hans Heinrich, Grundfragen der heutigen Verwaltungsrechtslehre. Tübingen 1965.

Scelle, Georges, Principes du Droit Public. Cours de Doctorat Paris 1941/42.

de Soto, J. (I), Le Conseil d'Etat et le recours pour excès de pouvoir en 1944. RDP 1946 S. 339 ff.
— (II), La loi et le règlement dans la Constitution du 4 octobre 1958. RDP 1959 S. 240 ff.

Stassinopoulos, Michel, Traité des actes administratifs. Athen 1954.

Steindorff, Ernst (I), Die Nichtigkeitsklage (Le recours pour excès de pouvoir) im Recht der Europäischen Gemeinschaft für Kohle und Stahl. Frankfurt 1952.
— (II), Der unbestimmte Rechtsbegriff im Lichte der französischen und amerikanischen Verwaltungsrechtsprechung. DVBl. 1954 S. 110 ff.

Stati, Marcel O., Le standard juridique. Thèse Paris 1927.

Stern, Klaus, Ermessen und unzulässige Ermessensausübung. Berlin 1964.

Teissier, Conclusions zu Conseil d'Etat vom 17. 5. 1907 Bigot, Rec. S. 460 ff.

Tezner, Friedrich (I), Zur Lehre von dem freien Ermessen der Verwaltungsbehörden als Grund der Unzuständigkeit der Verwaltungsgerichte. (Separatdruck aus der „Allgemeinen österreichischen Gerichts-Zeitung") Wien 1888.
— (II), Das freie Ermessen der Verwaltungsbehörden. Leipzig-Wien 1924.

Theis, Jean, Die französische Verwaltungsgerichtsbarkeit der Gegenwart. AöR Bd. 77 (1951/52) S. 1 ff.

Tiedemann, Klaus, Das Grundrechtsproblem im französischen Rechtsstaat. DÖV 1962 S. 367 ff.

Timsit, Gérard (I), Le rôle de la notion de fonction administrative en droit administratif français. Paris 1963.
— (II), Compétence liée et principe de légalité. Dalloz 1964 Chronique S. 217 ff.

Vedel, Georges (I), Essai sur la notion de cause en droit administratif. Thèse Toulouse 1934.
— (II), Cours de droit administratif. Paris 1953/54.
— (III), Les bases constitutionnelles du droit administratif. In: Etudes et Documents du Conseil d'Etat 1954 S. 21 ff.

Venezia, Jean-Claude, Le pouvoir discrétionnaire. Paris 1958.

Vidal, Roger, L'évolution du détournement de pouvoir dans la jurisprudence administrative. RDP 1952 S. 275 ff.

Virally, Michel (I), L'introuvable „acte de gouvernement". RDP 1952 S. 317 ff.
— (II), Acte administratif. In: Encyclopédie Juridique Dalloz, Répertoire de Droit Public et Administratif, hrgb. von Odent — Waline, Bd. 1 (Paris 1958) S. 6 ff.

Waline, Marcel (I), Le pouvoir discrétionnaire de l'administration et sa limitation par le contrôle juridictionnel. RDP 1930 S. 197 ff.
— (II), Le pouvoir normatif de la jurisprudence. In: Mélanges Scelle, Paris 1950, Bd. 2 S. 612 ff.
— (III), Etendue et limites du contrôle du juge administratif sur les actes de l'administration. In: Etudes et Documents du Conseil d'Etat 1956 S. 25 ff.
— (IV), Droit administratif. 8. Aufl. Paris 1959 — 9. Aufl. 1963.
— (V), Les rapports entre la loi et le règlement avant et après la constitution de 1958. RDP 1959 S. 699 ff.

Waline, Marcel (VI), Anmerkung zu Conseil d'Etat vom 24. 7. 1936 Syndicat général de défense des grands vins de la Côte d'Or. Dalloz 1937 III S. 41 ff.
— (VII), Anmerkung zu Conseil d'Etat vom 29. 6. 1951 Syndicat de la raffinerie de soufre français, Dalloz 1951 S. 662 ff.
— (VIII), Anmerkung zu Conseil d'Etat vom 23. 10. 1959 Doublet, RDP 1960 S. 802 ff.

Wei Teng-lin, Le pouvoir discrétionnaire de l'administration et le contrôle juridictionnel en droit français. Thèse Lyon 1944.

Welter, Le contrôle juridictionnel de la moralité administrative. Thèse Nancy 1929.

Wolff, Hans J., Verwaltungsrecht I. 6. Aufl. München-Berlin 1965.

Kolibri 360 GmbH
Ferdinand-Jühlke-Straße 7
99095 Erfurt, Deutschland
produktsicherheit@kolibri360.de

Druck:
CPI Druckdienstleistungen GmbH
im Auftrag der
Kolibri 360 GmbH
Ferdinand-Jühlke-Str. 7
99095 Erfurt